국제이해교육
페다고지

국제이해교육
페다고지

초판 1쇄 인쇄 2019년 5월 1일
초판 1쇄 발행 2019년 5월 11일

지은이 강순원·이경한·김다원
펴낸이 김승희
펴낸곳 도서출판 살림터

기획 정광일
편집 이상연
북디자인 꼬리별

인쇄·제본 (주)현문
종이 월드페이퍼(주)

주소 서울시 양천구 목동동로 293, 22층 2215-1호
전화 02-3141-6553
팩스 02-3141-6555
출판등록 2008년 3월 18일 제313-1990-12호
이메일 gwang80@hanmail.net
블로그 http://blog.naver.com/dkffk1020

ISBN 979-11-5930-101-8 93370

이 도서의 국립중앙도서관 출판예정도서목록(CIP)은
서지정보유통지원시스템 홈페이지(http://seoji.nl.go.kr)와
국가자료공동목록시스템(http://www.nl.go.kr/kolisnet)에서 이용하실 수 있습니다.
(CIP제어번호: CIP2019017375)

국제이해교육 페다고지

강순원·이경한·김다원 지음

살림터

감사의 글

2019년은 국제이해교육학회가 설립된 지 20년이 되는 해이다. 국제
이해교육의 개념은 유네스코 한국위원회를 중심으로 관련 연구자들
이 소규모로 모여 논의하던 국제이해교육연구회 시절부터 유네스코의
1974년 「국제이해교육 권고」를 따른 것이다. 그후 본 연구회가 한국국
제이해교육학회로 발전하고, 2000년에 유네스코 아시아태평양 국제이
해교육원이 설립된 후에도 국제이해교육이란 무엇인가에 대한 개념적
논쟁은 적극적으로 이루어지지 않았다. 국제이해교육 개념은 당연히
유네스코 권고를 따라야 한다는 생각 때문이었을 것이다.

하지만 대부분의 교육 현장에서 국제이해교육이 무엇인지에 대한
이해가 부족했고, 심지어 유네스코 관계자들마저도 국제이해교육을
평화교육, 인권교육, 지속가능발전교육 또는 상호문화이해교육 등과
비슷한 개념으로 받아들이는 분위기였다. 그러한 가운데 2000년대 들
어와 다문화교육이 우리사회를 휩쓸아치면서, 다문화교육과 국제이해
교육 두 개념이 교육 현장에서는 대립적 용어로 비치더니 최근 들어
와서는 세계시민교육이 더 보편적인 개념이 아니냐는 의구심마저 일
고 있는 듯하다.

이러한 국제이해교육 개념의 혼란을 바로잡아야 한다는 필요성을 느끼고 있던 터에, 한국연구재단의 연구비를 지원받아 국제이해교육의 재개념화에 대해 2년간 공동연구를 수행했으며, 그 성과로 오늘날 국제이해교육 개념에 대한 논쟁의 단초를 제공할 수 있게 되었다. 이미 2014년 한국국제이해교육학회는 회원들을 중심으로 『모두를 위한 국제이해교육』을 발간하면서 그 후속 도서로 개념적 재구성을 비롯한 실천적 제안서들을 연구 성과로 발전시키겠다고 다짐했으나 성과로 이어가지 못했다. 희망컨대 한국국제이해교육학회 회원들이 이 책에서 제안한 국제이해교육 홀리스틱 페다고지를 교육 현장에 실천적으로 적용해 이를 비판적으로 재구성하는 연구 성과들로 이어가기를 바란다.

본 연구 결과를 단일 출판물로 발간하기까지 격려와 용기를 준 살림터출판사의 정광일 사장에게 다시 한 번 감사드린다. 그리고 공동연구팀에 대한 지적과 독려를 아끼지 않았던 김현덕 교수님께 깊은 애정과 감사를 드린다. 또 늘 우리 곁에서 국제이해교육 개념 사용의 한계를 안타까워했던 정두용 회장님을 비롯해 한국국제이해교육학회를 이끌고 있는 학회원들의 애정 어린 교육 실천적 자극에 감사드린다. 이 책의 이론적 자양분이 되어 준 유네스코 아시아태평양 국제이해교육원APCEIU에도 감사드린다.

2019년 5월
저자들을 대표하여
강순원

차례

프롤로그

　제3밀레니엄이 열리는 21세기 변환 지점에서 UN은 전쟁의 20세기를 끝내고 평화의 21세기를 시작하자는 「평화와 비폭력 문화를 위한 국제 10년International Decade for the Culture of Peace and Non-Violence」을 선언했다. 하지만 오늘날에도 우리는 각종 분쟁이 끊이지 않고 쌍방 간의 증오와 폭력적 대응이 가속화되어 일상의 평화를 위협받는 글로벌 위험 사회에 살고 있다.Beck, 2010 제2차 세계대전 이후 유엔은 전쟁으로 인해 발생하는 세계의 사회악을 제거하려고 글로벌 상호 협력을 꾀하고 있고, 이를 위한 다양한 교육 방안을 지속적으로 제안하고 있다. 이런 노력의 결실이 1974년 유네스코 총회에서 결의한 'The Recommendation concerning Education for International Understanding, Co-operation and Peace and Education relating to Human Rights and Fundamental Freedom'(국제이해와 협력, 평화를 위한 교육 그리고 인권과 기본적 자유에 관련된 교육에 관한 권고. 이하 「국제이해교육 권고」로 칭함)이다. 이것은 인권과 기본적 자유에 근거한 평화와 국제이해교육을 통해 세계의 사회악을 비폭력적으로 근절해야 한다는 취지를 지니고 있다. 이 권고는 1993년 '평화, 인권 및 민주주의 교육선언Declaration on Education for Peace, Human Rights and Democracy'으로 통합되어 이후 유네스코 회원국들의 보편적 교육원리로 작용하고 있다.

하지만 국제이해교육의 철학을 국민국가의 건설에 중심을 두는 국가 교육제도에 접목시킨다는 것이 자기모순으로 비추어지면서, 국제이해교육은 선진국 중심의 국가경쟁력 강화를 위한 국제 역량 강화 교육으로 오해를 받기도 했다.Lauder et al., 2006 특히 탈냉전 이후 신자유주의적 세계 경쟁이 촉발되면서, 평화와 인권을 포괄적으로 다루는 국제이해교육은 나약한 교육철학으로 치부되어 교육 의제에서 소홀히 취급되는 상황에 놓이고 있다.이삼열, 2003 그러나 신자유주의로 인한 글로벌 위기가 심화될수록 국제이해교육을 구성하는 개념어인 문화다양성, 지속가능발전, 평화, 인권과 세계시민성의 필요성은 오히려 강조되어야 한다고 볼 수 있다. 그런 까닭에, 세기적 전환기에 유네스코뿐만 아니라 UN 차원에서도 세계 이슈를 포괄하는 국제이해교육을 10년 과제로 분명히 제시하고 있다. 즉 '평화와 비폭력 문화를 위한 국제 10년'을 필두로, 「유엔 인권교육 진흥 10년UN Decade for Human Rights Education 1995~2004」과 「지속가능발전교육을 위한 유엔 10년UN Decade for Education for Sustainable Development 2005~2014」 등을 지속적으로 선언하며 더 평화로운 세계 질서로의 변화를 추구하고 있다.

유네스코는 2002년 유네스코 협동학교UNESCO Associated School Project, ASP 50년에 대한 평가의 일환으로서 국제이해교육의 세계적 현황을 분석하면서 통합적인 국제이해교육의 현장 착근의 필요성을 제기했다. 하지만 평가책임자였던 린 데이비스Lynn Davies 교수는 유네스코 협동학교도 1974년 「국제이해교육 권고」에 따라 평화, 인권, 환경, 문화다양성 등을 통합적으로 다루는 교육과정을 운영하지 못했다고 비판했다.Davies et al., 2003 그는 유네스코의 교육 활동이 국가 간 갈등이나 분쟁 등과 같은 민감한 주제를 회피한 채 타문화 이해나 환경 등과 같은 상대적으로 비정치적인 주제들을 중심으로 한 학생 활동만을 다루어 왔다고 비판했다. 사실 우리나라의 상황도 이러한 비판으로부터 자유롭지 못하다.

　1974년 「국제이해교육 권고」가 채택된 이래 40년 이상 개념적 교육 이정표로서 방향성을 세워 오지 못한 국제이해교육이 오늘날의 글로벌 환경에서 유의미성을 찾기 위해서는 새로운 시대적 상황에 적합하게 국제이해교육을 재개념화할 필요성이 있다. 그리고 재개념화한 21세기형 국제이해교육 개념을 바탕으로 학교와 시민사회, 평생교육기관 등 다양한 교육 현장에서 국제이해교육의 실천 상태를 관찰하고 평가해야 한다. 평가 결과를 토대로 새로운 미래를 여는 교육과정으로서 국제이해교육의 재구성은 유엔이 주도하는 '지속가능발전 목표Sustainable Development Goals, SDG' 중에서 교육 부문을 구체화하기 위한 글로벌 교육 우선정책GEFI: Global Education First Initiative에 적극적으로 부응하는 것이다. 따라서 21세기 국제이해교육은 국가주의적 폐쇄성을 극복하고 글로벌 차원에서 평화, 인권, 문화다양성, 환경 등을 통합해 다룰 수 있는 교육임에 분명하다.

　국제이해교육은 초기부터 유네스코 협동학교의 교육 체계화를 위한 토대로서 논의하며 발전해 왔다. 그 논의의 핵심은 국제사회 혹은 세계 공동체에서 함께 살아가야 하는 세계인은 어떤 교육을 전제로 해야 하는가에 대한 물음이었다. 유네스코 한국위원회도 국제이해교육을 전개하면서 세계적인 조직망을 가진 유네스코 협동학교의 설립과 유지·발전에 가장 역점을 두었다.유네스코 한국위원회, 1996 이후 한국 정부가 급속도로 세계화 교육을 추진하면서, 국제이해교육은 2000년부터 시행된 제7차 교육과정에서 창의적 재량 활동의 16개 범교과 중 하나로 포함되었다. 또한 2009년 개정 교육과정에서도 국제이해교육은 창의적 체험 활동의 한 분야로 포함되어 국가 교육과정 안에서 초·중등학교에 광범위하게 소개되었다.부산대학교 국제이해교육연구팀, 2012 유감스럽게도 2015 개정 교육과정에서는 국제이해교육이 범교과 주제에서 빠졌으나, 이것이 국제이해교육을 재개념화하는 기회를 마련해 주었고, 국제이해교육이 관련 개념들 간의 지나친 경쟁이 아니라 상호 통합을 지향하는 계기로 작용하고 있다고 본다.

1970년대 이후부터 북미 및 유럽 지역에서는 '국제이해교육' 또는 '글로벌교육'을 세계화에 부응하는 교육으로 학교 교육과정에 소개했다. 이때의 국제이해교육 혹은 글로벌교육은 세계 여러 나라가 공통으로 겪는 세계 문제나 글로벌 이슈에 대한 학습, 경제·환경·문화·정치·기술적으로 상호 연결된 세계체제에 대한 학습, 문화 간 상호이해의 증진을 위한 학습, 타인의 관점에서 세상을 바라보며 다른 나라 사람들도 우리와 똑같은 욕구와 필요를 가지고 있다는 것을 인정하는 세계 시각에 대한 교육 등을 담고 있었다.Becker, 1991; Fujikane, 2003; Hicks, 2003; Tye, 1990 미국에서의 국제이해교육은 1970년대부터 1980년대 초에 걸쳐 여러 단체와 미연방 정부 및 주 정부의 재정적, 행정적 지원으로 급속한 성장을 이루었다. 1980년대에 들어와 재계와 정치 지도자들이 학교 교육과정의 국제화를 계속 주장하면서 국제이해교육은 과거보다 한층 더 발전해 초·중등학교에서 확대 실시되었다. 이와 함께 학교에서 활용할 수 있는 교수 자료 및 지침서가 발간되어 국제이해교육은 전성기를 이루었다.김현덕, 2003; Boston, 1997; Czarra, 1993; Tye, 1990 한편 캐나다의 경우에는 1990년대 영국 출신 글로벌 교육 전문가인 셀비Selby와 파이크Pike가 토론토 대학교에 세운 '글로벌교육 국제연구소'를 중심으로 세계시민성의 양성을 목표로 하는 다양한 글로벌 교육 프로젝트가 실시되었다.Fujikane, 2003

영국의 경우 데이비드 힉스David Hicks 교수에 의하면, 1920~1930년대 영국에서 옹호되었던 평화교육이나 국제이해교육이 1970년대에는 '세계연구World Studies'의 범주로 분류되었고, 영국 정부는 2002년부터 세계시민교육을 의무교육으로 지정했다. 영국에서 말하는 세계시민교육은 세계시민교육과 국가시민교육을 통합한 「Global & Local Citizenship Education」이었고, 영국 정부는 이를 국가 교육과정으로 강조했다.Hicks, 2003

한편 일본의 국제이해교육은 한국과 마찬가지로 일본 정부가 1953년 유네스코 협동학교에 참여하면서 시작되었다. 하지만 일본과 한국에서의 국제이해교육은 '국민국가의 국제경쟁력 증진을 위한 경쟁력 있는 국제이해교육'으로 환원되어 학교교육 현장에서는 세계의 다양한 국가를 이해해 국가 경쟁력을 제고하기 위해 국제이해교육을 강조하는 경향이 있었다.유네스코 아시아태평양 국제이해교육원, 2003

오늘날 전 세계적으로 국민국가nation-states와 함께 다국적기업, 국제기구 및 지역기구, 비정부기구, 그리고 일반시민들이 국제관계에 미치는 영향력이 더욱 커지고 있다. 이러한 시대적 변화와 함께 국제이해교육은 관련 개념들과의 상호연관성 안에서 국제이해교육의 개념을 재정립할 필요성이 대두되었다. 그 이유는 냉전 질서가 종식된 데탕트

국면에서조차도 평화와 인권이 보장되기는커녕 인종 간의 반목이 심화되고 사회적 폭력이 증폭하고 실존적 위험성이 더 커지고 있기 때문이다. 이런 상황에서 주목을 받은 교육 분야가 평화교육, 인권교육, 다문화(문화다양성)교육, 지속가능발전교육 그리고 세계시민교육이고, 이것이 국제이해교육의 다섯 기둥으로 자리잡았다.

평화교육은 사회적 폭력이나 사회적 불의를 비판적으로 인식하고, 이들의 대안인 평화를 구축하기 위한 관련 내용과 이를 다루는 교육 기법이나 전략 등을 배우는 교육적 과정을 의미한다.Harris, 2008 국제사회에서 '평화로운 사회 건설'을 위한 가장 평화적인 수단으로 등장한 평화교육은 보편적인 가치를 공유하면서도 지역적 맥락에 따라 구체적인 실행 방법이나 시작 지점이 달라진다. 이러한 맥락에서 평화교육은 정의, 협동, 연대, 개인의 자주성 개발, 의사결정 등의 가치를 강조하고, 평화 문화에 반하는 차별, 비관용, 자민족주의, 무조건적 복종, 무관심과 순응과 같은 가치들에 반대하며, 평화 행동peace action을 강조하고, 개인micro과 사회macro적 맥락 안에서 행동과 인식 등을 이해하려 하며, 모든 인류의 상호작용 속에서 그리고 모든 시민들에게 적극적 평화positive peace의 이상을 회복하는 것을 목표로 한다. 이렇게 볼 때, 평화교육은 국제이해교육이 추구하는 세계화와 국가 간의 상호의존성, 평화, 인권, 문화적 다양성 및 지속가능발전 등과 상호 연계된 중층적 개념으로 볼 수 있다.강순원, 2009

유네스코는 평화 문화를 건설하는 데 있어 가장 근원적인 수단으로서 인권교육이 중요하다고 보면서 국제이해교육의 맥락에서 인권교육을 강조하고 있다.UNESCO, 1984 인간이 자유롭고 평화롭게 살 수 있는 방법을 찾는 것이 평화교육이고, 평화교육의 전제는 개개인이 서로 존중하고 존중받으며 인간답게 살 권리가 있다는 인권교육에 기초하고 있다. 데이비스는 세계화 시대에 극단적인 갈등이 폭력을 폭증시키고 있는 국제환경에서 인권교육이 갈등을 예방하는 조치로서 유효하다고 주장했다.Davies, 2010 「인권교육진흥UN10년」에 이어 「지속가능발전교육을 위한 UN 10년」 과제에서도 환경, 평화, 문화적 다양성과 인권의 연결성에 대해 논의하면서 환경의 지속가능발전뿐만 아니라 사회적, 경제적 지속가능발전을 복합적으로 주장하면서 인권교육과의 융합을 주장했다. 이렇듯 인권교육 역시 21세기 사회가 당면한 문제를 해결하는 데 중층적으로 접근하고 있다.

한국사회에서 국제이해교육과 개념상의 혼란을 많이 빚고 있는 다문화교육은 사회 구성원들이 인종적, 계층적, 민족적으로 다양화되면서 다양한 구성원들의 다양한 욕구를 충족시키기 위한 교육을 목표로 하고 있으며, 다인종사회인 미국과 유럽에서 시작되었다.김현덕, 2010: 박성혁·곽한영, 2009; Randall et al., 1992; Seeberg et al., 1998 소수인종들이 이주를 시작하던 시기의 다문화교육 정책은 이들을 주류 사회에 편입시키기 위해 동화주의를 채택했다. 하지만 1960년대 영국과 북미 지역에서의 민권운동은 동화주의적 다문화교육을 소수자 문화에 대한 차별 및 편견을 방지하는 '반인종 차별교육Anti-Racist Education'으로 전환시켰다. 민권운동은 다문화교육에 정의와 비폭력을 접목시킨 교육과정을 운영하도록 해서 그간의 동화주의적 다문화교육 정책을 극적으로 변화시켰다. 이러한 맥락에서 다문화교육은 국제이해교육과 그 맥락을 같이한다. 그럼에도 유럽, 미국이나 일본, 한국 등지에서 다문화교육과 국제이해교육은 이론적으로는 두 개념이 다른 교육 목적과 내용을 지향하고 있으나 교육 현장의 적용에서는 그 차이가 명확히 인식되지 않고 있다. 그래서 세계 수준에서 이주의 확대로 인한 지역에서의 다문화화를 어떻게 국제이해교육으로 구체화할 것인지에 대한 이론화 작업이 요구된다.Banks, 1994; Diaz et al., 1999; Gay, 1992; Randall et al., 1992; Ukpokodu, 1999

국제이해교육과 관련해 주목을 받고 있는 또 하나의 개념은 지속가능발전교육Education for Sustainable Development, ESD이다. 전 지구적 상호의존성이 경제적인 측면뿐만 아니라 생태 환경 측면에서도 널리 인지되면서, 1970년대 이후 환경에 대한 세계적인 관심은 1992년 리우회의 이후에는 지속가능발전에 주목했다. 그 결과, 2002년에 유엔은 2005~2014년 기간을 「지속가능발전교육을 위한 유엔 10년」으로 선포했다. 지속가능발전교육은 환경과의 공존, 사회와의 공존, 문화와의 공존, 경제와의 공존을 목표로 지구의 지속가능성을 위협하는 문제에 대해 전 세계인이 함께 협력해 대응하고 해결책을 찾아 나가는 것에 초점을 맞추었다.Fujikane, 2003 특히 일본은 지속가능발전교육의 선도국가로서 국제이해교육의 중심에 지속가능발전교육을 두었다. 국제이해교육이 강조하는 '상호의존성'은 지속가능발전교육의 주요 축인 '공존'과 깊은 관련이 있으며, 지속가능발전의 주요 주제인 경제 성장, 환경 문제, 자원 문제는 전 지구적 차원의 노력이 필요한 영역이기 때문에 국제이해교육과 지속가능발전교육은 불가분의 관계에 있다.강순원·김현덕, 2012; 유네스코 한국위원회, 2008; 조우진, 2012

2015년 인천에서 열린 세계교육포럼 이후에 급부상한 세계시민교육은 「국제이해교육 권고」의 제18항에도 구체적으로 적시되어 있는 영역이다. 오늘날 급격한 세계화는 국민국가를 중심으로 사용하던 시민성의 개념을 확장하도록 하는 조건을 만들었다. 시민성은 단일 국가의 시민적 의무나 권리뿐 아니라 세계시민으로서의 연대의식도 함께 형성하는 혼종적 시민성의 개념으로 그 외연이 넓어지고 있다.^{강순원,} ^{2010, 73; Giddens, 2000; Habermas, 2000; Turner, 1986} 이와 같이 국가의 경계를 넘어서서 세계 차원에서 보편적 가치와 다양성 존중의 질서를 구축하자는 세계시민교육은 '탈국가주의와 보편적 관심, 그리고 다양성 존중'을 핵심적 키워드로 삼고 있다. 세계시민교육을 가장 모범적으로 실천하고 주도하는 단체인 영국의 옥스팜Oxfam은 지구 공동체 차원에서 연대하고 미래를 주도할 세계시민에 대한 다양한 개념, 즉 국가 간 시민성, 다국적 시민성, 복합적 시민성, 지역적·국가적 경계를 초월한 새로운 시민성, 지구적 수준에서 집단적 책임감과 집합적 정체성 및 혼종적 시민성 등을 제시했다. 하지만 세계시민의 개념은 그 용어의 추상성만큼이나 합의하기 어려운 일면이 있다.^{Oxfam Great Britain, 2006} 그럼에도 세계시민교육은 21세기 지식정보화 사회를 넘어서는 글로벌 환경에서 모든 세계인에게 공통적으로 요구되는 인류애의 이상을 교육하는 개념으로 부상하고 있다.^{Hanvey, 1976; Pak, 2013}

이상에서 살펴본 바와 같이, 신자유주의적 세계경제를 근간으로 한 세계화가 심화되면서 인권, 평화, 지속가능발전, 문화다양성 및 세계시민성 등의 보편적 주제는 세계시민의 연대라는 관점에서 국제이해교육의 주요 주제로 부상되었다. 그 결과, 국제이해교육은 인권교육, 평화교육, 지속가능발전교육 그리고 다문화교육이나 세계시민교육 등을 각국의 상황이나 지구촌 핵심 주제의 변화에 따라 개념화해서 실행하고 있다. 그 실행과정에서 국제이해교육은 실천력이 약화되기도 하고, 정부로부터 재정 지원을 받는 지속가능발전교육이나 다문화교육 등에 밀려나기도 한다. 그러나 오늘날 국가 간의 상호의존이 더욱 심화되고, 21세기 지식기반사회에서 창의적이고 융합적 능력을 겸비한 세계시민을 양성하기 위해서는 국제이해교육이 반드시 요구된다. 국제이해교육과 인권교육, 평화교육, 지속가능발전교육, 문화다양성교육 및 세계시민교육은 서로 분리되는 개별적 주제라기보다는 상호 연결된 보편적 개념이라는 틀로 볼 수 있다. 국경을 초월해 전 세계인이 하나의 공동체적 시각을 갖고 세계 문제를 이해하고 해결해 가는 방법을 찾는 국제이해교육김현덕, 2011은 국가 간inter-national이든 개인 간inter-personal이든 서로를 살리고 더불어 살아가는 상생교육으로서 세계 과제에 도전하고 있다.

오늘날 신자유주의적 세계화가 전 세계를 압도하면서 국가 경계가 희미해지고 국가 이미지가 세계시장을 지배하는 듯 보이나, 여전히 국가 간의 이해와 협력은 세계평화와 지구촌 사람들의 인권 보장을 위한 초석이다. 따라서 국제이해는 개인의 기본 자유의 존중과 인권, 그리고 국가 간의 상호호혜 정신을 바탕으로 평화적인 국제질서를 구축하고 세계인의 안위를 실현하는 데 매우 필요한 교육 주제이다. 이런 맥락에서 국제이해교육은 세계 위험 체제에 대해 이성적으로 사고하고 이에 대처할 수 있는 역량을 길러 주는 대안적인 가치교육이다.

그러나 오늘날에도 1974년의 「국제이해교육 권고」에서 우려하던 교육 난제들이 해결되지 못한 채 자국중심적인 국제이해교육이 이루어지고 있다. 그 결과 국제이해교육의 개념은 국가별로 특정 용어를 선호하는 경향이 뚜렷하다. 동남아국가들은 가치교육을, 일본은 지속가능발전교육을, 중국과 한국은 국제이해교육을, 유럽은 세계시민교육을, 미국은 글로벌교육을 국제이해교육의 맥락에서 주로 사용하고 있다. 또한 21세기 시대적 상황이 변화하면서 '다문화교육', '평화교육', '인권교육', '세계시민교육', '세계화교육' 그리고 '지속가능발전교육' 등 각종 새로운 국제이해교육 개념들이 국제사회에서 강조되었는데, 이들은 서로 중층적으로 보완되면서도 추진 과정에서 도달해야 하는 교육 목표와 교육 내용이 무엇인지 등에 대해 혼란을 주었다. 이같이 국제이해교육의 목표와 내용 설정에 있어 야기되는 혼란은 그대로 교수학습방법의 실천상의 어려움을 낳게 하여 어떻게 하는 것이 국제이해교육인가에 대한 교육자들의 고민으로 이어지게 되었다.

따라서 유네스코를 중심으로 발전해 온 국제이해교육의 현주소와 문제점을 국가 권역별로 비교 분석해 21세기의 변화된 틀로 국제이해교육을 재개념화하고, 이를 기초로 국제이해교육을 위한 실천적인 홀리스틱 페다고지 모형을 개발할 필요가 있다.

제1장

국제이해교육의 변천 과정

2015 개정 교육과정에서 교육부는 범교과 주제를 10개로 한정시켰다. 범교과 주제로 포함된 안전·건강교육, 인권교육, 통일교육, 인성교육, 진로교육, 민주시민교육, 다문화교육, 독도교육, 경제·금융교육, 환경·지속가능발전교육 등을 국제이해교육과 관련된 주제로 볼 수 있기 때문에 국제이해교육이 범교과 주제에서 빠졌다고 해서 이를 비판할 것까지는 없어 보인다. 그러나 일본이나 중국 등 주변 국가에서는 국제이해교육을 총합교과 혹은 주요교과로 지정하고 있는 점으로 미루어 보아 한국의 정책적 변화는 다소 의외이기는 하다.

일본의 경우, 국제이해교육은 2002년부터 핵심적인 총합 교육과정의 4대 주제로 지정되어 지금까지 지속되고 있다. 반면 한국은 2015 개정 교육과정 개편 이전까지는 범교과 주제의 하나로 지정되어 있었음에도 불구하고, 국제이해교육에 대한 일관된 정부정책이 없고, 교육현장에서의 관심도도 낮았다. 일반적으로 국제이해의 필요성에 대해서는 공감하는 듯하나 입시 위주의 교과 중심 교육과정에서는 학교에서의 적용가능성과 현실성이 낮다고 판단한 것으로 보인다. 또한 국제이해교육과 유관한 주제 영역인 다문화교육이 집중적으로 강조되었던 교육 환경에서 유네스코의 교육 방향으로만 간주되었던 국제이해교육은 교육 현장에서 배제될 수밖에 없었다. 최근 세계시민교육과 관련해서도 비슷한 경향이 짙게 나타나고 있어서 국제이해교육의 정당성에 대한 명확한 설명이 요구된다.

유네스코는 국제 환경의 변화를 교육 현장에 추동하기 위해 국제이해교육을 주창했으나 글로벌 환경의 변화에 따라 다문화교육, 지속가능발전교육, 세계시민교육 등의 다양한 용어를 사용함으로써 많은 혼돈을 유발했다. 그 결과 유네스코의 일부 교육관계자들도 1974년 「국제이해교육 권고」를 존중해야 하지만 반드시 국제이해교육을 할 필요는 없다는 고집을 가지고 있다. 그럼에도 유네스코 본부의 교육팀은 4년 단위로 「국제이해교육 권고 실행에 관한 협의 보고서Consultation on the Implementation of the Recommendation concerning Education for International Understanding, Co-operation and Peace and Education relating to Human Rights and Fundamental Freedom」를 정기적으로 발간하고 있다. 2016년 「국제이해교육 실행 협의 보고서」의 설문 항목은 평화, 민주주의, 인권, 지속가능발전 및 문화다양성 등 교육실천과 교육정책에 대한 광범위한 질문을 포함하고 있다. 여기서는 국제이해교육이 유네스코 (협동)학교를 포함한 모든 학교에서 주제 학습으로 확대 적용되고 있는지와 국가 교육정책에 어느 정도 반영되고 있는지를 주요 지표로 삼고 있다. 그리고 평가 결과는 유네스코가 지향하는 '다함께 살기 위한 학습learning to live together'으로 수렴되고 있다.

한편 유네스코는 새천년 개발목표의 종료 시점인 2015년에 이후의 새로운 교육 아젠더를 「교육 2030」으로 설정했다. 그리고 UN이 주도하는 「지속가능발전목표」의 제4항 모두를 위한 포용적이고 공평한 양질의 교육 보장 및 평생교육 기회 증진Ensure Inclusive and Equitable Education and Promote Lifelong Learning Opportunities for All의 7조인 SDG 4.7은 2030년까지 모든 학습자들이 지속가능발전 및 지속가능 생활방식, 인권, 성평등, 평화와 비폭력 문화증진, 세계시민의식, 문화다양성 및 지속가능발전의 문화에 기여하기 위한 교육을 통해, 지속가능발전을 증진하는 데 필요한 지식 및 기술 습득을 보장해야 한다고 명시하고 있다. SDG 4.7의 내용은 1974년 「국제이해교육 권고」와 거의 일치하나, 일본은 이것을 지속가능발전교육으로, 한국은 세계시민교육으로 해석해 사용하고 있다. 그 결과 일본에서는 일본국제이해교육학회와 별도로 2016년에 일본지속가능발전학회를 설립했고, 한국에서는 정부 주도 하에 세계시민교육 선도학교 지정 및 각종 세계시민교육 포럼 등을 통해 국가 국제교육정책의 방향을 세계시민교육으로 조준하고 있다.

이런 맥락에서 본 장은 「국제이해교육 권고」를 채택한 1974년을 전후로 한 국제사회의 변화를 교육사회사적으로 접근해 21세기의 글로벌 환경 하에서도 여전히 국제이해교육이 유의미한지를 살펴보고자 한다. 여기서 교육사회사란 교육에 영향을 미치는 정치사회적 구조, 관계 및 이념의 변화상을 관련시켜 상호교차적인 역사적 사실로 인정하고 분석하는 사회과학적 방법을 말한다. 교육은 당대 사회의 역사뿐만 아니라 정치사회적 역학관계를 포괄적으로 이해하는 사회사적 접근을 통해서만 그 특성을 온전히 파악할 수 있다. 교육이 정치, 사회, 문화와 관련해 어떤 변화를 이루도록 기여했는지를 사회사적으로 고찰함에 있어서 국제사회에서 UN의 정치사회적 영향력을 아주 중요하게 고려할 필요가 있다. 유네스코는 UN 기구로서 국제사회의 정치역학에 직접적인 영향을 받기 때문에, 정치사회적 국제 이슈가 직접적으로 영향을 미치는 UN 선언 및 협약 그리고 10년 단위로 발표되는 국제 10년 의제International Decade 등을 국제이해교육의 시대별 특성에 반영하지 않을 수 없다. 따라서 본 장에서는 홉스봄Eric Hobsbawm[2008]과 박흥순[2015]의 세계정치사적 시대 구분을 토대로 국제 사회의 변동과 UN 관련 협약의 변화가 어떻게 국제이해교육의 시대별 특성에 반영되고 있는지를 네 시기로 세분화해 살펴보고, 현 단계에서 요구되는 적실한 개념으로서 국제이해교육의 유의미성을 규명하고자 한다.

1. 1974년 「국제이해교육 권고」에서 국제이해교육 개념의 이해

제2차 세계대전에서 돌이킬 수 없는 피해를 입은 세계는 전쟁이 없는 평화로운 세계를 꿈꾸면서 UN(국제연합)을 창립했고, 이후 평화 이념을 공고히 하기 위한 선결적 UN 기구로 유네스코를 만들었다. 종전 직후인 1945년 6월에 선언한 「UN 헌장」에서도 평화유지를 위한 경제적, 사회적 국제협력을 위해 제9장 55조에서 교육에서의 국제협력을 다음과 같이 강조했다.

사람의 평등권 및 자결 원칙의 존중에 기초한 국가 간의 평화롭고 우호적인 관계에 필요한 안정과 복지의 조건을 창조하기 위해 국제연합은 다음을 촉진한다. ① 보다 높은 생활 수준, 완전

고용 그리고 경제적 및 사회적 진보와 발전의 조건 ② 경제, 사회, 보건 및 관련 국제 문제의 해결 그리고 문화 및 교육상의 국제협력 ③ 인종, 성별, 언어 또는 종교에 관한 차별이 없는 모든 사람을 위한 인권 및 기본적 자유의 보편적 존중과 준수.

이에 따라 1945년 11월 15일 유네스코는 창립 헌장을 통해 다음과 같이 인간의 마음에 평화의 벽을 쌓자고 호소했다.

전쟁은 인간의 마음속에서 생기는 것이므로 평화의 방벽을 세워야 할 곳도 인간의 마음속이다. 서로의 풍습과 생활에 대한 무지는 인류 역사를 통해 세계 국민들 사이에 의혹과 불신을 초래한 공통적인 원인이며, 이 의혹과 불신 때문에 그들의 불일치가 너무나 자주 전쟁을 일으켰다. 이제 막 끝난 무서운 대 전쟁은 인간의 존엄, 평등, 상호존중이라는 민주주의 원리를 부인하고, 무지와 편견을 통해 인간과 인종에 대한 불평등이라는 교의를 퍼뜨림으로써 일어날 수 있었던 전쟁이었다. 문화의 광범한 보급과 정의·자유·평화를 위한 인류 교육은 인간의 존엄에 불가결한 것이며 또한 모든 국민이 상호원조와 상호관심의 정신으로서 완수해야 할 신성한 의무이다. 정부의 정치적·경제적 조정에만 기초를 둔 평화는 세계 국민들의 일치되고 영속적이고 성실한 지지를 확보할 수 있는 평화가 아니다. 따라서 평화를 잃지 않기 위해서는 인류의 지적·도덕적 연대 위에 평화를 건설하지 않으면 아니된다.

세계평화를 위해 지적·도덕적 연대의 기초가 UN이었고, 인간의 마음에 평화의 방벽을 쌓을 수 있는 도구가 바로 교육이었기에 세계 공동체world community의 평화를 위한 교육이 유네스코를 통해 지속적으로 강조되었다.정우탁, 2015

하지만 전후 상황은 미국을 위시한 자본주의 진영과 소비에트연방을 중심으로 한 사회주의 진영 간의 이념 전쟁으로 치달았고, 평화로운 세계 공동체를 지향하는 UN 역시 이념적 투쟁의 장으로 변질되었다. 그래서 1948년 「세계인권선언」에서 제창했던 인권을 주권보다 우선해야 한다는 UN의 일반 원칙은 전후 냉전적 국제질서에서 처음부터 실현하기 어려운 과제였다. 종전 직후 냉전적 질서 하에 분단된 한국과 베트남에서 동서진영의 대리전 같은 내전이 발발했는데 여기에 양 진영의 동맹국들이 대거 가담해 국제전쟁으로 비화되어 결국 수백만에 달하는 살상과 피해가 발생했다.강성현, 백원담, 2017 그리고 전후 식민지로부터 독립한 대부분의 신생 독립국가들이 비동맹회의를 결성해 독자적인 목소리를 가지고 UN에 참여하면서 다수의 표를 가진 UN 회원국가로서 약소국의 목소리를 반영하기 시작했다.매기 블랙, 2012

UN의 분위기는 유네스코에도 그대로 반영되어, 유네스코는 전후 세계평화 구축을 위한 교육의 방향을 둘러싸고 용어 선정과 중점 과제를 놓고 엄청난 논쟁을 겪게 되었다. 「세계인권선언」 제26조에서 규정한 교육 기회균등 및 인권과 평화 증진을 위한 교육적 노력의 일환으로, 1950년대는 전후 식민지로부터 해방된 대다수 국가들에 대한 서방 선진국의 경제 지원과 교육 원조가 주된 방향으로 설정되었다. 서방국가가 주도한 '세계시민성 교육Education in the World Citizenship'1950, 그리고 '세계 공동체에서 살기 위한 교육Education for

Living in a World Community'[1952] 등의 유네스코 아젠더에서는 주로 국가의 실체를 전제로 하는 공동체로서의 세계라는 용어를 사용했다. 모호한 세계시민성 개념에 대한 비판이 제기되고 세계 공동체의 의미가 국제기구의 강화를 중심으로 한 것이라는 회의론이 제기되자 이를 대체하는 용어로 국제이해와 협력을 위한 교육이라는 대안이 나오기 시작했다. 이때까지만 해도 식민지의 책임과 문화적 지배와 종속 등의 문제를 제기하지 않는 국제기구를 통한 세계 공동체의 유지 및 선진국과 후진국 간의 교육 협력과 원조가 중요한 방향이었다.[Burgess, 1968] 그 결과 유네스코는 세계 공동체를 위해 인류를 교육하지 않으면 안 된다는 의제를 담은 「세계 공동체에서 살기 위한 교육」[1952]을 토대로 1955년에 「국제이해와 협력을 위한 교육Education for International Understanding and Cooperation」을 제안했다.

미소 패권 질서 구축의 전면기인 1950년대와는 달리, 1960년대에는 전 세계적으로 뉴 레프트 운동이 확산되고 사회운동이 확대되면서 유네스코도 사회적 약자들에 대한 교육 차별철폐 및 냉전적 질서로 심화된 분쟁 방지를 위한 평화유지 등을 주요한 교육 연구 주제로 삼았다. 이로써 1950년대의 비정치적 개념 틀인 「국제이해와 협력을 위한 교육」이 1968년 「국제이해와 평화를 위한 교육Education for International Understanding and Peace」으로 주장되었다.[Burgess, 1968] 여기서 중요한 점은 이전에 거의 다루어지지 않았던 정치적 의제가 교육과 관련해 다루어지게 된 것이다. 일본의 지바Chiba 교수는 1960년대의 유네스코 교육 활동에서 다루어진 주제의 방향을 다음과 같이 요약했다.[지바, 1999: 18]

① 인권, 교육의 기회균등, 교육을 받을 권리, 차별철폐, 여성지위
   향상, 인종차별 폐지, 식민주의와 제국주의에 대한 투쟁처럼
   현실적으로 존재하는 사회적 불평등 및 장애와 직접 부닥쳐
   서 사회정의를 실현하는 프로그램
② 학교 및 청소년, 성인교육에서 국제이해교육과 평화교육
③ 국제 문제에 대한 사회과학적 설명

1960년대에는 소련의 평화구축 공세 위에 이루어진 유네스코 환경
에서 제3세계 국가의 적극적 참여와 이들의 정치적 발언이 커지면서
군축, 식민주의 및 극단적 인종주의 철폐 등의 이슈가 쏟아져 나오기
시작했다. 이러한 요구들은 냉전적 군사 대립으로 인해 아주 극심한
안보 갈등을 초래했던 시점인 1974년에 「국제이해교육 권고」로 수렴되
어 제18차 유네스코 총회에서 이 권고를 채택했다. 1974년 「국제이해
교육 권고」는 1960년대의 국제이해교육 개념과는 달리 서구를 중심으
로 관념적 수준에서 전개해 오던 국제이해교육에 제3세계 시각이 반
영된 실천적 내용을 담은 매우 포괄적이고 통합적인 권고로서 비판적
성격을 지니고 있다.Arora et al., 1994 하지만 1960~1970년대 반전·반체제
사회운동을 경험했던 서구 국가들의 경계 속에서 유네스코는 동유럽
과 제3세계가 유네스코를 정치화해 간다는 비판에 직면하게 되었다.
이에 따라 1972년 로마클럽 의제나 신 국제경제 질서 의제 등과 더불
어 UN 내의 반 서방 정치 의제로 비쳐진 1974년 「국제이해교육 권고」
의 채택은 결국 미국과 영국이 유네스코를 탈퇴하게 만드는 계기로
작용하는 등 이른바 잃어버린 10년lost decade으로 불리게 되는 80년
대로 이어지게 되었다.이승환, 2000

1970년대 혹독한 정치적 논쟁 속에서 상이한 이데올로기와 사회체제를 지닌 국가들이 1974년 「국제이해교육 권고」에 합의하고 각국의 국제이해교육에 확실한 공동 지침을 내려준 것은 분명 엄청난 진전^{지바. 1999}이었고, 이후 모든 유네스코 교육선언의 토대로 작용하는 기준을 갖게 한 계기를 마련해 주었다.

2. 1974년 「국제이해교육 권고」에서 국제이해교육의 개념적 구성

1974년 「국제이해교육 권고」는 회원국들이 합의한 「UN헌장」 정신과 「세계인권선언」을 따른다는 전문과 함께 총 10장, 45항으로 이루어진 포괄적인 유네스코 교육 방향이다. 이것은 제1, 2장의 국제이해교육의 정의와 영역, 제3장의 기본원칙, 제4장의 국가의 정책, 기획 및 행정, 제5장의 학습지도 요령 및 연수, 제6장의 다양한 교육 영역에서의 활동, 제7장의 교사교육, 제8장의 교육 기자재, 제9장의 연구와 실험 및 제10장의 국제협력 등으로 구성되어 있다. 「국제이해교육 권고」에 따르면, 교육은 개인적, 집단적, 국가적, 국제적 수준에서 이루어지는 총체적 교육을 포함하는 것이고, 국제이해, 협력, 평화는 지향해야 할 동일 수준의 상위 개념이고 국가 간 우호주의와 인권 및 기본적 자유를 전제로 한다. 이렇게 볼 때 국제이해교육은 국가 간 우호주의와 인권 및 기본적 자유에 기초해 국제이해와 협력을 위한 모든 수준의 평화교육이라고 정의할 수 있다. 이러한 정의 하에서 개인의 전면적 발달을 도모하며 집단 간, 국가 간, 국제적 상호이해를 증진시킨다는 전제 하에 국제이해교육은 다음과 같은 목적을 지닌다(4항).

 a. 국제적인 차원과 글로벌한 시각을 모든 단계와 모든 형태의 교
 육에 반영

 b. 국내의 소수민족 문화와 다른 국가들의 문화를 포함해, 모든
 민족과 그들의 문화, 문명, 가치관 및 생활 방식에 대한 이해와
 존중

 c. 민족과 국가들 사이의 글로벌한 상호의존성이 증대되고 있다
 는 것을 자각

 d. 다른 사람과의 의사소통 능력 배양

 e. 개인, 사회 집단과 국가들에게는 권리뿐 아니라 서로에 대한
 의무도 있다는 것을 자각

 f. 국제 연대와 협력의 필요성에 대한 이해

 g. 지역사회, 국가 및 세계 일반의 문제해결에 개인들의 자발적인
 참여

이를 토대로 국제이해교육의 목적을 살펴보면, 개인적 차원에서는 의사소통 역량 배양 및 문화적 다양성을 신장하고, 집단 간, 국가 및 글로벌 차원에서는 상호인권 신장 및 자발적 참여에 근간한 지역적, 국가적, 세계적 수준의 문제해결 역량 강화 그리고 민족 간, 국가 간에 존재하는 글로벌 상호의존성을 인지하고 이에 대한 교육을 모든 수준에 반영할 것을 지향한다. 이러한 점에서 국제이해교육은 개인적, 집단적, 국가적, 권역적, 세계적 차원의 이슈를 망라하는 복합적 시민성의 양성을 목적으로 한다고 볼 수 있다. 따라서 국제이해교육은 초국가적 세계시민성을 양성하는 세계시민교육이라기보다는 '전 지구적으로

사고하라, 지역적 차원에서 행동하라think globally act locally'라는 글로컬global+local: glocal 시민성의 함양을 목적으로 하는 교육이다.

이러한 목적 하에 「국제이해교육 권고」는 학습, 훈련, 행동 과제, 담당자 연수, 연구 기획 방향 및 국제협력을 포괄적으로 밝히고 있다. 이를 토대로 국제이해교육의 실천 틀을 [표 1]과 같이 구성해 보면, 국제이해교육은 크게 글로벌+로컬 수준의 모든 이슈를 포괄하는 지식적 범주(글로컬 이슈), 글로컬 사고로의 전환을 가능하게 하는 가치와 문화, 태도의 영역(글로컬 의식화) 및 글로컬 시민성 실현을 위한 인프라 구축(글로컬 상호의존성) 등을 구체적 틀로 제시하는 홀리스틱 교육구조를 띄고 있다고 말할 수 있다. 유네스코 회원국들은 이에 따라 자국의 상황에 맞게 국제이해교육 실천요강을 발전시켜 나가고 있다.

[표 1] 글로컬 시민교육으로서의 국제이해교육 실천적 프레임

글로컬 이슈	글로컬 의식화	글로컬 상호의존성
• 인류의 주요 문제해결을 위한 노력: 민족자결권과 주권재민, 국제법에 의한 평화유지와 군축, 난민 인권 보장과 인종차별주의 철폐, 사회정의에 근간한 균형 발전, (신)식민주의 철폐, 문맹퇴치, 기아근절, 자원보호 및 환경, 문화유산 보호, 유엔의 역할 강화	• 윤리적, 시민적 측면: 자유, 평등, 인권, 인종차별, 타인의 권리와 사회적 시민적 책임 • 문화적 측면: 타문화, 타 언어, 타 문명, 타 문화유산의 이해와 존중	• 국제이해교육 기반의 학제 개혁 및 이를 위한 국제 협력 • 교육체계: 기본학제 및 평생교육 활동 강화 • 교사교육 강화: 교사 교류 증진 • 교육공학적 지원: 국제이해교육 관련 정보 지원 • 연구 및 실험: 교육 관련 기관과의 네트워크 및 유네스코 지원 • 국제협력: 각종 교류와 협력 사업 강화 및 교과서 지원 사업 유지

3. 국제이해교육 이행을 둘러싼 국제 환경의 변화

냉전시대에 평화구축을 위한 유네스코의 핵심 의제로 설정된 국제
이해교육이 1980년대 군축평화교육을 정치적으로 쟁점화하자 1984년
에 미국이, 1985년에 영국이 유네스코를 탈퇴함으로써 유네스코는 정
치적 위기를 맞이하게 되었다. 그 결과 자유주의 국가 진영의 목소리
가 위축됨과 동시에 문해교육이나 환경교육 의제 등 비정치적 이슈에
대해서조차도 적극적인 목소리를 내지 못하게 되면서 국제이해교육은
1980년대 신자유주의적 글로벌 환경에 좌우되었다.

이후 1989년 베를린 장벽의 붕괴에 따른 냉전 질서의 와해로 인해
유네스코가 주력했던 정치적 쟁점이 크게 주목받지 못하게 되자, 국
제이해교육 관련 실행 세칙 대신에 1993년 「평화, 인권, 민주주의 교
육에 관한 선언」 및 「평화, 인권, 민주주의 교육에 관한 통합실천요
강」을 유네스코 총회에서 채택했다. 하지만 1993년 「평화, 인권, 민주
주의 교육을 위한 선언」은 「유엔 헌장」, 「유네스코 헌장」, 「세계인권선
언」, 「아동권리협약」, 「여성권리협약」 등의 관련 문서와 1974년 「국제이
해교육 권고」에 따라 평화, 인권, 민주주의에 헌신할 시민을 교육할 책
임이 있음을 명심하고…'라는 표현으로 냉전체제 이후에도 국제이해
교육이 유네스코 교육의 중요한 지렛대임을 밝히고 있다. 그 결과 일
본처럼 국제이해교육을 적극적으로 국가 교육과정에 포함시키는 국가
가 있는 반면, 많은 국가에서는 국제이해교육이란 용어를 사용하기보
다는 관련 개념어인 평화교육, 인권교육 및 민주주의교육을 국가의 상
황에 맞게 채용하는 경향이 있었다. 특히 1989년 베를린 장벽 붕괴로
상징되는 이른바 탈냉전 분위기 하에서 「유엔 인권교육진흥 10년」 의
제에 따라 인권교육이 강조되면서 대부분의 국가들이 인권교육을 교
육과정에 포함시켰고, 이후 「지속가능발전교육을 위한 유엔 10년」 의

제 기간 동안에는 지속가능발전교육에 압도되었다.

이러한 상황에도 글로벌 아젠더로서 교육의 국제협력이라는 의미는 계속 강조되어 1990년 좀티엔에서 「모두를 위한 교육」이 발의되었다. 이는 아동이든 성인이든 모두를 위한 기초 문해 역량 향상을 통해 삶의 기회를 공평하게 넓혀 주어야 한다는 일반원칙에 기초해 교육권을 전 지구인의 책임으로 인지시켰다. 「모두를 위한 교육」의 정신은 2000년 다카르에서 재확인되었다. 여기서는 교육기회의 확대뿐만 아니라 양질의 교육Quality Education 및 직업교육 신장을 통해 고용가능성 증대까지 연결시키는 교육 아젠더로 발전시켰고, 2012년 반기문 유엔 사무총장이 주창한 「글로벌교육 우선구상」이라는 세계시민교육의 당위성으로까지 확장되었다. 이러한 세계적 관심사 위에서 2014년 무스카트에서는 양질의 교육기회를 평생학습까지 확장해 모든 사람의 삶의 질을 제고시키는 방향으로 나아가고자 하는 「교육 2030」을 구체화했다. 특히 새천년 개발목표의 주요 과제인 공적개발원조Official Development Assistance, ODA를 높이기 위한 국제개발과 협력도 그 핵심은 국제이해교육이다. 이렇듯 유네스코를 중심으로 한 국제이해교육은 그 용어를 사용하든 안 하든 국제교육 혹은 세계교육 담론의 핵심으로 작용하고 있으며, 유네스코를 비롯한 UN의 모든 교육 아젠더를 실천하는 토대로 작용하고 있다.

4. 국제협약을 통해 본 국제이해교육의 연대기적 이해

전후 국경 없는 세계를 주장하며 신자유주의적 세계질서를 강조하던 1990년대와 달리, 오늘날 미국을 위시한 많은 서구 국가들은 몰려오는 이민자들을 막고 '우리나라 먼저'를 주장하며 국경 세우기에 정치력을 쏟고 있다. 이것은 이전과는 다른 맥락에서 국가 간의 우호주의와 인권에 기반한 국제협력과 국제이해를 위한 평화교육이 지금보다 더 절실한 시기는 없음을 의미한다. 일상의 평안을 위협하는 글로컬 불안정성의 증대로 인해서 오늘날에 국제이해교육의 필요성이 매우 커지고 있다.

홉스봄에 의하면, 21세기는 정치적 폭력이 세계화된 시기로 정부가 앞장서서 비이성적 공포 분위기를 조장하는 상황이다. 따라서 냉전적 공포시기에 비판적 세계사적 인식을 일깨웠던 1974년 「국제이해교육 권고」가 글로벌 위험 시기에도 여전히 유의미한 개념인지는 국제사회에 큰 영향을 미치는 국제협약과의 상호관련성을 연대기적으로 분석해 봄으로써 판단 가능할 것이다. 국제기구들은 UN 정신에 따라, 국가 간의 이해와 협력을 전제로 세계 문제에 대한 평화적 공동대처를 위해 각종 규약과 선언, 협약, 권고 등을 공포한다. UN은 국제사회가 당면한 화급한 사안들을 회원국들의 동의 하에 10년 의제로 지정해 회원국들에게 구체적 실행 방안을 요구한다. UN 협약들 중 교육 관련 사안은 유네스코에 위임하기 때문에 국제이해교육의 교육사회사적 특성을 글로벌 맥락에서 파악하기 위해서는 UN 협약의 변천 과정을 참고하는 것이 마땅하다.

국제이해교육 개념의 변화와 관련한 전후 세계사적 흐름은 [표 2]와 같이 네 시기로 구별할 수 있다. 제1기는 1945~1967년까지로, 제2차 세계대전 직후 얄타 체제의 성립으로 대부분의 식민지가 해방됨과 동시에 동서냉전 세계체제로 재편되어 이념 대립구도가 형성되는 보수적 냉전시기이다. 제2기는 1968년 소위 68혁명기로부터 1989년 베를린 장벽이 붕괴되는 시점까지로, 군비경쟁을 기축으로 동서냉전이 심화되다가 동구 사회주의 진영이 붕괴되면서 데탕트의 서막이 열리는 시기이다. 제3기는 1989년 냉전 종식을 알리는 시점에서 확대된 신자유주의적 글로벌화의 확대로 국가주의 대신 글로벌주의가 급부상하면서 EU(유럽연합)를 중심으로 보편적 가치가 강조되던 2008년 세계 금융위기까지의 시기이다. 제4시기는 전세계적 차원의 금융위기로 인해 EU 체제의 불안정성이 일어나고 미국의 '월가를 점령하라'는 반신자유주의 시위가 미국 전역을 강타하던 시기 이후로 세계적 수준에서 이주의 증가와 테러의 확산 등으로 인한 불확실성의 시

[표 2] 국제이해교육의 교육사회사적 연대기

국제 정치·사회적 시대 구분	UN의 주요 아젠더 (UN 규약, 협약, 협정, 의정서)	UN/국제 10년 (International Decade)	유네스코 선언	국제이해교육 관련 유네스코 규정
전후 세계체제의 재편기 (1945~1967)	• 유엔헌장 (1945) • 세계인권선언 (1948) • 아동권리선언 (1959) • 식민지 독립부여선언(1960)	• UN Development Decade(1960년대)	• 유네스코 헌장 (1945) • 교육에서의 차별금지에 관한 협약 (1960) • 문해교육에 관한 선언(1964) • 교원의 지위에 관한 권고(1966) • 국제 문화협력의 원칙 선언(1966)	• 청소년의 국제이해 고양과 국제기구 교육(1948) • 세계공동체에서 살기 위한 교육 선언 (1952) • 국제이해와 협력을 위한 교육 (1955) • 국제이해와 평화를 위한 교육 (1968)

동서 냉전시기 (1968 ~1989)	• 세계문화유 산 및 자연 유산의 보호 에 관한 협약 (1972) • 모든 형태의 인종차별 철폐 에 관한 국제 협약(1978) • 여성에 대 한 모든 형태 의 차별철폐 에 관한 협약 (1979) • 발전권 선언 (1986)	• First Disarmament Decade/70년대 • 제2차 Development Decade/ 70년대 • Decade to Combat Racism and Racial Discrimination 1973~1982 • UN Decade for Women: Equality, Development and Peace 1976 ~1985 • Second Disarmament Decade/80년대 • International Drinking Water Supply and Sanitation Decade 1981~90 • UN Decade for Disabled Persons 1983 ~1992 • 제2차 Decade to Combat Racism and Racial Discrimination • World Decade for Cultural Development 1988~1997	• 문화 및 자연유산의 국가적 보호에 관한 권고(1972) • 문화교류와 교육의 확산 및 정보의 자유 로운 소통을 위한 위 성 방송 사용에 관한 원칙 선언(1972) • 성인교육 발전에 관 한 권고(1976) • 역사 유적지의 보호 와 현대적 역할에 관 한 권고(1976) • 인종과 인종적 편견 에 관한 선언(1978) • 교육적 통계의 국제 표준화에 관한 개정 권고(1978) • 평화와 국제이해의 강화, 인권의 증진, 그리고 인종주의와 인종차별 정책 및 전 쟁 선동의 억제에 대 한 매스 미디어의 공 헌에 관한 기본 원칙 의 선언(1978)	• 국제이해, 협력, 평화 를 위한 교 육과 인권, 기본 자유 에 관한 교 육 권고 (1974)
신자유 주의적 세계화 전면기 (1989 ~2008)	• 아동의 권리 에 관한 협약 (1989) • 모든 이주노동 자와 그 가족 의 권리보호에 관한 국제협약 (1990) • 소수자 권리선 언(1992) • 생물다양성 협 약(1992)	• Third Disarmament Decade/90년대 • International Decade for Natural Disaster Reduction • United Nations Decade of International Law	• 기술 및 직업 교육 에 관한 협약 개발 (1989) • 모든 이를 위한 교육 (EFA)에 관한 세계 선언(1990) • 관용의 원칙에 관한 선언(1995) • 성인교육에 관한 함 부르크 선언(1997) • 고등교육 교원의 지위 에 관한 권고(1997)	• EFA Zom- tien(1990) • 평화. 인권, 민주주의 교육에 관 한 실천 요 강(1994) • EFA Dakar (2000)

신자유 주의적 세계화 전면기 (1989 ~2008)	•기후변화 협약 (1992) •유엔 사막 화 방지 협약 (1994) •UN지구협약 (2000) •핵 테러 행위 의 억제를 위 한 국제협약 (2005) •MDG(2000 ~2015)	•International Decade for the Eradication of Colonialism •Fourth United Nations Deve- lopment Decade •United Nations Decade Against Drug Abuse •Third Decade to Combat Racism and Racial Discrimination •Decade of the World's Indigenous People •UN Decade for Human Rights Education 1995~2004 •Decade for the Eradication for Poverty •Second International Decade for the Eradication of Colonialism •International Decade for a Culture of Peace and Nonviolence for the Children of the World •United Nations Literacy Decade: Education for All •Second International Decade of the World's Indigenous People •United Nations Decade of Education for Sustainable Development (2005~2014)	•인간게놈과 인권에 관 한 보편선언(1997) •미래 세대에 대한 현 세대의 책임에 관한 선언(1997) •모든 이를 위한 교육 의 실천을 위한 다카 르 선언(2000) •문화다양성 선언 (2001) •21세기를 위한 고등 교육과 고등교육의 변화와 발전을 위한 세계 선언(2003) •다언어 사용 증진 및 보편적인 사이버 스 페이스 접근에 관한 권고(2003) •생명윤리와 인권 보 편 선언(2005) •문화적 표현의 다양 성 보호와 증진 협약 (2005)	

신자유 주의적 세계화 전면기 (1989 ~2008)		• International Decade for Action, "Water for Life" • Second United Nations Decade for the Eradication of Poverty • United Nations Decade for Deserts and the Fight against Desertification		
신자유 주의적 세계화 모순의 심화기 (2009~)	• 리우+20지 구 정상회의 (2012) • (최초) 유엔 청소년 집회 (2013) • 이란 핵 협약 (IAEA, 2015) • UN 신기후 변 화 협약(파리, 2015) • 난민과 이주민 을 위한 뉴욕 선언, 2016) • SDG(2016 ~2030)	• UN Decade of Education for Sustainable Development (2005~2014) • Decade of Action for Road Safety • United Nations Decade on Biodiversity • Third International Decade for the Eradication of Colonialism • United Nations Decade of Sustainable Energy for All • International Decade for People of African Descent • United Nations Decade of Action on Nutrition	• 지속가능발전교육 세계회의 선언(2009) • 고등교육 자격 인정에 관한 아시아태평양 지역 협약(2011) • 용어사전을 포함하는, 역사적인 경관 계획에 대한 권고(2011) • Making Education a Priority in the Post-2015 Development Agenda(2013) • 글로벌 EFA 회의(오만 무스카트, 2014) • 아프리카 국가들의 고등교육에서 학업, 자격, 학위와 기타 학술 자격 인정에 관한 개정 협약(2014) • 디지털 형태에 포함하는 기록 유산의 보전과 그것에의 접속에 관한 권고(2015) • 박물관과 수집품, 그것들의 다양성과 사회에서의 역할에 대한 보호와 촉진에 관한 권고(2015) • 기술 및 직업 교육과 훈련에 관한 권고(2015) • 성인 학습과 교육에 관한 권고(2015) • 체육 교육, 활동, 스포츠에 대한 개정 국제 헌장(2015)	• EFA Muscat (2014) • Education 2030 (2015) • Prevention of Violent Extremesm through Education (PVE-E) (2015)

1) 전후 세계체제의 재편기(1945~1968년): UN 중심의 국제이해교육

1945~1968년까지는 제1, 2차 세계대전의 참화로부터 평화를 구축하자는 인류적 공감대 위에서 강력한 UN을 중심으로 전쟁을 억제하려는 노력이 집중되는 가운데 세계체제가 전후 식민지국가 해방을 둘러싸고 동서냉전 구도로 재편되는 국가주의 기반의 시기이다.

제1기에서 UN의 노력은 「세계인권선언」으로 집약된다. '인류 구성원 모두는 천부의 존엄성과 동등하고도 양도할 수 없는 권리를 지닌다는 인식은 세계의 자유와 정의와 평화의 기초이며'로 시작하는 「세계인권선언」은 모든 국제협약의 토대가 되었다. 이를 근간으로 유네스코는 「교육차별금지협약 및 문해교육 선언」, 「교원 지위에 관한 권고」 등을 공표했고, 동시에 국제사회 이해와 협력을 위한 노력으로 「세계 공동체에서 살기 위한 교육」을 비롯한 「국제이해와 협력을 위한 교육」 등을 발표했다.

대체로 이 시기는 UN이라는 국제기구를 통한 세계 공동체 평화구축을 위한 비정치적 선언이 주를 이루었다고 볼 수 있다. 유엔 최초의 10년 의제는 개발 의제로서 식민지로부터 해방된 신생 독립국들에 대한 경제개발 지원으로 초점이 모아졌다. 이 시기는 제2차 세계대전 종전과 함께 냉전체제가 구축된 시기로, 제3세계 중심의 민족주의 대두와 경제적 민족주의의 강화, 국가에 대한 애국적 충성심 및 공동의 국제기구를 중심으로 한 세계 문제의 평화적 해결 필요성 등이 국제이해교육에의 관심으로 모아졌다. 이 시기의 국제이해교육의 핵심 내용으로 1954년에 발표한 「국제이해와 협력을 위한 교육」은 국가의 실체를 중시하며 국가가 적극적으로 관여하는 유엔을 중심으로 한 '국제이해교육' 개념을 만들었다.

제2차 세계대전 이후에는 과거 양차 세계대전의 경험으로부터 전쟁의 참혹함과 세계평화의 필요성을 절감하면서 많은 국가들이 학교 교육과정의 국제화를 위해 노력하기 시작했다. 즉 맹목적 애국주의나 호전적 민족주의 개념을 교과서에서 제거하려는 작업을 진행했다. 특히 유네스코는 1953년 유네스코 협동학교 프로젝트를 기획해 학교 교육과정의 국제화 작업에 선도적 역할을 주도했고, 또한 국제평화와 국제이해 증진을 위한 세미나와 회의 개최를 적극적으로 후원했다. 유엔의 해외개발지원기구인 UNKRAUnited Nations Korean Reconstruction Agency, 국제연합 한국재건단는 발전 10년 의제에 따라 경제 지원과 함께 신생국에 학교 지원과 교과서 지원을 했고, 미국은 평화봉사단을 약소국에 파견해 필요한 인력 지원 사업을 전개했다.

당시 신생 해방국들은 국가건설을 위한 인재가 필요했고, 미국과 소련의 패권국가들은 전후 피식민지 해방국의 재편성에 필요한 인력 재배치 교육이 필요했기 때문에, 신생 해방국과 패권국가 양쪽 모두에게 교육은 포기할 수 없는 사회적 기반구축 장치였다. 그래서 유네스코를 필두로 국제협력과 이해를 위한 교육은 큰 거부감 없이 수용될 수 있었고, 1968년 전 세계로 확산된 학생운동student power이 부정의한 글로벌 질서를 세계 문제로 가시화하기까지는 국민국가의 지배력 강화를 위한 지배 엘리트의 육성 지원을 위한 국제이해교육이 적극적으로 진행되었다.

그 결과 많은 시간과 돈이 국제이해를 증진시키는 데 투자되었고, 특히 국제교육은 국제무역의 증대와 피식민지 해방국가의 지배 엘리트 육성을 위한 유학 장려와 지역연구에 관심이 집중되었다. 1950년대 초에는 상당수의 지역연구 강좌가 미국 대학에 많이 개설되었다.Postlethwaite & Husen, 1985 또한 국제시장에서 유능하게 활동하기 위해서는 외국어 교육을 강화할 필요성이 있어 국제이해에서도 외국어 교육이 중요한 부분을 차지하게 되었다. 이러한 교육은 일반적으로 '국제교육International Education'이라는 이름으로 명명되었고, 외교정책 및 정치, 경제 분야 전문가 양성에 주력해 주로 지역연구, 외국어 교육, 그리고 국제적인 문제 학습 등을 강조했다. 미국의 경우, 연방정부의 예산 지원 아래 초·중등 학교교육에서 외국 문화 학습, 외국어 학습, 그리고 문화교류 프로그램 등이 활발히 시행되었다.Becker, 1968; Tye, 2009 또한 1966년 발의된 국제교육법International Education Act으로 미국 대학에서는 '국제교육'의 발전이 그 정점에 도달했다.김신일 외, 1995 1970년대까지도 발전 10년 의제에 따라서 '국제교육'이 활발하게 진행되었다.

2) 동서냉전 시기(1968~1989년): 군축 평화론 중심의 국제이해교육

제2기는 1968~1989년에 걸친 패권주의 기반의 냉전 시기로, 전후 세계질서의 재편 과정에서 미소 패권주의를 중심으로 한 이념 대립이 군사적 무장을 강화시키면서 베트남 전쟁에 대한 세계 지성의 반발 목소리가 서구를 비롯한 일본과 한국 등지에서 결집되어 이른바 뉴레프트 운동이 확산되는 한편, 경제민족주의가 강화되는 시기이다.흡스봄, 2008 그런 가운데 선진국에 의한 저개발국의 비인도적 개발 지원이 종속구조를 심화시키는 자본주의 세계체제에 대한 비판이론으로 제기되었고Wallerstein, 1979, 동시에 인종차별 및 여성차별 등 보편적 인권의 이슈가 부상했다. 그러한 가운데 UN 10년 의제로 군축 이슈가 공론화되면서 이념갈등이 UN기구에서 노골화되었다. 1970~1980년대는 본격적으로 발전론에 근거한 자본주의적 세계체제의 문제가 대두되고,

국제사회에서 수적으로 절대 우위를 차지한 제3세계 그룹이 기존 세계질서에 대한 불만을 토로하고 이를 변화시키려는 노력을 결집한 시기이다. UN에서 서구 주도의 세계경제질서에 대항해 신국가경제질서의 필요성이 제기되면서 국제사회에서 남북 진영 간의 경제적 불균형 및 갈등이 첨예한 대결 양상으로 치달은 시기이기도 하다. UN에서는 발전 10년 의제를 1960년대에 이어 1970~1980년대에도 이어갔으며, 1970년대에는 군축 10년 의제와 함께 인종철폐 10년, 여성차별철폐 10년 의제를 선언했다. 그리고 1980년대에는 장애차별철폐 10년, 수자원보호 10년 및 문화발전 10년 의제 등이 발표되었고, 군축 10년과 인종차별 10년 의제는 2단계 10년 의제로 이어졌다. 1980년대는 소위 신자유주의적 세계화를 완성해 가는 1990년대의 준비기였으며, 그 과정에서 글로벌 차원의 각종 문제들이 등장하기 시작했다.

유네스코에서도 UN의 흐름과 병행해 1972년에 「문화 및 자연유산 보호에 관한 권고」와 「세계문화유산 및 자연유산의 보호에 관한 협약」을 이루어냈고, 「문화교류와 교육의 확산 및 정보의 자유로운 소통을 위한 위성방송 사용에 관한 원칙」을 선언했다. 1974년에는 「국제이해교육 권고」가 탄생했고, 1976년에는 1974년 권고의 핵심 내용들인 「인종 및 인종적 편견에 관한 선언」이 발표되고, 평화와 국제이해의 강화, 인권 증진 그리고 인종주의와 인종차별 정책 및 전쟁 선동 억제를 위한 미디어의 역할을 강조하는 선언 등이 발표되었다. 특기할 만한 활동으로는 유네스코가 문화발전 아젠더 10년 의제에 맞춰 균형적인 문화발전을 안착시키기 위해 세계문화유산 등재 사업을 시작했고, 사회적 약자인 피차별 민족, 여성, 장애인들에 대한 차별철폐 교육 활동을 10년 사업으로 진행했다. 이 시기에 「국제이해교육 권고」를 1974

년 유네스코 총회에서 채택하면서 평화, 인권, 민주주의, 다문화, 환경교육 등이 유네스코 보편적 교육 아젠더로 등장했다. 그러면서 국제이해교육을 비롯한 유네스코 활동이 친소련 경향을 보인다고 비판한 미국과 영국이 유네스코를 탈퇴하는 소동이 일어나기도 하는 등 유네스코를 비롯한 국제기구는 정치 이념적 논쟁의 격전지로 변했다.

이 시기의 냉전질서는 아이러니하게도 '국제교육' 또는 '글로벌교육'에 대한 관심을 증폭시켰고, 국가경쟁력 강화를 위해 외국 학습에 초점을 맞춘 '국제교육'에 많은 투자를 유발하는 계기가 되었다. 국가 간의 협력과 이해에 초점을 맞춘 국제교육 대신에 전 지구적 차원의 문제에 주목하는 글로벌교육에 대한 관심이 증대했다. 특히 환경 문제에 대한 전지구적 이해와 관심의 필요성을 제기한 로마클럽[1972]은 지구를 살아 있는 하나의 세포로 묘사하면서 지구의 상호의존성을 강조한 새로운 세계관과 세계적 시각의 필요성을 주목했다.

이러한 세계적인 통찰은 세계의 상호의존성과 인간과 생태계 간의 공존, 그리고 문화 간의 이해를 중요시하는 '글로벌교육'이 1970년대에 새롭게 주목을 받는 계기가 되었다. 다가오는 미래의 충격에 대해 '전지구적으로 사고하고, 지역적 차원에서 행동하라'라는 실천적 용어를 유행시키며 재생 불가능한 지구 자원들의 급격한 고갈에 대해 세계적인 이목을 집중시켰다. 그런 가운데 당시 '글로벌교육' 분야의 전문가인 터커Tucker와 토니 푸르타Torney-Purta는 '글로벌교육'의 프레임워크에 인권을 주요한 주제로 다루고 있는 1974년 유네스코 「국제이해교육 권고」를 접목시켜야 한다고 주장했다.[Landorf, 2009: 55, 재인용] 미국 '글로벌교육'의 아버지라고 불리는 제임스 베커James Becker도 '글로벌교육'을 인권의 틀에서 다루어야 하며 특히, 개인의 권리와 책임감에 초점을 맞추어야 한다고 주장했다. 이렇게 볼 때, 제2기에서는 국제교육보다 글로벌교육이 1974년 「국제이해교육 권고」의 정신에 부합하는 교육 방향을 견지하고 있다고 볼 수 있다.

3) 신자유주의적 세계화의 전면기(1989~2008년): 보편적 가치(평화, 인권, 민주주의) 중심의 국제이해교육

제3기는 동서냉전 질서가 다파되면서 미국 주도의 신자유주의직 세계화가 전면적으로 지배하는 시기이다. 1990년대는 냉전체제의 붕괴와 함께 신자유주의가 거의 전 세계를 지배했다. 아울러 통신과 전자기술의 발달은 인터넷을 발달시켰고 더 나아가서 전자통신, 무역, 교육, 교통 등 모든 영역에서 세계화를 불러일으켰다. 그런 가운데 1989년 베를린 장벽의 붕괴와 이후 소련의 붕괴는 냉전체제의 붕괴로 이어졌고, 문화, 경제, 종교, 정치체제 등의 상이성 및 지역 블록화 현상들이 새로운 갈등으로 등장하기 시작했다. 세계화 과정의 전면화됨에 따라서 무한경쟁 체제로 신자유주의적 세계화를 이해했고, 그러한 경쟁에서 생존하기 위해서는 문화 간 교육 및 세계교육이 필요했다. 특히 갈등해소를 위한 교육이 냉전체제 이후에 광범위하게 요구되었다.[Harris & Morrison, 2003]

당시 세계평화와 정의를 외치던 코피 아난Kofi A. Annan UN 사무총장은 UN 차원에서 전쟁의 20세기를 종식시키고 평화의 21세기로 나아가기 위한 새천년 개발목표를 준비했다. 그리고 1970~1980년대 대두된 각종 환경 문제의 해결을 위해 「생물다양성 협약」, 「기후변화 협약」, 「사막화 방지 협약」, 「핵 테러 행위 억제를 위한 국제협약」 및 「지속가능발전 전략」 등을 선언했다. 또한 신자유주의 경제체제의 국가 간 무한경쟁 체제에서 발생한 인권, 생명윤리, 정보윤리, 문화다양성 존중 등과 관련된 안건의 채택 필요성을 제기하기도 했다. 특히 2000년 189개국 세계 정상들은 UN본부에서 세계의 모든 사람들이 빈곤으로부터 벗어나게 하려고 새천년 개발목표를 선언했다. 이는 세계화로 인해 지구촌에서는 보다 많은 이윤을 산출했지만 초국적 자본에 의해 국가 간, 계층 간, 지역 간, 인종 간의 불평등이 이전보다 훨씬 심화되고, 어느 하나의 국가 수준에서 국가 주도의 복지를 감당할 수 없는 상황에서 결정한 선언이었다. 이같이 새천년인 21세기를 맞이하면서 세계의 양극화된 모순에 대응하기 위한 지구촌의 목소리를 새천년 개발목표로 수렴해 공적 개발 원조의 도구로서의 국제개발과 협력 교육을 강조했다. 이것은 제3세계의 빈곤이나 교육권 이슈가 선진국의 지원 책임으로 이어져야 한다는 것을 보여 줌으로써 국제이해교육의 새로운 논의를 이끌어냈다. 세계시민적 책무가 강조된 새천년 개발목표와 더불어, 유네스코는 좀티엔에서 「모두를 위한 교육」을 선언했고, 이어서 다카르 선언 및 무스카트 선언 등에서 보편적 교육권과 양질의 교육에 관한 합의를 이루어냈다.

1990년대 UN은 보편적 국제기구로서 세계인권선언에 명시된 보편적 주제를 중점적으로 거론했다. 그 결과 「아동권리협약」, 「이주자 및 이주 가족 보호협약」을 채택했고 생물다양성을 비롯한 환경 이슈도 구체적으로 거론했다. 군축 10년 의제는 1990년대에도 이어졌고, 「식민지적 잔재 타파 10년」, 「약물사용금지 10년」 및 「인권교육진흥 10년」에 이어서 「지속가능발전교육 10년」, 「빈곤 타파 10년」 의제 등 인류의 보편적 관심사를 정의롭고 평화로운 세계질서 위에서 다루자는 논의들이 문서로 채택되었다. 이에 부응해 유네스코도 「문화다양성교

육 선언」, 「성인교육 선언」, 「인간게놈 선언」 등을 실시했고, 특히 국제
이해교육의 실천적 틀인 「평화, 인권, 민주주의 교육에 관한 통합실천
요강」을 발표했다.

강력한 군사적 이념동맹 결속체가 와해된 틈을 타서 일어난 제반
문화적, 인종적 충돌은 2001년 9·11 사건을 필두로 전 세계를 테러리
즘 공포의 도가니로 몰아넣었다. UN은 반테러리즘 조치를 중심으로
반테러리즘 교육을 유네스코에 주문했고, 이러한 맥락에서 과거 식민
주의의 유산을 청산하자는 탈식민주의 의제를 적극적으로 논의했다.
2000년대 들어와서 슈퍼 강대국 위주로 세계화의 진행이 가속화되었
고 신자유주의 질서가 전 세계적으로 파급되어 양극화가 극심했다.
이로 인해 세계화에 대한 비판이 본격화되었다. 그러면서 글로벌 시민
성의 필요성에 대한 강조와 함께 불평등 감소와 사회적 정의를 실현하
는 수단으로서의 글로벌교육 및 세계시민교육이 옥스팜을 중심으로
활발하게 추진되었다.Landorf, 2009: 김현덕, 2011 동시에 이주의 확대에 따른
다문화적 시민교육의 필요성Patrick, 2002 및 문화 간 교육이 인권 존중
과 평등하고 공정한 세계의 건설을 주창하며 등장했다.Gorski, 2009

이렇게 볼 때 국제이해교육은 제3기에 이르러 다문화교육과 세계시
민교육 그리고 글로벌교육이 지향하는 목표와 일치하면서 다양성의
존중, 인류 보편적 가치의 추구, 인간과 문화의 상호의존성 이해와 같
은 공통적인 목적을 발견했다고 볼 수 있다. 특히 2005년 유엔의 반테
러리즘 조치에서 제시하는 바 있는 폭력적 극단주의 예방을 위한 교
육Davies, 2008은 평화적 의사소통을 위한 인권교육의 필요성을 강조했
다. 공적개발원조ODA에 대한 기존의 물적 지원 확대와 함께 인적 지
원을 필요로 한 이 시기에는 국제이해교육이 국제개발 협력교육 혹은

개발교육Development Education의 이름으로 확산되었다. 우리나라도 한국국제협력단KOICA을 중심으로 이 분야가 급팽창하면서 국제이해교육 혹은 세계시민교육과 개발교육을 연결시키는 노력이 지속적으로 이어졌다.이태주, 2014

4) 신자유주의적 세계화 모순의 심화기(2009년~): 세계시민교육 중심의 국제이해교육

제4기는 2008년 세계적 수준의 금융 위기의 여파로 EU의 경제가 흔들거리면서 2009년 그리스의 국가 부채 위기, 연이은 아일랜드, 포르투갈, 스페인, 이탈리아 등지에서의 국가부도 위기, 그리고 2011년 미국에서 일어난 '월가를 점령하라Occupy Wall Street'로 대표되는 반세계화 시위 등과 같이 신자유주의적 세계화의 어두운 면들이 속속 드러나기 시작한 불확실성의 시기를 일컫는다. 이러한 불안전성은 기후변화, 금융위기 및 테러리즘으로 대표되는 글로벌 위험사회의 결과로서, 신자유주의적 세계화가 초래한 내적 위기에서 기인한다고 볼 수 있다.Beck, 2010

코피 아난 UN 사무총장이 평화는 군사적 안보로만 확보되는 것이 아니고 온전한 인간안보의 실현으로 구축된다고 수차례 언급했음에도 불구하고, 슈퍼자본이 지배하는 세계질서를 교정하지 못한 채 오늘날까지 지구촌은 사회적 안전망을 확보하지 못하고 두려움 속에 살고 있다고 해도 과언은 아니다. 이에 UN은 질병확산 예방 및 반테러리즘 교육 조치를 위한 노력 및 세계 이슈인 기후변화 등에 대처하는 공동의 대책을 제안해 왔다.

UN은 이 시기 동안 「지속가능발전교육 10년」 의제를 위시해, 「도로 안전 조치 10년」, 「생물다양성 10년」, 1980년대 이래 이어진 「식민주의 근절을 위한 제3차 10년」, 「아프리카 후손 10년」 및 「영양 조치 10년」 등 각종 10년 의제를 내놓았는데, 그 중 교육과 직결되는 핵심 사업은 「지속가능발전교육 10년」 의제이다. 또한 새천년 개발목표를 발전시켜 17개의 아젠더로 구성한 지속가능발전 목표를 2015년 UN 총회에서 가결하고 회원국들의 적극적인 참여를 독려하면서 세계 문제의 해결을 위한 세계시민성 교육의 확산을 호소했다.

2012년 반기문 UN 사무총장은 「글로벌교육 우선구상GEFI」에서 '교육은 우리가 지구촌 공동체의 시민으로서 하나로 결합되어 있으며 우리 앞에 놓인 도전 과제들이 서로 연결되어 있다는 점을 진정으로 이해할 수 있게 해준다'고 강조하면서 이를 위한 세계시민교육의 필요성을 언급했다. 이어 2015년 인천 송도 '세계교육포럼'에서 이를 새로운 교육 아젠더로 설정했다. 세계시민교육은 「교육 2030」과 「SDG 4.7」 과제로 설정되어, 회원국들은 어떠한 형식으로든 이를 실행할 의무를 지니게 되었다. 또한 이란이나 북한 핵문제에 대응하는 문건이 유엔에서 채택되는 한편, 특히 일상을 위협하는 테러리즘을 예방하고자 하는 교육적 대비책으로 '폭력적 극단주의 예방교육'을 구체화했다.UNESCO, 2016 이렇듯 신자유주의적 세계화에 대한 비판적 대안을 모색하는 한편, 이주의 증가와 테러리즘의 일상화에 맞선 폭력적 극단주의를 예방하자는 교육으로 UN과 유네스코의 교육적 노력이 모아지는 경향을 보이는 것이 오늘날 국제이해교육의 상황이다.

이 시기에는 특히 신자유주의적 세계화가 야기한 양극화된 경제사회 환경에 적절히 대응하지 못한 글로벌교육에 대한 자성이 일어났다. 그 결과 기존의 글로벌교육의 관점이 불의한 세계 환경에 놓인 국가, 지역, 문화들 간의 힘과 영향력의 불균형에 대해서 언급하지 않았음을 지적하는 '비판적 글로벌교육Critical Global Education'이 부상했다.Heilman, 2009; Subedi, 2010 '비판적 글로벌교육'은 신자유주의에 입각한 경쟁력 강화를 위한 '글로벌교육'을 비판하고, 서구 중심의 세계관도 비판했다.Andreotti, Biesta, & Ahenakew, 2015; Pike, 2000; Subedi, 2013 비판적 글로벌교육의 시각에 의하면 글로벌 차원의 불평등과 부정의는 세계가 함께 해결해야 할 문제이며, 이 문제의 근원은 우리 모두에게 있고, 문제해결은 외부의 도움보다는 내부로부터 시작해야 한다고 보고 있다. 따라서 이 접근 방식은 문제점 해결을 위해 모두가 동참하는 윤리적인 글로벌 책무성을 강조하면서Pashby & Andreotti, 2015, 서구 중심의 식민주의적 관점인 세계 주류집단의 관점으로부터 탈식민지화하는 방향으로 '글로벌교육'을 재설계해야 한다고 주장했다.Chacko & Ross, 2011; Subedi, 2013 비판적 글로벌교육의 흐름은 부분적으로 세계시민교육의 요소로 작동했다.

5. 소결

냉전 질서가 세계 환경을 지배하던 1974년, 유네스코 총회에서는 「국제이해교육 권고」를 통해 평화와 인권, 그리고 국가 간의 이해와 협력에 기초해 미래 세대를 준비시키자고 했지만, 대부분의 국제이해교육 사용 국가에서는 오히려 국제이해교육이 국가경쟁력 강화를 위한 자민족중심적 용어로 사용되는 현실이었다.김신일, 2000; 이삼열, 2003 이제 40여 년이 지난 오늘날의 환경에서 국제이해교육의 유의미성을 살리고자 한다면 「국제이해교육 권고」를 오늘날의 시대적 상황에 적합한 틀로 재개념화할 필요성이 있다. 김영삼 정부 시절 5·17 교육개혁 이래 '세계화교육'이 국제사회의 다양성 이해라는 신자유주의적 해석에 기초해 국가경쟁력 강화의 수단으로서 국책사업으로 강조되었던 것도 같은 맥락에서 이루어진 것이라고 볼 수 있다.김현덕, 2014 한국에서는 유네스코 한국위원회를 중심으로 2000년까지는 어느 정도 적극적으로 국제이해교육의 장려 활동을 해왔으나 2000년 유네스코 아시아태평양 국제이해교육원APCEIU이 설립되면서 유네스코 한국위원회의 국제이해교육 활동은 거의 보이지 않았다.유네스코 한국위원회, 1988, 1996, 2000

전후 국제이해교육의 발전을 교육사회사적인 흐름으로 볼 때, 1974년 「국제이해교육 권고」는 연대기별로 강조되는 용어가 변화했지만 국제이해교육의 정신은 실종된 적이 없었다. 특히 글로벌 환경에 영향을 미치는 주요 활동인자가 국가만이 아니라는 빈터슈타이너 Wientersteiner 교수의 지적은 글로벌, 국제적, 국가적 이슈를 국제이해교육의 틀로 설명하고 있는 1974년 개념과도 이어진다. 따라서 신자유주의적 세계화가 국가 간international의 관계뿐만 아니라 국내local 문제에도 영향을 주기에, 국제이해교육은 글로컬glocal 요인의 복합적 상호관련성을 토대로 한 글로컬 시민성교육으로 개념적 재구성이 필요하다. 여기서는 제2차 세계대전 이후 국제이해교육의 변천 과정을 네 시기로 구분해 살펴보았다.

제1기는 1945~1968년까지 1945년 종전 직후 대부분의 식민지가 해방됨과 동시에 동서 냉전 세계체제로 재편되어 이념대립 구도가 형성되어가던 시기로, 세계평화를 위한 중립기구로서 탄생한 유엔을 중심으로 한 국제이해와 협력을 위한 교육의 성격을 지닌다.

제2기는 1968년 학생 혁명기로부터 1989년 베를린장벽이 붕괴되는 시점까지로 군비경쟁을 기축으로 동서냉전이 심화되다가 동구 사회주의 진영이 붕괴되면서 데탕트의 서막이 열리는 시기이다. 이 시기에는 핵 확산을 통한 군비경쟁을 제어하고자 한 군축 평화교육 중심의 국제이해교육이 강조되면서 1974년 「국제이해교육 권고」가 채택된다.

제3기는 1989년 냉전 종식을 알리는 시점에서 확대된 신자유주의적 글로벌화의 확대로 국가주의 대신 글로벌주의가 급부상하면서 EU를 중심으로 보편적 가치가 강조되던 2008년까지의 시기로 신자유주의적 세계화의 전면기이다. 냉전 종식이 평화체제의 수립이라고 믿었던 환상이 깨지면서 밀려온 민족갈등을 비롯한 보편적 가치의 실종으로 인해 「세계인권선언」의 핵심 정신인 평화, 인권, 민주주의 중심의 국제이해교육이 강조된다. 이 시기에는 「유엔인권교육진흥 10년」 및 「지속가능발전교육을 위한 유엔 10년」이 진행되면서 국제이해교육 용어의 사용이 약화된다.

그리고 제4시기는 2008년 세계적 수준의 금융위기 이후 EU 체제의 불안정성이 일어나고 전세계적으로 시작한 반反신자유주의 시위가 미국을 강타하던 신자유주의적 세계화의 모순이 심화되는 시기로 볼 수 있다. 세계적 수준에서 이주의 증가와 테러의 확산 등으로 인한 불확실성의 시대에 공동의 미래를 향한 세계시민교육이 「SDG 4.7」의 의제로 채택되면서 국제이해교육은 위축되었으나 실상은 1974년 「국제이해교육 권고」의 정신으로 나아가야 하는 비판적 세계시민교육의 흐름과 일치한다.강순원, 2014

UN교육국 특별보좌관인 인도의 싱Kishore Singh은 국제이해교육 평가 협의 문안에 대한 최종 의견으로 「국제이해교육 권고」의 정신인 사회정의와 평등, 평화의 바탕 위에서 오늘날 우리가 부딪히고 있는 폭력과 테러리즘에 대한 대응 방안을 마련해야 한다고 주장했다. 싱에 의하면 국제이해교육에 바탕을 둔 교육만이 공공의 자산public goods 일 수 있다는 것이다. 그는 민영화된 권위적, 징벌적 금기교육은 지속가능한 교육체제 자체를 불가능하게 만든다고 비판했다. 한국적 상황에서 국제이해교육을 보더라도, 그간 우리의 교육은 지나치게 선진국 중심적 국제이해교육, 즉 서구 선진국 중심의 문화전수와 이해, 선진국 관점에서 바라보는 세계 이슈 진단, 시혜적 차원의 원조교육 등의 형태에서 벗어나지 못했다. 이제는 우리시대 우리나라의 상황에 적합한 국제이해교육의 방안을 모색해 보아야 한다.^{정두용, 2015}

이같이 국제이해교육의 연대기적 특성을 살펴볼 때, 70년 동안 국제사회에서 용어상의 변화를 거치면서도 1974년 「국제이해교육 권고」에 반영된 시대정신은 결코 부정되지 않았다. 전후 세계체제 재편기에는 세계평화의 수호기구로서 UN을 강조하는 국제이해교육에서, 동서 냉전기에서는 군축 평화교육으로, 신자유주의적 세계화의 전면기에는 평화, 인권, 민주주의교육으로 그리고 세계화 모순의 현 단계에서는 폭력적 극단주의에 대항하는 세계시민교육으로 국제이해교육의 외연을 달리해 왔다. 그런 점에서 21세기의 환경에서도 국제이해교육은 국가 간 우호주의와 인권 및 기본적 자유에 기초해 국제이해와 협력을 위한 모든 수준의 평화교육으로 지역에서 세계로까지 확대되는 글로컬 시민성을 담보하는 유효한 개념으로 살아 있다고 볼 수 있다.

오늘날 글로벌 사회에서 어느 국가를 막론하고 세계시민교육으로서 국제이해교육을 강조하고 있다. 2016년 유네스코 국제이해교육 실행 협의 설문의 결과보고서를 보면, 모든 국가에서 국제이해교육과 관련된 교육을 국가정책으로 실시하고 있는 것으로 나타났다. 특히 한국 사회에서는 한반도 평화를 국가 간 이해와 협력 그리고 우호주의에 기반해 구축할 것을 목적으로 하는 비판적 국제이해교육이 절실하다. 더 나아가 모든 국가는 국제사회가 합의한 지속가능발전목표를 성취하기 위해 세계시민의 권리와 책임 위에서 자국의 실정을 반영한 국제이해교육을 실천할 필요가 있다. 유네스코와 UN은 세계적 수준의 분쟁을 방지하고 평화를 실천할 국제이해교육의 보편적 목표에 기초해 국가 간의 교육역량의 불균형을 바로잡을 책임이 있다.

제2장

국제이해교육의 장르

제2차 세계대전 이후 과학기술, 특히 교통 통신의 발달로 국가 간의 이동과 상호의존이 빠른 속도로 증가했다. 그리고 지구촌사회로 접어들면서 국가 간의 상호협력의 중요성이 더욱 증대되었다. 이런 상황으로 인해 국제사회는 국제이해교육이 매우 절실하게 필요했다. '국제이해교육Education for International Understanding, EIU'의 사전적 정의는 국가 간의 이해, 즉 국제이해를 증진시키기 위한 교육이다. 국제이해교육의 목적은 ① 세계와 세계 사람들에 대한 지식을 증대하고, ② 타문화에 편견을 가지지 않고 서로 다른 것에 우호적이고 동정적 태도를 육성하며, ③ 세계 문제해결에는 국제협력이 필요하다는 것을 이해하고, ④ 인권 존중과 타자에 대한 도덕적, 사회적 책임감, 공공을 위해 행동하는 것이다.지바, 1999

국제이해교육은 제2차 세계대전 이후 유네스코를 중심으로 사용하기 시작했다. 유네스코는 1946년 런던에서 개최한 제1차 유네스코 총회에서부터 국제이해교육 용어를 사용했다. 이후 이 용어는 세계시민성교육Education in World Citizenship, 세계공동체에서 살기 위한 교육Education for living in World Community, 국제이해와 협력을 위한 교육Education for International Understanding and Cooperation, 그리고 국제이해와 협력, 평화를 위한 교육Education for International Understanding, Cooperation and Peace 등의 명칭으로도 쓰여 왔다. 이후 1974년에는 「국제이해교육 권고」를, 그리고 1993년에는 「평화, 인권, 민주주의를 위한 교육 선언」을 함으로써 국제이해교육의 목적과 중요성을 강조했다. 하지만 최근 유네스코는 국제이해교육 용어와 함께 평화교육, 지속가능발전교육, 세계시민교육, 문화다양성교육 등의 용어들을 사용하고 있다.

이처럼 유네스코가 국제이해교육을 추진해 오는 동안에 이와 유사하거나 관련성이 높은 다양한 교육들이 저마다의 배경과 목적을 지니고 여러 이름으로 발전해 왔다. 예를 들면, 평화교육, 문화 간 교육, 발전교육, 세계교육, 인권교육 등은 각기 자신의 배경 하에 나름대로의 목표와 방향성을 지니고 국제사회에서 실행되고 있다. 유네스코는 국제이해교육의 정신을 실천하기 위한 많은 노력을 펼치고 있다. 하지만 유네스코는 국제사회 질서의 변화에 부응하고 국제질서를 주도하는 강력한 집단의 영향력을 받아들여 다양한 용어와 개념들을 창출해 사용하고 있다. 그 결과 국제이해교육은 제2차 세계대전 이후 시대적 요구에 따라서 출현한 다양한 개념들, 즉 국제교육과 글로벌교육, 평화와 인권교육, 문화다양성교육, 세계시민교육과 지속가능발전교육 등의 개념들과 중첩해서 혼용해 사용되고 있다. 대체로 국제이해교육이 전체적인 지침을 제공한다면, 유사 관련 개념들은 국제이해교육의 개념을 구체적으로 실천에 옮기는 교육으로 보인다.

본 장에서는 [그림 1]과 같이 국제이해교육과 가장 용어상 근접한 유사 개념인 국제교육과 글로벌교육을, 그리고 유네스코 아시아태평양 국제이해교육원이 제시한 국제이해교육의 다섯 기둥인 평화교육,

인권교육, 문화다양성교육, 세계시민교육과 지속가능발전교육의 역사
적 발전 측면과 주요 내용을 살펴보고, 이 개념들과의 관련성을 국제
이해교육의 관점에서 살펴보고자 한다.

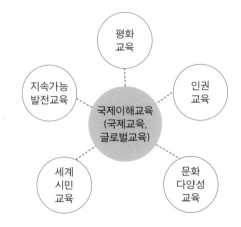

[그림 1] 국제이해교육과 유사 개념 및 관련 개념의 구조

1. 국제교육과 글로벌교육

19세기 초 각국에 교육제도가 도입되면서 각국의 교육학자들은 다
른 나라의 학교제도를 관찰하고 본국에 소개하는 활동을 시작했는데,
이것이 근대사회에서의 '국제교육'의 효시라고 볼 수 있다. 특히 유럽
의 제국주의자들은 자신의 통치 하에 있는 식민지 국가의 역사 및 문
화에 대해 배우기를 원하면서 19세기 말까지 유럽에서는 외국의 교육
과 문화 관련 서적들이 활발히 출판되었다. 이러한 의미에서 19세기까
지의 국제교육은 외국의 교육제도 및 문화에 대한 소개와 이들 여러
나라 교육 및 문화 비교의 역사라고 할 수 있다.^{김신일 외, 1995}

국제교육이 학문적 모습을 갖추게 되는 것은 20세기에 접어들면서부터라고 할 수 있는데, 두 번에 걸친 세계대전이 국제교육 발전의 원동력이었다. 제1차 세계대전을 치른 후, 많은 국가들은 학교 교육과정의 국제화를 시도했다. 학교 교과서에서 민족주의나 맹목적 애국주의, 그리고 호전적인 개념을 제거하려는 체계적인 조치를 행했다. 제1차 세계대전으로 인해 국제교육은 국가 간의 상호이해에 초점을 둔 교육을 시작했다.

제2차 세계대전은 제1차 세계대전보다 국제교육을 더 획기적으로 발전시키는 계기가 되었다. 두 번의 참혹한 전쟁을 연속적으로 경험한 유럽과 미국은 세계평화의 중요성과 함께 다른 나라에 대한 전문적인 지식을 갖춘 전문가 교육의 필요성을 절감했다. 제2차 세계대전 이전에는 비교적 소수의 국제연구 전문가가 해외 근무에서 돌아온 선교사, 언론인, 군인 또는 그들의 2세들을 중심으로 형성되었다면, 제2차 세계대전 이후에는 각 나라가 더 전문적인 교육을 받은 국제연구 전문가들의 필요성을 느껴 대학을 중심으로 국제연구 전문가를 양성한 시기라고 할 수 있다. 많은 나라의 대학에서 지역연구와 외국어 과정이 개설되었으며, 특히 미국의 대학에서 이러한 활동이 활발히 전개되었다. 이 시기 국제교육의 주요한 목표는 특정 국가나 지역에 대한 전문가 양성이었다.Postlethwaite & Husen, 1985 또한 대학뿐만 아니라 중·고등학교도 국제시장에서 유능하게 활동하기 위한 외국어 교육의 필요성을 느껴 외국어 교육이 중요한 위치를 차지했다. 이 시기에 선진국의 대학에서는 지역연구, 국제관계 및 국제문제 연구, 외국어 교육 및 국제연구 대학원 프로그램들을 개설했고, 특히 미국의 대학에서는 지역연구 센터들을 속속 설립했다. 이러한 국제교육의 배경에는 국제적 능력을 갖춘 전문가를 양성하는 것이 주된 목적이었다. 따라서 이 시기 국제교육의 주요 목적은 국제시장에서 유능하게 활동할 엘리트를 양성하기 위한 교육으로서 국가경쟁력 함양을 위한 교육이라고 할 수 있다.김현덕, 2000

한편 1960년대 초 마샬 맥루한Marshall McLuhan이 '지구촌Global Village'이라는 새로운 용어를 소개한 이래, 전 세계가 과학, 경제, 사회, 문화, 교육 등 많은 분야에서 세계화를 경험하게 되었다. 점점 상호의존이 심화되고 다양화되어 가는 세계의 변화에 대응하기 위해서는 국제교육과는 차원이 다른 교육의 필요성이 대두되었는데, 이러한 배경에서 새롭게 각광을 받은 것이 '글로벌교육'이다. 글로벌교육은 인종과 언어, 그리고 생활양식이 서로 다른 사람들이 점점 가까워지는 세계에서 어떻게 평화롭게 살 수 있을 것인가에 대한 교육적 고민의 결과이다. 따라서 글로벌교육이 추구하는 목표는 어린 학생들이 더불어 사는 세상을 만드는 데 필요한 세계시민의식과 자질의 향상이다.

특히 20세기 말에는 세계화가 급속하게 진행되면서 한 나라의 노력만으로는 해결될 수 없는 세계 문제가 속출했고, 전 세계인이 세계적인 시각과 공동체적인 관점을 갖고 세계 문제의 해결 방법을 찾고자 노력했는데, 이러한 과정에서 글로벌교육이 더욱 주목을 받게 되었다. 글로벌교육의 전문가인 케네스 타이Kenneth Tye, 1999 교수는 52개국의 글로벌교육 현황을 조사한 그의 저서 『글로벌교육: 세계적인 동향』에서 글로벌교육을 '세계 여러 나라가 공통으로 겪는 세계 문제나 세계 이슈에 대한 학습, 상호 연결되어 있는 세계체제에 대한 학습, 문화간 이해의 증진을 위한 학습, 그리고 타인의 관점에서 세상을 바라보며 다른 나라 사람들도 우리와 똑같은 욕구와 필요를 가지고 있음을 인정하는 세계적 시각에 대한 교육'으로 정의했다.

실제로 국제이해교육과 관련된 유사 용어 중 많은 혼란을 주는 용어는 국제교육과 글로벌교육이다. 두 교육들은 제1, 2차 세계대전 이후 국가 간의 관계가 중요한 이슈로 등장하면서 학문적 모습을 갖추며 발전했다. 국제교육과 글로벌교육은 태동기부터 개념상의 차이를 보이며 발전해 왔다. 국제교육은 제2차 세계대전 이후 구소련과 미국이 양분한 세계질서로 인해 냉전시대가 도래하면서 강대국들을 중심으로 국가경쟁력의 강화를 위해 외국에 대한 학습을 강조하면서 시작되었다. 강대국들은 세계경쟁에서 이기기 위해 외국어 교육과 지역연구에 많은 노력을 기울였다. 당시 이러한 교육을 '국제교육'이라는 이름으로 지칭하고서 실시했다. 그러나 1960년대 말에서 1970년대 초에 걸쳐 살충제 사용의 위험성 경고, 세계인구의 폭발적 증가와 생태계 파괴에 대한 세계적인 관심 집중, 지구 자원의 급격한 고갈에 대한 논쟁, 미래의 충격에 대한 경고 등 일련의 세계적인 사건들은 국제교육에 변화를 일으켰다. 즉 여러 학자들이 국가경쟁력보다 세계적인 시각의 필요성을 꾸준히 제기하면서 기존의 국제교육과는 다른 '글로벌교육'이라는 용어를 사용하기 시작했다. 글로벌교육은 지구 생명 유지와 지구의 평화 유지를 위한 세계의 상호의존성, 인간과 생태계 간의 공존과 문화 간 상호이해를 중요시했으며 1970년대 이후 크게 주목을 받았다.

1960년대와 1970년대에는 글로벌교육과 국제교육이라는 용어를 혼용하기도 했다. 당시 국제교육은 국제경쟁력 강화라는 실용적인 측면을 강조하는 교육, 그리고 세계평화와 문화 간 이해라는 윤리적인 측면을 강조하는 교육이라는 두 가지 의미로 해석되기도 했다.Wells, 2011

이러한 배경으로 인해 글로벌교육과 국제교육을 동일한 뜻으로 사용하기도 했다. 유네스코도 윤리적인 관점의 국제교육을 국제이해와 관련된 모든 용어들을 포괄하는 용어로 사용하기도 했다. 하지만 1970년대 후반 이후, 국제교육과 글로벌교육의 의미를 분리해 사용하는 경향이 나타나기 시작했다. 세계시장에서 활동할 학생의 경쟁력 강화를 위한 외국어, 타국 및 타국 문화에 대한 지식 습득을 중요시하는 교육을 국제교육으로, 그리고 세계의 상호의존성의 중요성을 알고 세계시민으로서 지구적 책임감의 육성을 목표로 하는 교육을 '글로벌교육'으로 구분해 사용하는 학자들이 많아졌다.Alger & Harf, 1986; Kirkwood, 2001; Tucker, 1990

1980년대 이후, 국제교육은 외국에 가서 공부하는 해외 유학study abroad이나 국제교류 프로그램을 뜻하는 용어로, 때로는 국제화교육 또는 개발도상국을 지원하는 개발교육으로 지칭되기도 했다. 반면 글로벌교육은 1970년대 영어권 국가에서 빈번히 사용했으며, 세계화의 속도가 빨라진 1990년대부터는 독일을 비롯해 유럽 전 지역에서 세계 이슈에 대응하는 교육으로 부상했다. 1980년대와 1990년대 글로벌교육은 지역사회와 문화권으로 그 관심 범위를 넓혀 지구상의 모든 사람을 존중하는 사회적 정의를 강조했다.Landorf, 2009 즉 글로벌교육의 개념은 상호의존적인 세계사회에서 개인의 적극적인 역할을 강조하면서 세계 문제에의 적극적인 참여를 독려하는 방향으로 확장되었다.

20세기말에 전 세계에 큰 영향을 미친 신자유주의는 그동안 국제이해와 다양성 이해를 중요하게 여기던 글로벌교육의 영향력을 약화시켰고, 국제시장에서 활동할 유능한 인재의 양성과 국가경쟁력 강화의 수단으로서의 국제교육에 초점을 맞춘 국가들이 선진국이나 개발

도상국에서 모두 증가하게 만들었다. 특히 미국의 9·11 사건과 2016
년 트럼프의 미국 대통령 당선, 영국의 브렉시트Brexit 등은 세계를 다
시 국가주의 및 지역주의로 회귀하게 하는 동인이 되고 있다. 21세기
현재, 유럽과 미국을 비롯한 세계의 국가정책은 국가의 경쟁력과 국가
안보를 강조하는 국제교육에 다시 초점을 맞추는 경향을 보이고 있다.
반면 교육계에서는 세계적 불평등의 해결을 위해 행동하는 세계시민
성과 사회적 정의를 실현하는 글로벌교육의 역할을 강조하고 있다. 특
히 글로벌교육은 시민사회의 영향력이 증가하면서 지역사회에서 행동
하는 세계시민의 양성을 중요한 목표로 삼고 있다.

유네스코를 중심으로 1946년 이후 지속적으로 사용해 온 국제이해
교육의 관점에서 볼 때, 국제교육은 국가경쟁력 강화를 목적으로 하거
나 국제화 교육을 목표로 하기에 국제이해교육과 철학적인 지향점이
상이하다. 반면 글로벌교육은 모든 사람들은 평등하다는 시민 평등권
에 대한 믿음을 바탕으로 인권, 사회정의, 문화 간 이해, 세계의 상호
의존성과 세계적 시각을 강조하기에 국제이해교육과 철학적 기초가
유사하다고 볼 수 있다.

최근 글로벌교육은 비판적인 관점에서 세계적 정의의 실현과 불
평등 극복을 교육의 방향으로 설정해 그 정체성을 확립해 가고 있
다.Scheunpflug & Asbrand, 2006 비판적 글로벌교육은 국가, 지역, 문화들 간
에는 힘과 영향력의 불균형이 존재하고 있으며, 서구 중심의 세계관과
세계적인 시각에 대해 비판적 관점을 견지하고 있다. 이러한 관점에서
불평등과 부정의injustice를 세계가 함께 해결해야 할 중요한 문제로 인
식하고 있으며, 이 문제들을 해결하기 위해 지구인 모두가 동참하는
윤리적 관점에서의 글로벌 책무성을 강조하고 있다.Pashby & Andreotti, 2015

비판적 글로벌교육이 발전하는 데는 시민 세력의 등장이 큰 역할을 하고 있다. 즉 국제관계와 세계 문제의 해결에 있어서 시민사회의 주도력과 영향력이 강화되면서 국가 중심의 국제관계에 변화가 일어나기 시작했다. 그리고 국제관계의 주체가 매우 다변화되고 있다. 최근 글로벌교육의 추세는 평등과 인권 존중 및 세계 문제해결을 위해 사회, 국가 및 세계 전체의 자발적인 참여 추구 등의 목표를 지닌 유네스코의 국제이해교육과 일치하는 점이 많다.

2. 국제이해교육과 평화교육

UN의 설립이 전후 평화로운 세계체제를 이루려는 인류공동의 열망으로 가능했다는 점을 미루어 볼 때, 평화구현을 위한 교육적 노력이 바로 세계 수준에서의 평화교육이라고 볼 수 있다.[박흥순, 2013] UN의 제일 목표는 평화적 수단으로 평화적인 세계질서를 건설하는 데 있다. 이후 비폭력적 수단으로 평화를 구축하기 위해 설립한 유네스코는 전쟁 없는 평화 실현이 결국 인간의 마음 변화에서 가능하다고 믿고서 마음에 평화를 심는 교육에 주목했다. 그 결과 1974년 「국제이해교육 권고」를 통해 개인의 기본적 자유와 인권에 대한 존중과 그리고 국가 간의 상호호혜 정신을 바탕으로 평화적인 국제질서가 국가 간의 협력적 관계에 더해 증진할 수 있도록 국제이해교육을 결의했다. 이후 국제이해교육은 1994년 「평화, 인권, 민주주의 교육에 관한 통합실천요강」으로 구체화되었고, 유네스코와 유엔은 공히 세계의 어린이를 위한 「평화와 비폭력 문화 진흥을 위한 국제 10년(2000~2010)」을 제안함과 동시에, 「유엔 인권교육 진흥 10년」, 「반테러리즘 실행지침Anti-Terrorism Action Plan」 및 「폭력적 극단주의 예방교육Prevention of Violent Extremism through Education, PVE-E」 등을 통해 폭력예방을 위한 평화와 인권교육을 지속적으로 주창하고 실천 방안을 제시해 왔다. 이러한 일련의 평화와 인권교육 실천 방안은 곧 국제이해교육의 내용을 구성한다고 볼 수 있다.강순원, 2005

인류 역사에서 분쟁이나 갈등을 무력으로 해결하려 했던 결과가 참혹한 세계전쟁이었기 때문에, 전쟁 없는 평화의 구현은 인류의 오랜 숙원이었다. 특히 20세기 내내 인류를 죽임의 문화로 몰아넣었던 냉전적 질서 하에서 힘에 의한 평화구축의 상징이었던 군비 경쟁은 인류의 삶을 피폐하게 만들었다. 그래서 군축과 같은 비폭력적 문제해결 접근방법을 평화정책에서 중요하게 논의했고, 이 과정에서 평화교육을 평화를 구현하기 위한 가장 평화적인 수단으로 제시했다. 그리고 1999년 제3차 세계평화회의 헤이그 어필Hague Appeal for Peace에서도 평화교육을 모든 교육 단계에서 의무적으로 실시해야 함을 최우선 의제로 채택했다. 당시 코피 아난 유엔 사무총장은 군사력에 의존하던 국가안보에서 인간안보로 전환해야 한다고 주장하면서, 이를 위해서는 환경파괴나 살상무기의 개발에 반대하는 인권과 평화교육이 절실하다고 호소했다.

이렇게 볼 때, 국제사회에서 통용되는 평화교육은 자연친화적인 자세로 사회적 갈등이나 분쟁에 대한 비판적 사고를 할 수 있도록 지식, 태도 및 역량을 길러 주는 홀리스틱한 교육을 총칭하는 개념Harris, 2008이라고 볼 수 있다. 평화교육은 미디어나 종교기관, 형식적 혹은 비형식적 교육기관 등에서 다양한 형태로 이루어지는 일련의 교육적 과정을 통해 평화적 기능peaceful skill과 가치를 지닌 개인들을 양성해 이들로 하여금 궁극적으로 정의로운 사회로의 변혁을 달성하고자 했다. 이것은 세계의 어린이를 위한 「평화와 비폭력문화 진흥을 위한 국제 10년(2000~2010)」에서 언급한 바와 같이, 폭력이 제도화 institutionalized 되어 있는 일상의 문화를 평화의 문화culture of peace로 변화시키는 평화 교육과정을 가장 강조한다.Groff & Smoker, 1996

UN은 세계적 수준에서 평화의 문화를 확산하기 위해 1981년 이후 9월 21일을 세계 평화의 날International Day of Peace로 지정했고, 2013년에는 유네스코에 평화교육에 초점을 맞추어 평화문화를 증진시킬 수 있는 다양한 교육적 과제들을 만들도록 주문했다. 이에 테러와의 전쟁으로 각인된 힘에 의한 평화가 아닌 아래로부터의 평화를 정의롭게 구축해야 한다는 주민참여형 평화교육이 지역사회에서 발의되고 활성화되면서 마을을 변화시킨 성공 사례들을 축적했다. 즉 지역에서 평화와 정의에 대한 열망을 지닌 사람들은 서로를 살리는 가르침인 평화교육의 핵심을 불의와 불평등에 대한 비폭력적 대안 찾기로 이어 나갔다.

이러한 평화교육 활동에는 반핵 반전교육, 국제이해교육, 환경교육, 의사소통 향상교육, 비폭력교육, 갈등해결교육, 민주주의교육, 인권교육, 관용교육, 다양성교육, 양성평등교육 및 공존교육 등이 있다.Harris & Morrison, 2013 특히 북아일랜드나 이스라엘 같은 극단적인 갈등사회에서는 공동체 안에서 타자와의 공존이 평화교육의 중요한 화두를 형성하고 있다.McGlyne et al., 2004 또한 한국이나 북아일랜드 같은 분단사회는 분단 극복을 위한 평화교육으로 통일교육이나 상호이해교육 등을 강조하고 있다. 이같이 평화교육의 다양한 활동들은 평화교육이라는 큰 우산 아래서 이루어지는 상호 연계된 교육 활동이자 독립적인 프로그램이다. 이것들은 개인적, 심인적心因的 차원에서부터 지역적, 국가적, 세계적 수준으로까지 상호 영향을 주는 통합구조여서 교육과정에 있어서도 홀리스틱한 특성을 지닌다. 하지만 평화교육은 특성상 포괄적이고 애매한 교육과정으로 인해서 일반 교육학 영역에서뿐만 아니라 여타 인접 학문 하에서도 이론화를 하는 데 어려움을 겪기도 한다.Galtung, 1996

오늘날 전 세계적으로 테러리즘과 폭력적 극단주의가 기승을 부리면서 사회적 피해가 확대되자, 유엔과 유네스코는 테러리즘 예방을 위한 교육과 함께 '폭력적 극단주의 예방교육PVE-E'을 구체화했다. 특히 국가 단위의 대응이 아닌 글로벌 차원의 현안인 ISIslam State와 같은 극단주의적 조직으로의 젊은이들의 결집과 예측불가능한 극단주의자들의 테러는 평화교육에 암시하는 바가 크다.Davis, 2005 극단주의자들은 사회경제적 불평등, 이념적 무장, 인종적 차별, 사회적 소외 등 역사적 뿌리를 가진 공포와 혐오로부터 발생한 배제push와 유인pull이 매개해 만들어낸 결과이다. 사회적 요인을 반영한 결과이자 동시에 사회적 구조를 정당화하고 재생산하는 기제로서의 학교교육은 극단주의자들을 낳기도 하지만, 이들에게 이념적 무장단체로부터 탈출할 수 있는 계기를 제공하기도 한다. 따라서 유네스코는 「교육 2030」에서 제시한 바 대로, 교육을 통한 미래 세대의 세계시민 역량 강화를 위해 세계시민교육에 반테러 행동 구상의 일환으로서 폭력적 극단주의 예방교육을 접목시키고 있다. 이것은 「지속가능발전 목표SDGs」 16항의 평화, 정의 및 제도적 기반 구축을 위한 교육적 토대를 바탕으로 해서 국제이해교육과 평화교육의 과제로 계승되고 있다.

3. 국제이해교육과 인권교육

유네스코가 제정한 「평화문화를 이루기 위한 행동 선언 및 프로그램The Declaration and Programme of Action on a Culture of Peace」[1996]의 제 4장은 '모든 수준의 교육은 평화문화를 건설하는 데 있어 가장 근원적인 수단이다. 여기서는 특히 인권교육이 중요하다'고 명기하고 있다. 이렇듯 평화와 인권은 동전의 양면이다. 모든 국제 규약이 밝히고 있듯이 인권교육은 보편적 가치에 근거한 국제적 합의에 기초하고 있다. 「세계인권선언」, 「아동권리협약」, 「여성차별철폐협약」 및 「인종차별철폐협약」 등 대부분의 국제 규약은 모든 인간의 천부적 기본권들을 선언하고 있으며, 기본적 권리의 실현을 위한 인권교육을 반드시 언급하고 있다.

시민사회나 학교교육에서는 국제사회가 합의한 협약들이 강조하는 인권교육을 교육과정에 반영하고 있으나, 여전히 대부분의 국가에서 인권교육은 주요 교육적 관심 대상이 아니다. 하지만 갈수록 다원화되고 양극화된 사회에서 갈등이 폭증하면서 보편적 가치와 태도를 중심에 놓는 인권교육의 중요성과 필요성이 강조되고 있다. 이러한 맥락에서 인권교육은 인권에 대한 이해를 증진시킬 뿐만 아니라 인권의 가치를 개인의 생활에서 일상화할 수 있게 해 궁극적으로 모두가 차별 없이 평등하고 평화롭게 살 수 있는 사회를 만드는 데 교육 목표를 두고 있다.[Banks, 2009]

대부분의 유엔 회원국은 「유엔 인권교육 진흥 10년」에 따라 시민사회와의 협력을 통해서 국가 교육과정에 인권교육을 도입했다. 이의 중간평가 보고서[2000]에 따르면, 유럽의 대부분 국가, 북미 국가와 오스트레일리아 및 뉴질랜드에서는 인권교육을 국가적 수준에서 학교 교육 과정에 도입했으나, 아시아, 아프리카, 남미 국가들에서는 인권교육이 서구의 기준을 전제하고 있음을 비판하면서 이를 적극적으로 수용하지 않았다. 하지만 유네스코에서 실시한 '「국제이해교육 권고」 이행평가 설문 결과 2008, 2012, 2016년'의 자료를 토대로 보면, 전반적으로 인권교육에 대한 국가적 관심이 증대하고 있다. 평화교육, 인권교육, 민주주의교육, 관용교육, 다양성교육 등으로 구분해 구성된 설문 문항 중 인권교육 문항에 대한 응답이 가장 적극적으로 나타났다. 또한 각국마다 국가인권위원회가 중심이 되어 인권교육 신장을 지원하는 경향도 있어, 향후 인권교육은 더 주목을 받을 것으로 보인다.^{권순정, 강순원, 2015}

유네스코는 「모두를 위한 교육」²⁰⁰⁹ 보고서에서 교육기본권의 확대 및 여성, 장애인 및 빈곤 아동 등의 교육권을 중요한 아젠더로 보고서 이를 위한 국제협력을 강조하고 있다. 오늘날 자민족주의의 확대와 테러리즘의 위협 아래서, 유엔과 유네스코는 반테러리즘 교육을 폭력적 극단주의 예방교육과 연결시키고 있다. 여기서도 피해자 인권을 개인적, 집단적 차원에서 보호하는 인권교육과 가해자들이 극단주의 이념과 태도로부터 벗어나도록 하는 반테러리즘의 인권교육을 강조하고 있다. 이에 대해 데이비스²⁰¹⁰ 교수는 폭력적 극단주의 예방을 위한 인권교육의 사례로 영국 유니세프에서 실시하는 인권존중교육Rights-Respecting School, RRS이 충분한 잠재성을 가지고 있다고 주장했다. 점점 더 폭력이 증가하는 현대사회에서 인권침해가 개인적, 집단적, 국가 간의 차원을 넘어서 글로벌 맥락으로까지 확대 심화되어 가고 있기 때문에, 인류의 공공성을 전제로 한 인권교육을 보다 평화적인 글로벌 공동체를 향해 학교 안팎에서 그리고 평생교육 차원에서 지속적으로 실시해야 할 것이다.

평화와 인권교육은 보편적 가치에 근거한 국제적 합의에 기초하고 있다. 「세계인권선언」 제26조에서 교육은 인권과 기본적 자유의 신장에 기여해야 한다고 명시하고 있으며, 인권교육은 1989년 「아동권리협약」 제29조와 1993년 「비엔나 인권선언 및 행동계획」, 1994년 유네스코 「평화, 인권, 민주주의 교육에 관한 통합실천요강」으로 이어지고, 「유엔 인권교육 진흥 10년」을 통해 국가가 이행할 의무로 권장되었다. 특히 유네스코의 1974년 「국제이해교육 권고」는 인권과 평화를 기반으로 한 국제이해교육의 당위성을 공론화했고 이것은 지금도 살아 있는 교육지표로 활용되고 있다. 국제사회는 평화와 인권의 실현이 개인적 수준을 넘어서 국가적, 국제적 차원에서 보장되고 이행되어야 한다는 의미에서 국제선언을 통해 그 기준을 제시하고 있다. 시민사회도 이에 따라 평생교육의 맥락에서 국가 간의 이해와 협력을 바탕으로 한 평화와 인권의 실현을 지향하고 있다. 특히 유엔인권고등판무관실은 전 세계의 인권 이행을 감시하는 역할을 하면서 인권교육을 통한 평화 이행을 강조하고 있다. 이를 위한 국제사회의 파트너십을 무엇보다 강조하고 있으며, 인권교육을 국제이해교육의 틀 안에서 동시적으로 이행할 필요성이 있음을 보여 주고 있다.

4. 국제이해교육과 문화다양성교육

다문화사회는 미국과 유럽에서 19세기와 20세기의 이민과 산업화로 급속하게 이루어졌다. 외국에서 온 이민자들은 다양한 언어와 자국 문화를 가지고 있어서 이민 국가로의 편입이 자유롭지 못했다. 미국과 유럽의 주류사회는 이민자들과 이촌향도를 한 도시 전입자들의 교육을 강화하고자 했다. 미국은 용광로 정책으로 모든 이민자들을 하나의 미국인으로 녹아내고자 하는 동화주의 정책을 펼쳤다. 그 일환으로 1916년에는 사회과라는 새로운 교과를 만들어 도시 이민자들의 미국화를 시도하기도 했다. 동화주의는 도시나 선진국으로 유입한 소수자들을 주류사회로의 진입을 도와서 그들의 문화에 동화시키는 데 목적을 두고 있다. 하지만 동화주의 교육은 국가 주도로 소수문화에 대한 이해 없이 주류문화에로의 강제 편입을 시도함으로써 소수문화를 가진 자들로부터 많은 저항을 받기도 했다.

그 결과 주류사회는 기본적으로 동화주의에 기반하면서 소수문화에 상대적으로 유연한 사고를 갖도록 장려하는 통합교육을 등장시켰다. 이는 기존 지배질서인 주류문화를 중심으로 다문화교육을 시행하면서 소수문화의 존재를 학교 교육과정에 반영해 학생들에게 가르쳤다. 통합교육은 주로 지적인 측면에서의 다문화교육으로서 학생들이 다문화사회, 타문화의 내용 등을 알게 하는 데 초점을 두고 있다. 다문화에 대해서 아는 것은 곧 다문화에 대한 관용 등을 실천하게 만들 것이라는 기본 논리를 지니고 있다. 여전히 통합교육의 주목적은 소수문화를 주류문화에 편입시키는 것이다.

다문화교육은 동화주의와 통합주의 접근방법에 대한 대안으로 등장했고, 미국에서는 1960년대 민권운동으로부터 시작되었다. 민권운동의 주요 목적은 공공시설, 주택, 고용과 교육에서 차별을 제거하는 데 있다.Banks & Banks, 1999 차별의 철폐로부터 시작한 다문화교육은 학생들로 하여금 다른 문화의 관점을 통해 자신의 문화를 바라보게 함으로써, 자기 이해를 증진시키는 데 목적을 두고 있다.모경환 외, 2008 그래서 다문화교육은 다수의 지배 문화의 규범에 동화되는 것에서 벗어나 차이를 긍정하는 문화를 지향한다.정호범, 2011: 105 다문화교육은 주로 한 국가 내에서 인종과 민족의 차이와 다양성을 강조하고, 학생들에게 문화의 다양성을 수용하도록 해 타자의 문화에 대한 배려를 가르치고 있다.

반면 유럽에서의 상호문화이해교육Intercultural Education은 1980년대를 지배한 외국 학생들을 지역 학교로의 통합과 지역사회로의 동화를 주요 목표로 했던 이민교육immigrant pedagogy과 구별하는 것으로부터 시작했다.Wintersteiner et al., 2015 상호문화이해교육은 동화주의의 이민교육을 벗어나 서로의 문화를 적극적으로 이해하고자 하는 교육이다. 다문화교육이 강조한 차이를 존중하려는 사고에서 진일보해 그 차이를 적극적으로 극복하면서 타문화를 이해하려는 교육이다. 다양성을 넘어 다양성이 가지는 사회문화적 배경을 적극적으로 이해하고 소수집단의 문화 정체성을 존중하고 있다.

빈터슈타이너에 의하면, 상호문화이해교육은 두 단계로 발전했다.Wintersteiner et al., 2015 먼저 초기 상호문화이해교육의 접근방법은 외국에서 유럽으로 온 학생과 청소년들이 이민국의 언어, 문화 등에 대해서 이해가 부족하고 결핍되어 있는 점에 초점을 맞추었고, 다음에는 외국에서 온 학생들의 '문화정체성'과 '문화적 차이'를 강조하는 단계로 발전했다. 상호문화이해교육은 유럽 학교에서 지배적인 관점으로 청소년들의 출신국가 문화에 초점을 많이 두고 있다. 그러나 상호문화이해의 교육 방식은 자칫 학생들에게 특정한 문화적 속성이 불변하는 것처럼 가르쳐서 어떤 문화에 대해 고정관념을 갖게 할 위험이 있다.

문화적 차이의 존중과 이해를 목표로 한 상호문화이해교육이 편파적으로 문화적 상이성에 초점을 두고 이주한 소수집단과 주류집단의 표면상의 본질적이고 동질적인 문화개념을 묵시적으로 전제하는 문제가 있다.홍은영, 2012

이렇게 볼 때, 다문화교육과 상호문화이해교육은 같은 듯 다른 의미로 사용되고 있다는 것을 알 수 있다. 북미에서는 두 용어를 상호교환적인 동일 의미로 사용하지만, 유럽에서는 두 용어를 구별해 사용하고 있다. 유럽인들은 다문화교육을 여러 가지 문화가 서로 공존해 존재하는 경우에 필요한 교육이라고 정의를 내리고 있는 반면, 상호문화이해교육은 두 개 이상의 문화권의 사람들이 상호교류를 하고 서로 영향을 미치는 상황에서 필요한 교육김현덕, 2000이라고 본다. 그러므로 다문화교육과 상호문화이해교육은 모두 문화다양성을 인정하면서 소수문화에 대한 더 적극적인 이해를 지향하고 있다. 그리고 타자의 정체성을 인정하고 타자가 가진 문화의 차이를 존중하고 배려하려는 기본입장을 취하고 있다.

하지만 다문화교육과 상호문화이해교육은 문화의 차이를 인정하고 그 다양성을 존중하는 데 그치지 말고 실존하는 차이로 인한 차별에 대해서 비판적으로 접근할 필요가 있다. 이를 위해서는 동화주의에 기반한 다양성 교육을 적극적으로 반대하고, 문화적 차별을 낳은 사회구조를 비판할 필요가 있다. 이런 면에서 다문화교육과 상호문화이해교육은 단순히 주류문화와 소수문화의 차이를 존중하는 차원에서 벗어나 주류가 소수를 지배하는 매커니즘을 분석하고 차별을 가져오는 요인을 적극적으로 해결하려는 노력이 필요하다.

유네스코는 2005년에 「문화다양성협약」을 발표하면서 문화다양성을 국가 간의 협약을 통해 보호하고자 했다. 유네스코는 글로벌 사회에서 문화 획일화를 방지하면서 문화 간 대화의 중요성을 강조했다. WTO 등의 도입으로 약소국의 문화까지 침해하는 것을 방지하기 위한 노력을 경주하고 있다.

유네스코는 2005년 「문화다양성협약」 이전에 1974년에 「국제이해교육 권고」을 선언했다. 본 권고의 교육지침 제3조 (b)항은 '국내 민족 문화와 타민족 문화를 포함한 모든 민족, 그들의 문화, 문명, 가치와 생활양식에 대한 이해와 존중'이다. 그리고 동 권고의 제17조는 '회원국은 회원국 간의 차이를 상호 존중하고 더 잘 이해하기 위해 여러 교육 단계와 유형에서 서로 다른 문화, 상호 영향, 서로의 시각과 생활 방식에 대한 연구를 촉진해야 한다'고 제시했다. 무엇보다도 '외국어, 외국 문명과 문화유산에 대한 교육을 국제이해 및 문화 간 이해를 증진하는 수단으로 중시해야 한다.'고 적시하고 있다.

문화와 관련된 「국제이해교육 권고」의 키워드는 '타민족 문화, 문명, 가치와 생활양식, 이해와 존중, 차이의 상호존중, 서로 다른 문화, 상호 영향, 서로의 시각과 생활 방식, 외국어, 외국 문명, 문화유산 교육, 국제 이해, 문화 간 이해' 등이다. 이 키워드들은 다양한 문화에 대한 이해를 지향하고, 타자와 타자의 문화에 대한 배려와 차이의 존중을 강조하는 다문화교육과 상호문화이해교육이 지향하는 내용 요소와 밀접한 관련성이 있다.

유네스코의 「국제이해교육 권고」는 우리 시대가 지향하는 문화다양성을 '국내 민족 문화와 타민족 문화를 포함한 모든 민족, 그들의 문화, 문명, 가치와 생활양식에 대한 이해와 존중'이라고 이미 선언했다. 그리고 제17조는 타문화에 대한 이해와 존중과 배려를 실행하는 방향성과 방법을 제시해 주었다. 따라서 국제이해교육은 문화다양성교육을 중요한 축으로 여기고 있는 반면, 문화다양성교육은 국제이해교육이 지향하는 바를 더 구체화해 실행하고 있다는 것을 알 수 있다.

그래서 국제이해교육은 문화다양성을 바탕으로 국가 간의 이해를 도모하고, 문화다양성의 이해를 토대로 국제이해를 실현하고자 한다. 국제이해교육은 문화다양성의 이해를 토대로 문화 간의 차별을 극복해 글로벌 사회를 실현하고자 한다는 점에서 문화다양성은 기본적인 출발점 개념이다. 국제이해교육의 국가 간의 이해는 곧 문화의 이해를 요구한다. 그 문화 이해의 출발은 문화 간의 차이를 인정하는 데 있다. 모든 문화 간의 상호동등성을 인정하면서 문화 간 대화를 추구하고 있다. 21세기의 글로벌 사회에서는 문화 간의 상호의존성이 강화되면서 문화다양성의 인정으로 더욱 지속가능한 세계를 펼쳐갈 수 있을 것이다.

5. 국제이해교육과 세계시민교육

인공지능의 발달을 포함한 정보화의 확산은 세계화의 흐름을 더 깊고 넓게 확장하고 있다. 세계화의 흐름으로 기존 국가의 경계는 약화되고, 더불어 국가의 역할이 변화하고 세계사회의 등장을 주목할 수밖에 없게 되었다. 그래서 국가주의를 넘어서는 세계시민주의에 대한 논의가 필요한 것이다. 잦은 이주와 난민, 테러, 빈부 간의 격차, 환경 문제 등을 해결하기 위해서는 세계시민주의에 기반한 세계시민의 역할을 강화해야 할 필요가 생겼다. 이는 세계화에 따라 국가의 역할과 위상에 대한 변화뿐 아니라 근대국가에서 등장했던 시민성도 시대적 적합성을 지닌 시민성에 대한 논의의 필요를 불러일으켰고, 이러한 시민성 논의에서 등장한 것이 세계시민교육의 필요였다.강순원, 2010; Wintersteiner et al., 2015

칸트는 지표면은 인류 공동의 소유 공간이지만 인간이 이 지표면에 골고루 분산되어 살기는 불가능하고 결국은 공존하면서 서로 인내하지 않으면 안 되며 어디에 살더라도 환대받아야 한다고 했다.박환덕, 박열, 2012 개인은 국가의 경계에 제한받지 않고 지구의 지표면 상에서 세계시민의 일원으로 살아갈 권리를 지닌 존재이다. 그리고 칸트는 개인이 지구의 지표면 상에서 세계시민으로 살아가도록 하는 데 있어서 세계정부가 아닌 국가 간의 연맹, 즉 국제연맹의 필요성을 제시했다. 칸트에게 국가는 개인이 자율성을 가지고 살아가는 삶의 공간이며 동시에 민족의 독특한 문화를 형성한 윤리적 공간이며, 지역성, 역사성, 전통성을 지닌 공간이다. 그래서 이러한 국가와 세계시민적 평화주의 질서가 조화롭게 공존하도록 제3의 기구인 국제연맹의 필요성을 강조했다.김석수, 2011

세계시민주의의 개념에는 두 가지 요소가 서로 얽혀 있다. 하나는 개인에게 부과된 타인에 대한 의무, 즉 혈족의 유대나 심지어 더 형식적인 시민적 유대조차 넘어서는 더욱 확장된 의무가 있다는 점이다. 다른 하나는 우리가 보편적인 인간의 삶뿐 아니라 특수한 삶의 가치까지도 진지하게 고려해야 한다는 점이다. 사람들은 외모, 성격, 생활 방식에서 각양각색이며 그러한 차이로 인해 많은 갈등을 겪을 수도 있다. 이러한 갈등을 소진시키기 위해 모든 개인이나 모든 사회가 단일한 삶의 양식으로 수렴되어야 한다고 기대하는 것은 바람직하지 않다. 타인에 대한 우리의 의무가 무엇이든 개인 각자의 권리가 무엇이든 간에, 모든 사람들은 자기 방식대로 살아갈 권리가 있다. 이러한 두 가지 이상들, 즉 다양한 차이에 대한 존중과 의무, 그리고 각자 특수한 삶을 실행하는 관행과 가치에 관심을 기울여야 한다. 그래서 세계시민교육은 '탈국가주의와 보편적 관심, 그리고 다양성 존중'에 핵심적 키워드를 두고 있다.

그동안 세계시민교육은 국가별로 차이는 있으나 대부분의 경우 유네스코를 중심으로 전개되어 왔으며, 유네스코 중심의 세계시민교육은 세계시민성 개발에 토대를 두고 있다. 세계시민교육은 국가적 정체성과 국가 간 협력과 평화를 구축하자는 것과 국가의 범위를 넘어서서 세계적 차원에서 보편적 관심과 다양성 존중의 질서를 구축하자는 데 초점을 두고 있다.

1940년대에는 제2차 세계대전 이후 평화에 대한 열망을 담아 평화와 안전이 보장되는 세계사회 건설을 위한 교육을, 1950년대에는 상호의존, 다양한 관점 인식, 그리고 인류 공동의 유산으로서 세계 공동체 사회의 발전을 포함하는 '세계 공동체에서 살기 위한 교육'을, 1960년대에는 세계 문제에 대한 관심과 해결에 대한 참여를 촉진하는 교육을, 1970년대에는 글로벌 관점에 기반한 국가 간 이해, 협력, 평화 구축을 위한 교육을 실시해 왔는데, 이들은 세계시민교육의 토대를 형성했다. 1980년대 이후에는 세계화, 정보화 사회의 심화 확대로 인해 지구촌 사회의 문제와 공생의 필요성이 크게 제기되었다. 이로 인해 세계시민교육의 패러다임이 크게 전환했다. 1990년 태국의 좀티엔에서 제안한 「모두를 위한 교육」은 세계 모든 사람들에게 보편적 교육을 확대하고 문해력의 향상에 중심을 둔 기초교육의 확산을 가져왔다.

그리고 2012년 9월 반기문 유엔 사무총장이 제안한 「글로벌교육 우선구상」은 세계시민성을 함양하는 교육의 필요성을 적극적으로 제기했다. 그 결과 교육을 통한 적극적인 세계시민 의식의 함양을 촉진하게 되었다. 특히 2015년 5월 '인천 세계교육포럼'은 세계시민교육을 국제사회의 새로운 교육의제로 부상시켜 국가적 차원에서 이에 대한 적극적 관심과 실천을 가져왔다.

유네스코를 중심으로 세계시민교육의 필요성에 부응하는 노력들이 구체적으로 이루어져 왔다. 유네스코에서는 「21세기 교육을 위한 새로운 관점과 전망」 보고서를 통해 21세기 세계시민 양성을 위한 교육의 원리로 '알기 위한 교육', '행동하기 위한 교육', '함께 살기 위한 교육', '존재하기 위한 학습'의 네 기둥을 제시했다. 그리고 2015년에는 「세계시민교육: 학습 주제 및 학습 목표 지침서」를 개발해 세계와 상호연계성 중심의 인지적 영역, 타인 존중, 평화로운 지구촌 사회 건설을 위한 사회 정서적 영역, 실제적 행동과 적극적 실천 중심의 행동적 영역 중심의 세계시민교육의 방향을 제시했다.

초기 세계시민교육은 주로 유네스코 및 유니세프와 같은 유엔 관련 기관, 국제개발협력 기구 등을 중심으로 이루어져 왔으나, 현재는 일반학교에서도 사회과를 비롯한 정규교과와 연계해 비교과 연계 특별 프로그램으로 이루어지고 있다. 2018년부터는 OECD에서 실시하는 PISA 평가 항목에 글로벌 역량 항목이 포함되면서 일반학교에서 이에 대한 교육의 필요성과 교육에 대한 참여가 증대되고 있다.

세계시민교육은 유네스코가 주축이 되어 제2차 세계대전 이후 세계평화와 협력을 목적으로 시작한 국제이해교육이 지향하는 세계시민 의식 함양이라는 목표에서, 그리고 지속가능발전교육, 평화와 인권, 문화다양성, 세계 이슈라는 핵심 주제에서 공통점을 지닌다. 그래서 세계시민교육과 국제이해교육은 핵심 교육내용과 접근 방식에 있어서도 명료한 구분이 이루어지지 않은 채 사용되어 왔다. 국제이해교육은 제2차 세계대전 이후 국가 간 상호 이해와 협력을 바탕으로 세계 평화를 고취시키는 데 목적을 두고 시작된 교육으로, 사회 변화와 사회적 상황에 따라 시대적 요구를 반영하면서 국제이해교육의 내용은 조금씩 수정, 추가되거나 강조되는 교육 영역이 달라져 왔으며, 이에 대한 학자들의 개념 정의도 차이를 보였다. 그럼에도 불구하고 국제이해교육의 개념 정의에서 가장 중요하게 다루어지는 요소는 국가 간 상호의존성에 대한 이해와 세계적인 시각의 증진이었다. 최근 글로벌 사회화로 인해 국가 간 협력보다는 글로벌 차원에서 다자간 협력으로 해결해야 할 문제들이 등장하면서 국제이해교육은 다시 중요시되는 용어라고 할 수 있다.

세계시민교육이 글로벌 시각, 글로벌 사회에 대한 통찰력을 강조하지만, 로컬 정체성, 지역 정체성, 국가 정체성을 배제하거나 쓸모없는 것으로 간주하는 것이 아니며 국가 간 관계나 국가 간 상호작용을 도외시하는 것이 아니다. 세계시민교육은 네트워크화된 글로벌 사회라는 프레임 안에서 역할을 할 수 있는 세계시민을 양성하는 데 초점을 둔다. 세계시민교육은 국가 단위에 결속된 시민의 한계를 넘어서 비판적 사고와 적극적 행동 의지 함양을 통해 세계시민으로서의 보편성과 적극성을 고취시켜 가는 교육에 초점을 두고 있다.

이렇게 볼 때 세계시민교육은 국제이해교육의 지향점과 다르지 않다. 그래서 세계시민교육은 글로벌 사회에 대한 대응이며, 세계 이슈 해결을 위한 시대적 과제를 안고 있는 교육이며, 국가주의적 시민교육을 넘어서서 다양성, 인권, 사회정의 등의 보편적 준거를 기준으로 세계시민의 연대감을 지향하는 교육의 필요성강순원, 2010에 대한 응답이라는 면에서 국제이해교육의 현재적 용어라고 할 수 있다.

6. 국제이해교육과 지속가능발전교육

지속가능발전교육은 산업혁명 이후, 특히 20세기 중반 이후 지구의 환경파괴에 대한 심각성을 인식하면서 이에 대한 환경교육으로 시작되었다. 1968년 이후 유네스코는 지속가능발전교육과 관련된 세계회의를 개최하면서 인간과 환경과의 공존을 위한 인간과 생물권 프로그램을 개발했고, 이를 계기로 세계 여러 나라에서 지속가능발전교육에 관심을 갖게 되었다. 1972년 스톡홀름에서 열린 유엔 인간환경회의에서 '하나뿐인 지구Only One Earth'라는 슬로건이 등장하면서 유엔의 인간환경선언, 세계환경의 날 지정, 유엔환경기구UNEP 창설 등 지구환경 보전을 위한 논의를 진행했고, 동시에 '지속가능발전' 개념을 언급했다.

이러한 배경에서 1987년 세계환경개발위원회가 발표한 「브룬트란트 보고서Brundtland Report」는 지속가능한 발전을 '미래 세대가 자신들의 필요를 충족시킬 수 있는 능력을 훼손하지 않으면서 현세대의 필요를 충족시키는 발전'이라고 정의하면서, 환경교육 프로그램을 사회적, 경제적, 문화적, 그리고 환경적 측면으로 확장했다. 1992년 브라질 리우 데 자네이루에서는 유엔환경경제개발회의의 주 의제로 '지속가능발전'을 채택했고, 「기후변화협약」, 「생물다양성협약」 등을 발표하면서 지속가능발전교육은 글로벌 차원에서 요청되는 교육으로서의 성격을 갖게 되었다.

2002년에는 남아프리카공화국의 요하네스버그 UN 회의에서 「지속가능발전교육을 위한 유엔 10년」을 선포하며 지속가능한 발전을 추진하기 위한 수단으로 학교에서 교수학습을 통한 방법과 일반인을 대상으로 한 교육을 실시하기 위한 교육과정을 개발했고 이후 세계 여러 나라에서 지속가능발전교육을 위해 노력해 왔다.김현덕, 2016 그러나 이러한 지속가능발전교육이 그동안 국내외적으로 충분히 실천되었다고 보기는 힘들다. 지속가능발전 개념 자체가 경제성장, 자원 문제, 환경 및 생태교육, 정의와 평화 등 아주 폭넓게 적용되어 오면서 기존의 국제이해교육, 다문화교육, 세계시민교육 등의 담론과 중복되어 지속가능발전교육의 영역을 확고히 하지 못했다. 이외에도 유사한 개념들인 환경친화적 개발Environmental Friendly Development, 녹색성장Green Growth 등의 용어들의 등장은 지속가능발전교육의 추상성을 부각시켰고, 결국은 넓은 범주의 지속가능발전교육의 내용과 방법에 대한 체계적 설정의 준비 부족과 그로 인한 효과의 불명확성을 초래했다.

이러한 문제 상황은 우리나라뿐만이 아니었다. 대부분의 국가에서 지속가능발전 관련 교육은 기존 교육과정이나 교과서 및 관련 프로그램에 약간의 지속가능발전 요소를 가미해 변화를 주는 정도에 머물고 있다. 이는 지속가능발전교육이 별도의 교육과정으로 설정되기보다는 정규교과에 통합되어 있어서 위치상 주변적 위치를 차지할 뿐더러 이에 대한 체계적인 내용과 교수법 개발이 부족했던 문제점과 연결된다. 또한 21세기 세계화 교육에서 한정된 교육시간 안에서 국가경쟁력 제고를 위한 교육시간 확보 중심의 국가 교육정책에서 지속가능발전교

육의 시수는 충분한 시간을 확보할 수 없었다.^{김호석 외, 2011}

그러나 이러한 제약에도 불구하고 대부분의 나라에서 지속가능발전교육은 국가교육과정 안에 핵심 교육내용으로 제시되어 있으며, 모든 교과에서 지속가능발전교육을 담아내도록 하고 있다. 일본의 경우, 지리, 과학 교과를 중심으로 교과 내 자연교육, 환경교육 차원에서 교육할 수 있게 할 뿐 아니라 총합학습 시간 등 별도의 시간을 활용해 지속가능발전교육을 실시하도록 하고 있다. 영국과 오스트레일리아, 뉴질랜드, 독일, 캐나다 등의 경우에도 교육과정 내 모든 교과에 적용하는 핵심 내용으로 지속가능성을 제시해 모든 교과에서 이에 대한 교육을 하도록 하고 있다.^{김호석 외, 2011; Lee & Efird, 2014} 이는 지속가능성 개념이 정치적, 경제적, 환경적, 문화적 측면의 넓은 범주의 의미를 내포하고 있기 때문에 지속가능발전교육은 교과 연계 교육이 바람직함을 말해 주고 있다.

1987년 세계환경개발위원회WCED의 「브룬트란트 보고서」에서 제시한 '지속가능발전' 개념은 오늘날 널리 받아들여지고 있다. 지속가능발전은 환경, 사회, 경제, 문화가 상호 연결된 개념이다. 지속가능발전교육에서는 모든 개인이 인도적이고, 사회적으로 정의롭고, 경제적으로 성장 가능하며, 생태적으로 지속가능한 미래에 기여할 수 있는 가치, 태도, 능력, 기능을 습득할 수 있게 하고 있다.^{이선경, 2015} 이는 지속가능발전교육이 인권 존중, 생태적 다양성과 문화적 다양성 존중, 평화, 개발, 그리고 환경교육 등과 연계되어 있다는 것을 시사한다. 이러한 개념적인 통합성에도 불구하고, 실천적인 측면에서 지속가능발전교육은 오랫동안 환경교육에 치중해 왔다.

1992년 리우 회담을 계기로 뚜렷한 변화가 일어났는데, 리우 회담에서는 지속가능발전을 위한 「아젠다 21」과 「지구헌장Earth Charter」에서 자연 존중 외에도, 보편적 인권, 경제 정의, 평화의 문화를 주요하게 다루면서 지속가능발전교육이 그동안의 환경적 입장을 넘어서 그 지평을 넓혀갔다. 특히 2015년 「새천년 개발목표Millenium Development Goals, MDGs」의 뒤를 이어 채택된 「지속가능발전교육 목표SDGs」는 발전을 가난한 국가의 아젠다로 보기보다 모든 사람들과 나라들의 공동 책임인 세계적인 문제로 보도록 촉구하면서 그동안 환경적 지속가능성에 치중했던 지속가능발전교육에 인류의 생태에 대한 책임감과 지구의 미래에 대한 책임감을 포함하면서 지속가능발전교육의 통합적 목적을 완성하게 했다.김현덕, 2016 특히 2012년 유네스코에서 발표한 「글로벌교육 우선구상」은 세계시민성 함양을 위한 전략 속에 지속가능발전을 포함시키고 있다. 이러한 세계시민성 함양을 위한 지속가능발전의 전략 강화는 세계 문제해결을 위해 글로벌 책무성을 바탕으로 한 세계시민의식을 강조하는 최근의 국제이해교육 방향과 일치한다고 하겠다.

오늘날 세계화의 가속화로 개인, 지역사회, 그리고 국가들 간 상호작용과 상호 연계가 증가하면서 지구의 자연환경과 삶의 환경에서 나타나는 문제해결을 위한 이들 간의 상호협력 노력이 더욱 중요하게 되었다. 우리 삶과 연계된 경제, 환경, 사회, 자원 등은 지역사회와 국제사회와의 연계를 통한 전 지구적 차원에서의 노력이 필요하며, 이런 관점에서 지속가능발전교육은 글로벌 사회와 지역 간의 연계를 지향하는 국제이해교육의 홀리스틱 접근법과 맥을 같이한다고 할 수 있다.

7. 소결

세계의 상호의존성 증가로 인해 심각해지고 있는 세계 문제를 해결하기 위한 국제협력, 세계의 상호의존성에 대한 이해, 상호공존을 위한 문화 간 이해 및 타인의 관점에서 세상을 바라볼 수 있는 세계적 시각의 습득을 강조하는 글로벌교육은 국제이해교육과 철학적으로 공통점이 많다.

평화와 인권교육은 보편적 가치에 근거한 국제적 합의에 기초하고 있다. 인권에 대한 이해 증진뿐만 아니라 인권의 가치를 개인의 생활에 일상화시켜서 궁극적으로 모두가 평등하고 평화로운 사회를 만들고자 한다. 평화와 인권교육은 국제이해교육의 한 기둥을 형성하면서도, 국제이해교육이 지향해야 할 평화와 인권이라는 보편적 가치를 공유하고 있다.

국제이해교육은 문화 간 이해와 존중을 중시하고, 이를 토대로 문화 간의 차별을 극복하면서 글로벌 사회를 실현하고자 한다. 그리고 문화다양성교육은 문화 간의 이해를 우선적으로 수행함으로써 주류문화와 하위문화의 상호이해를 추구한다. 따라서 국제이해교육과 문화다양성교육은 상호보완적인 관계를 형성하면서 상호발전을 꾀하고 있다.

국제이해교육은 제2차 세계대전 이후 등장했지만, 세계화에 따른 국가 간 상호의존성 증가와 상호협력의 필요로 나타난 세계시민교육과 많은 중첩이 있다. 이것은 국제이해교육이 국가주의적 시민교육을 넘어서서 세계시민의 보편적 준거를 기준으로 세계시민의 연대감을 지향하는 교육의 필요성을 적절히 제기하고 있다.

또한 지속가능발전교육은 인권, 생태적 다양성, 문화적 다양성, 평화, 개발, 그리고 환경교육 등과 연계되어 있다. 다양한 영역과 관련된 지속가능발전교육은 세계 문제해결을 위한 글로벌 책무성을 바탕으로 한 세계시민의식을 강조한다는 점에서 국제이해교육의 방향과 일치한다. 지속가능발전교육은 글로벌 사회와 지역 간의 연계를 지향하는

[표 1] 유사 개념 및 관련 개념들의 국제이해교육과의 관계

개념 영역		지향하는 목표	국제이해교육과의 관계
유사 개념	국제교육	국가경쟁력의 강화 혹은 국제화 교육을 목표로 함.	국제이해교육과 철학적인 지향점이 상이함.
	글로벌교육	모든 사람들은 평등하다는 시민 평등권에 대한 믿음을 바탕으로 인권, 사회정의, 문화 간 이해, 세계의 상호의존성과 세계적 시각을 강조함.	국제이해교육과 철학적 기초가 유사함.
관련 개념	평화교육	국가 간의 이해와 협력을 바탕으로 한 평화의 실현을 지향함.	국제이해교육의 틀 안에서 평화는 핵심적인 개념이고 국내 수준에서나 국제 수준에서 평화교육은 국제이해교육과 동의어로 이해됨.
	인권교육	국제 규약에서 밝힌 바 대로 보편적 가치에 근거한 국제적 합의에 기초함.	국제사회의 인권 이행을 위해서 국제사회의 협력을 강조하고 있으며, 국제이해교육의 틀 안에서 이행할 필요성 있음.
	문화다양성 교육	타자의 정체성을 인정하고 문화의 차이, 즉 다양성을 존중하고 배려하려는 기본 입장을 가짐.	국제이해교육의 중요한 내용 축이자 국제이해교육이 지향하는 바를 구체적으로 실행하고 있음.
	세계시민교육	국가 단위에 결속된 시민의 한계를 넘어서 비판적 사고와 적극적 행동의지의 함양을 통해 세계시민으로서의 보편성과 적극성을 고취시켜 가고자 함.	국제이해교육의 지향점과 다르지 않음. 세계시민교육의 고유성에 대한 적절한 답이 없음.
	지속가능 발전교육	지구의 자연환경과 삶의 환경에서 나타나는 문제해결을 위한 상호협력을 강조함.	글로벌 사회와 지역 간의 연계를 지향하는 국제이해교육을 위한 접근법임.

국제이해교육의 홀리스틱 접근법과 맥을 같이한다.

국제이해교육의 유사개념과 관련개념들은 국제이해교육과 중첩적인 상호관련성을 가지면서 독자적인 자기 개념으로서 내용과 지향성을 견지하고 있다. [표 1]에 따르면, 국제이해교육은 초기 개념으로서 총론적 입장을 가지고 있고, 유사 및 관련 개념들은 시대적 상황과 조건에 따라서 등장하면서 국제이해교육의 한 측면들을 강조하며 각론을 구체적으로 수행하는 입장을 지니고 있다. 국제이해교육은 국제이해를 통해 국가 간의 협력과 평화를 구축하기 위한 교육인 반면, 국가 간의 협력과 평화를 실현하기 위해서는 사회적 갈등이나 분쟁을 비판적으로 사고하는 능력을 기르는 평화교육이, 그리고 모두가 차별없이 평등하고 평화로운 사회를 지향하는 인권교육을 요청한다.

이같이 국제이해교육의 유사개념과 관련개념 간에는 상호연계성을 가지면서도 자신들의 정체성을 바탕으로 그 차별성을 드러내고 있다. 먼저 국제교육과 문화다양성교육을 보면, 국제교육은 외국의 교육제도 및 문화에 대한 소개와 여러 나라 교육 및 문화 비교의 역사이다. 국제교육이 주류국가를 중심으로 한 동화주의에 기반하고 있는 반면, 문화다양성교육은 문화다양성을 인정하면서 소수문화에 대한 편견을 넘어서 이에 대한 적극적인 이해를 지향한다. 반면 글로벌교육은 세계화시대에 세계의 상호의존성의 중요성을 알고 세계시민으로서 지구적 책임감을 길러 주는 것을 목표로 하는 교육으로서, 타 관점에 대한 인식, 글로벌 쟁점과 문제에 대한 심층적 이해, 세계문화의 특성 이해, 체계 인식과 다양한 쟁점에의 참여를 강조하고 있다.Lamy, 1990 세계시민교육은 탈국가주의와 보편적 관심, 그리고 다양성을 존중하면서, 인권, 평화, 환경, 문화다양성과 같은 주제 중심의 교육적 접근을 아우르는 포괄적 개념이다.유네스코 아시아태평양 국제이해교육원, 2015 그리고 지속가능 발전교육은 생태적으로 지속가능한 미래에 기여할 수 있는 가치, 태도, 능력, 기능을 습득하는 교육이면서, 기존의 문화다양성, 글로벌교육 등의 요소를 담고 있다.

국제이해교육과 국제교육은 국제교류 증진으로 나타나는 국가 간의 이해와 협력에 중점을 둔다면, 평화교육과 인권교육은 국내외에서 발생하는 갈등을 해결하고 차별을 극복하기 위한 인류의 보편적 정의를 실현하고, 문화다양성은 차이의 인정을 지향한다. 그리고 글로벌교육, 세계시민교육과 지속가능발전교육은 세계를 하나의 체계로 보고자 하는 점에서 공통점이 있는 반면, 글로벌교육은 글로벌 학습global study을, 세계시민교육은 탈국가주의를 강조하면서 시민들의 참여와 아래로부터의 협력을 이끌어내는 데 중점을 두며, 세계시민으로서 비판력, 변화지향성 및 실천지향성을 강조하고 있다.

이같이 국제이해교육은 실천적인 측면에서 국제이해교육의 중층적 개념인 평화, 인권, 문화다양성, 국제이해, 그리고 최근 부각되고 있는 세계시민성 등이 시대적 변화와 요청에 따라 그 강조점을 달리해 평화교육, 인권교육, 문화다양성교육, 세계시민교육 등의 이름으로 실시되어 왔다. 국제이해교육과 관련 개념들이 어떤 측면을 강조할지라도 국가 간의 입장이 중시되고 있음을 알 필요가 있다. '글로벌한 자본주의에 있어서 국민국가의 중요성이 높아지고 있다는 것을 명확히 하고 싶다. 글로벌리제이션의 정치적 형태는 글로벌한 국가가 아니라 복수 국가의 글로벌한 시스템'기라타니 고진, 2017이어서 국가 간의 이해가 여전히 매우 중요하다. 시민사회의 주도력과 영향력이 강화되면서 국가 중심의 국제관계에서 벗어나 국제관계의 주체가 다변화하고 있는 시대적 상황 변화에 따라 21세기 국제이해교육은 국제이해교육 개념의 통합적인 이해를 바탕으로 한 글로벌 사회와 지역 간의 연계, 학교와 지역사회와의 연계 속에서의 교육적 실천을 요구하고 있다. 그래서 21세기의 국제이해교육은 새롭게 지향해야 할 방향성을 요구받고 있다.

첫째, 국제이해교육은 글로컬리즘glocalism의 입장을 가져야 한다. 세계화와 지역화를 동시에 고려해 세계와 지역을 기반으로 세계를 이해할 필요가 있다. 지역적인 문제가 세계 문제이고, 세계 문제가 지역의 실재적 문제가 되고 있기 때문이다. 이는 곧 국가시민성과 세계시민성의 조화를 강조해야 한다. 다중시민성을 가진 존재로서 살아가는 시민이 국가시민과 세계시민으로서 조화롭게 살아갈 수 있도록 해야 한다.

둘째, 국제이해교육은 세계 이슈의 해결과 세계 협력global partnership을 강조할 필요가 있다. 세계시민으로서 세계 쟁점의 해결에 관심을 갖도록 하고, 이를 위해 글로벌 협력의 중요성을 강조한다. 국가 간의 협력뿐만 아니라 글로벌 사회의 시민사회 및 개인의 협력도 중시되고 있다. 세계를 구성하는 다양한 주체들의 협력을 통해 세계 쟁점을 해결할 필요가 있다.

셋째, 국제이해교육은 인류의 보편적 가치의 실현과 불평등 해소에 기여하도록 노력해야 한다. 인류의 보편적 가치와 다양성의 존중을 바탕으로 한 상호의존성을 중심으로 세계시민으로서 인권, 평화, 환경, 다양성 등을 서로 존중하면서 상호의존하며 살아가야 함을 강조해야 한다. 더 나아가 불평등의 극복과 세계정의의 실현을 강조할 필요가 있다. 여전히 세계에는 불평등이 존재하고 있으며, 이를 해결해 세계정의를 실현하고자 노력해야 한다.

넷째, 국제이해교육은 세계시민으로서 주체성 강화와 생애주기에 따른 교육을 강화해야 한다. 국제이해교육은 국가 주도의 국제이해교육에서 시민들의 참여와 개인적 책무성을 강조하는 국제이해교육으로 나아갈 필요가 있다. 그리고 국제이해교육은 학교교육을 넘어서 평생학습으로서의 국제이해교육을 준비할 필요가 있다.

제3장

국제이해교육의 세계적 동향

개인의 기본적인 인권 존중과 세계평화의 구현이라는 철학을 바탕으로 탄생한 국제이해교육은 국제사회의 시대적 변화에 따라 그 강조점이 조금씩 바뀌어 왔다. 한편 국제사회의 시대적 변화의 영향은 각국가가 처해 있는 환경과 문화에 따라 국가별로 그 양상이 다양하게 나타나서 국제이해교육의 모습도 국가별로 다양하게 전개되어 왔다. 21세기 지구의 생태적, 사회적, 경제적 환경의 지속가능성과 세계시민으로서 지구적 책임감을 강조하고 있는 시점에서, 세계 여러 지역에서의 국제이해교육은 어떤 모습인가, 과거 세계평화를 위한 국가 간의 이해와 협력을 위해 발의된 국제이해교육이 21세기에도 여전히 유의미한 개념인가, 그리고 국제이해교육이 앞으로 어떠한 개념을 바탕으로 전개되어야 할 것인가에 대한 답을 찾아보는 일은 세계 교육의 미래 방향 제시에도 도움을 줄 수 있을 것이다. 따라서 본 장에서는 세계 주요 지역 국제이해교육의 역사적 변천과 현황을 비교·분석한 후 이를 기초로 21세기에 적합한 국제이해교육의 개념과 교육 방향을 제시하고자 한다.

　국제이해교육의 세계적인 동향을 살펴보기 위해 유럽 지역, 북미 지역, 아시아·태평양 지역(아태 지역), 아프리카 지역의 국제이해교육의 역사적 변천 과정과 최근 동향을 조사·분석했다. 조사 대상지역의 선택 기준은 우선 식민지 시대부터 식민국가로서 타국과의 관계가 빈번할 뿐 아니라 사회구성원들의 다양성으로 인해 갈등이 지속되었음에도 불구하고 산업발전을 위한 사회적 공존을 갈구할 수밖에 없던 이유로 다양한 형태의 국제이해교육을 실시해 오고 있는 유럽과 북미 지역을 선정했다. 또한 식민지화와 세계화의 영향으로 전통 사회체제와 문화에 커다란 변화가 일어나고 있으며, 복잡한 문화와 전통을 가지고 있으면서도 글로벌 경제에 엄청난 영향력을 미치고 있는 아시아 태평양 지역과 아프리카 지역도 분석 대상에 포함했다.

세계 지역별 연구는 4개 지역의 국제이해교육 발전 과정에 대한 문헌조사를 토대로 사전에 접촉한 국제이해교육 전문가들을 대상으로 현지에서의 면담을 통해 이루어졌다. 현장 면담은 2016년 5월 10일부터 2017년 4월 28일까지 총 34명의 국제이해교육 전문가를 대상으로 진행했다.

1. 유럽 지역

오늘날 유럽은 과거 동서냉전의 기축지로서 소련을 위시한 비 EU권의 국가들과 EU(유럽연합)를 중심으로 한 유럽 시민국가 체계로 크게 나뉜다고 볼 수 있다. 영국이 브렉시트로 EU 탈퇴를 기정 사실화했고 러시아, 스위스, 노르웨이 등 유럽의 중심 국가들이 참여를 보류하거나 거부하고 있지만 현실적으로 EU는 유럽 내 가장 큰 정치적, 경제적, 사회문화적 결속체로서 역량을 보이고 있다. 오랫동안 세계의 중심을 유럽으로 보는 관점이 지배하고 있기 때문에 EU의 교육이 곧 국제이해교육이라는 관점에 서 있었다.강순원, 2016 그러면서도 EU국가 내의 이해와 협력뿐만 아니라 EU를 넘어서 국가들 간의 상호이해와 협력이 인권과 평화 및 국가 간 우호주의에 기초한다는 것은 「EU 인권헌장」의 초석을 이루고 있다. 기존의 국가주의에 기반한 정치와 경제정책을 EU를 매개로 한 정치적, 경제적 통합체제로 변혁하기 위해서는 유럽 국가 간의 이해와 협력이 아주 중요하기 때문에 (국제이해교육 용어를 사용하던 하지 않던 간에) 모든 교육정책에 있어서 회원국들 간의 교류와 협력의 확대는 가장 중요한 EU 교육정책 방향으로 설정되어 있고, 여기서 교육을 통한 유럽 시민의식 형성이 아주 중요했다.Gori, 2001

2010년까지 유럽 고등교육권을 체계적으로 안착시키겠다는 「볼로냐 프로세스」1999에 따라서 회원국들이 「리스본 선언」2000에 조인함으로써 고등교육뿐만 아니라 학교교육, 직업교육을 포함한 평생학습 차원으로 교육의 유럽화를 위한 기본 틀을 확정했다.이세정, 2007 이로써 EU는 양질의 교육을 증진할 의무를 지고 교육제도에서 유럽적 차원을 적용해, 학생과 교사의 이동 장려, 교육시설 간의 협력 장려, 회원국 사이의 정보 및 경험의 교류 증진, 청소년 및 교사의 교류 증진, 원격교육을 통한 교류 발전, 국제기구를 통한 교육협력 증진 등을 구체화함으로써 교육을 통한 국제교류 및 협력을 공론화했다.오정은, 2011 이렇듯 EU의 국제이해교육은 유럽 내 국가 간의 유럽시민성을 개발하기 위한 교육의 유럽화 방안이다. 이는 기본적으로 유네스코가 지향하는 교육적 가치를 근간으로 하고 있다.

유럽의 국제이해교육 전문가와의 면담은 2016년 7월에 집중적으로 진행했다. 유네스코 본부의 교육발전팀장인 최수향 박사와 함부르크 평생교육원Institute for Lifelong Learning, ILL의 아르네 칼슨Arne Carlsen 원장을 중심으로 유네스코 실무진의 국제이해교육에 대한 관점을 파악했다. 그리고 영국의 국제이해교육 전문가인 잉글랜드 지역의 린 데이비스Lynn Davies 교수와 로버트 코원Robert Cowen 교수, 북아일랜드의 앨런 스미스Alan Smith 교수를 면담했다. 그리고 아일랜드의 캐스린 린치Kathleen Lynch 교수를 면담하고 오스트리아 세계시민교육센터의 베르너 빈터쉬타인Werner Winterstein 교수를 만나 세계시민교육과 국제이해교육을 비롯한 평화교육과의 관계성 등을 중심으로 국제이해교육의 개념적 재구조화 작업을 시도했다.

1) 유네스코의 입장

유네스코는 탄생 자체가 제2차 세계대전 이후 평화를 지키기 위한 전 세계인의 노력 결과이다. 그런 점에서 국가 간의 이해와 협력, 평화, 인권, 문화적 다양성 등을 지향하는 교육은 모두 한 뿌리에서 나온 개념으로 볼 수 있다. 단지 유네스코의 조직 논리나 시대 상황에 따라 유네스코가 국제이해교육, 지속가능발전교육, 세계시민교육, 인권교육 등을 뭐라고 정의하든 간에 그것은 21세기 유네스코가 지향하는 「더불어 살아가기 위한 학습」으로 초점이 모아진다고 볼 수 있다. 이에 각 국가는 「교육 2030」의 목표 아래 자국의 상황에 맞게 유네스코 가치의 학습이 가장 중요하며, 1974년 「국제이해교육 권고」는 유네스코 교육의 문서적 근거로 계속해서 자리잡고 있으며, 특히 세계시민성 함양을 위한 평생학습은 함부르크 평생교육원의 주요 방향으로 설정되어 있다.

2) 영국의 국제이해교육

네 개 왕국의 연합국가인 영국은 국제이해, 평화, 민주주의, 다양성 교육을 모든 교육의 기본 전제로 하고 있다. 전반적으로 국가(민족)라는 용어의 사용을 기피하는 유럽적 풍조에서도 로버트 코원 교수는 국제이해교육과 관련해 영국 국제교육의 흐름을 다음 네 가지로 설명했다. 첫째가 국제개발교육International Education for Development, IED으로서, 세계은행이 주도해 발전시킨 개념이다. 둘째는 국제교육으로, 유학생 증가로 인한 외국 교육의 이해나 각국의 교육제도를 비교하기 위한 것이다. 셋째로 국제이해교육은 아주 소수가 논의를 하기는 하나 적극적으로 사용하지는 않는다. 마지막으로 국가요원양성교육Education for State Intelligence, EFSI으로, 주로 외무부나 교육부, 정보처 등이 주관해 해외 인사들을 관리하는 형태이다. 국제교육은 어떤 형태이든 다분히 제국주의적 모형으로서 대부분 약소국가에 개입하고 지원을 미끼로 통제하려는 교육의 필요성을 이야기하는 용어이다.Cowen, 2006

버밍엄 대학교의 린 데이비스 교수는 유네스코나 유니세프 활동에 적극적이지만 국제이해교육이란 용어의 사용에 대해서는 주저한다. 데이비스 교수에 의하면, 국제교육은 국제학교를 지칭할 때나 해외유학생 교육과 관련될 때 사용하며, 다문화교육은 문화적 다양성의 측면에서 논의하고, 상호문화이해교육은 국가 간 혹은 문화 간 상호이해의 측면을 강조하며, 세계시민교육은 영국의 가장 강력한 시민단체인 옥스팜에서 오래전부터 사용했고, 개발교육은 원조를 전제로 한 국제개발협력 개념으로 사용하고 인성발달의 측면에서는 사용하지 않으며, 지속가능발전교육은 환경교육과 연결해서 사용하나 영국에서는 자주 사용되고 있지 않다고 설명했다. 영국에서는 시민교육이 국가교육과정의 중학교 단계(Key Stage 3)에서 'Global and Local Citizenship' 교과로 제공되고 있으며, 시민교육의 틀 안에서 국제이해교육이 지향하는 평화교육, 인권교육, 문화다양성교육, 지속가능발전교육 및 세계시민교육 등을 적극적으로 다루고 있다.

한편 얼스터 대학교의 유네스코센터 소장인 앨런 스미스 교수에 의하면, 북아일랜드의 경우에서도 국제이해교육이란 용어는 사용되지 않는다고 했다. 1998년 평화협정 이전까지는 오랫동안 종파분리주의를 극복하기 위한 상호이해교육Education for Mutual Understanding, EMU을 강조하다가 그 이후에는 인권교육과 'Global and Local Citizenship'을 강조했다. 이것은 특히 EU와도 관련되는 개념으로서 국가시민 개념을 넘어선 유럽시민, 세계시민의 중층적 개념으로서 시민성을 강조하고 있어서 국제이해교육과 유사한 틀일 수 있다고 전망했다.

3) 아일랜드: 유럽 변방의 관점

더블린 대학교의 캐스린 린치 교수에 의하면, 아일랜드는 영국의 식민지로서 억압받았던 역사적 경험으로 인해 국내 문제에 집중함으로써 글로벌 차원의 교육에 대해서는 관심이 낮다고 한다. 대체로 아일랜드에서는 이주의 증가로 다문화교육에 대한 관심이 늘고 있고, 개발교육이 대외원조 사업과 관련해 논의되며, 대학들이 이 분야에 요즘 상당히 관심을 보인다고 한다. 국제교육의 대부분이 국제개발교육의 영역이어서 이에 대한 탈식민지적 접근을 통한 새로운 시도가 요구된다고 비판했다.

국제이해, 평화, 인권, 민주주의 교육은 당연히 고려되어야 하지만 아일랜드의 맥락에서 이 교육은 지나치게 자국 중심적이고 수구적이다. 세계 빈곤의 문제에 지원하고 후원하는 수준이고, 환경이나 평화 문제 등은 학교교육에서보다는 시민단체에서 다루어지고 있다. 또한 국제이해교육 분야도 국가경쟁력의 문제가 우선적으로 다루어지는 경향이 있다. 고등교육에서 국제교육이라는 이름으로 국제교류가 강조되고 있지만 이 부분에 대해서도 회의적이다.

4) 오스트리아 세계시민교육센터의 관점

국제이해교육이란 용어는 국가·민족이 갖는 정치적 의미를 내포하고 있기 때문에 베르너 빈터쉬타인 교수는 개인적으로도 이 용어를 좋아하지 않고 국가적으로도 사용하지 않는 용어라고 말했다. 그는 자신이 평화교육에 관여해 온 사람으로서 유네스코의 국제이해교육을 평화교육과 같은 의미로 수용할 수 있다고 보았다. 오스트리아의 유네스코는 유네스코 협동학교를 중심으로 평화교육을 열심히 실시하려고 노력하고 있다.

최근에는 국가 차원에서 2013년부터 빈터쉬타인 교수가 소속된 클라겐푸르트Klagenfurt 대학팀이 발전시킨 세계시민교육을 실행하려고 하고 있다.Winterstein, 2015 이것은 평화교육과 같은 맥락에서 제안된 것이며, 유럽적 맥락에서 이민자를 포함한 사회적 소수자의 수용을 위한 상호문화이해교육과 맥락을 함께한다. 오스트리아의 경우는 이탈리아, 슬로베니아, 독일, 스위스, 헝가리, 슬로바키아, 체코 등과 인접하고 있어서 이주민의 문제가 일상화되어 있다. 또한 유럽형 집시로 명명되는 노만 피플Romany의 문제도 심각하다. 그래서 이들과 공생은 중요한 주제이고, 이것은 빈터쉬타인 교수가 주장하는 세계시민교육의 핵심이다.

5) 유럽 지역 국제이해교육의 동향 논의

유럽에서 국제이해교육은 국가주권주의를 존중하면서도 교육의 유럽화를 위해 적절히 사용될 수 있는 개념으로 해석되고 있다. 유럽은 국제이해교육보다는 유럽시민성 교육을 강조하는데, 여기에는 국가시민성과 유럽시민성이 중첩된 복합적 다중시민성이라는 포괄적인 용어를 선호하고 있다.

유럽에는 이미 유네스코, OECD 등의 교육 관련 국제기구의 본부가 위치해 있기 때문에 1974년 「국제이해교육 권고」를 중심으로 한 평화, 인권, 민주주의교육의 실천을 회원국들에게 요구하고 있다. 이러한 국제이해, 평화, 인권, 민주주의 교육의 진흥은 곧 교육의 유럽화와 그 맥락이 같다고 보고 각국의 교육에 적용하고 있다. 그런 의미에서 교육의 유럽화는 21세기 탈냉전 환경에서 유네스코의 '더불어 살기 위한 학습'과 그 맥락을 함께한다. 이것은 글로벌 차원에서 21세기 평생학습이 지향하는 공생의 학습네트워크 구축과 일치한다고 볼 수 있다.

여기에서는 EU회원국을 중심으로 한 유럽국가의 국제이해교육을 고찰한 것이기 때문에 유럽의 반쪽 관점밖에 볼 수 없는 한계가 있다. 그럼에도 교육의 유럽화가 교육의 국가주권주의를 부정하기보다는 함께 조율한다는 점에서 국제이해, 협력, 평화, 인권을 지향하는 국제이해교육이 EU 태동 이후 한층 더 강조된다고 볼 수 있다.

2. 북미 지역

제2차 세계대전 이후 미국은 세계 여러 나라와의 관계가 빈번해지면서 대학 교육기관의 국제전문가의 양성을 중심으로 국제이해교육을 실시했다. 이에 따라 1960년대, 1970년대 미국의 국제이해교육은 대학에서의 지역연구와 외국어 프로그램을 중심으로 발전했다. 1970년대에 세계의 상호의존이 증가하면서 미국의 국제이해교육은 초·중등학교로 그 외연을 넓혀갔다. 1970년대와 1980년대 초·중등학교를 중심으로 실시된 국제이해교육은 미국 학생들에게 세계시민적 자질을 함양시킨다는 측면에서 글로벌교육이라는 용어를 주로 사용했다. 20세기 말에 세계화의 급속한 진행으로 국제이해교육은 미국의 공교육에도 중요한 영향을 미쳤다.

21세기 미국에서는 9·11 사건 이후 국가시민성을 지지하는 세력이 더욱 힘을 받고 있지만, 세계화와 함께 형성된 세계시민성이란 개념이 여전히 미국 시민교육의 주요 내용으로 자리하고 있다. 미국의 많은 학자들은 국가 중심의 전통적 시민성이 세계화의 요구에 부합되지 않는다고 지적하며 이에 대한 교육적 대안으로 세계시민교육을 주장하고 있다._{김현덕, 2014; Banks et al., 2005; Camicia & Saavedra, 2009; Davies et al., 2005}

한편 캐나다에서 국제이해교육의 본격적인 실시는 1980년대 중반 이후라고 할 수 있다. 1970년대부터 1980년대까지 영국 국제이해교육의 활성화를 위해 수행되었던 'World Studies Project'를 주도한 셀비와 파이크Selby and Pike가 영국을 떠나 1980년대 중반 캐나다 토론토 대학교에 정착한 시기를 캐나다 국제이해교육의 출발로 보고 있다._{Fujikane, 2003; Hicks, 2003} 셀비와 파이크는 토론토 대학교를 중심으로 글로벌교육을 실시하는 학교들과의 네트워크를 조성했으며, 워크숍을 실시하고 수업 자료를 개발하는 등 국제이해교육의 보급에 정진했다. 캐나다 글로벌교육의 주목적은 학교교육에 세계적인 시각, 세계시민성의 통합 및 세계 이슈를 해결해 나가는 개인과 집단행동 간의 차이에 대한 이해 증진이다.^{Tye, 2003} 캐나다는 국가의 발전보다는 개인의 성장을 국제이해교육의 목적으로 삼고 있다. 교육 내용으로는 세계 이슈나 주제에 초점을 맞추고, 환경, 갈등해결, 가난, 불평등 등의 세계 이슈와 관련된 행동 중심의 국제이해교육을 강조하고 있다. 캐나다에서는 특히 다인종의 역사와 전통을 존중하는 것을 국제이해교육의 주요 요소 중 하나로 생각하고 있다.^{Pike, 2000}

북미 지역의 국제이해교육 전문가 면담은 2016년 5월 10일부터 6월 6일에 거쳐서 진행되었다. 면담 대상자로는 오랜 기간 동안 국제이해교육을 연구해 오고 비교적 전통적인 관점을 가지고 있는 미국 플로리다 국제대학교의 힐러리 랜도르프Hilary Landorf 교수와 플로리다 주립대학교의 토니 퍼스 커크우드 터커Toni Fuss Kirkwood-Tucker 교수, 그리고 진보적인 관점을 가지고 있는 오하이오 주립대학교의 바이냐 수베디Binaya Subedi 교수 및 캐나다 브리티시 컬럼비아대학교의 배너사 앤드레오티Vanessa Andreotti 교수를 선정했고, 세계시민교육을 중점적으로 실시하고 있는 미국 뉴욕 맨하탄에 위치한 차터 스쿨의 스태시 거티어Stacy Gauthier 교장을 대상으로 실시했다.

1) 미국의 현황

미국에서는 현재 '국제이해교육'이라는 용어보다 '글로벌교육' 또는 '세계시민교육'이라는 용어가 더 활발히 사용되고 있으며, 시민성과 시민권의 개념을 매우 중요하게 다루고 있다는 것을 모든 면담대상자가 공통으로 지적했다. 1990년대 이후 급격하게 진행되어 온 세계의 상호 의존은 미국 국제이해교육이 궁극적으로 세계 문제를 해결하는 데 집중하게 했고, 그후 미국 전역에서 이러한 교육의 필요성이 넓게 인지되었다.

그러나 21세기 벽두에 발생한 9·11 사건으로 인해 미국 국제이해교육은 초·중등학교 현장의 경우 타문화 이해, 서구 중심의 세계관, 경제적 경쟁력을 강조하고 있고, 특히 고등교육기관을 중심으로 세계시장에서의 경쟁력 강화를 강조하고 있음을 전문가 면담과 현장 방문을 통해서 알 수 있었다. 9·11 사건 이후 정치적으로 보수주의 및 국가주의의 성향이 강해지면서 국제이해교육에서 다루어야 할 내용으로 경제적 경쟁력과 애국심을 자연스럽게 강조하고 있었다. 그리고 이것이 미국 국제이해교육 발전의 장애요인이라고 면담대상 교수들 모두가 우려했다. 이러한 시대적 변화로 인해 미국 국제이해교육의 방향이 보수적인 경향을 보이고 있는 가운데, 국제이해교육 전문가들은 21세기 국제이해교육에서 강조해야 할 요소로 탄압에 대한 저항, 탈식민주의적 사고, 공정성, 다양성과 글로벌 시각, 세계 문제에 대한 책임감, 미디어와 테크놀로지의 비판적 역할, 국가정체성과 글로벌 정체성의 조화 등 비판적 국제이해교육으로 방향을 제시하고 있다.

미국의 국제이해교육은 지역별로 차이가 매우 크고, 미국의 교육제도가 지방자치로 운영되므로 국가 수준에서의 국제이해교육을 간단하게 종합·요약해 설명하는 것은 불가능하다. 미국의 국제이해교육은 관련된 국가정책이나 담당부서가 없기 때문에 관련 정책이 있거나 영향력이 많은 전문가가 있는 주 혹은 카운티를 중심으로 국제이해교육 관련 활동이 활발하게 진행되고 있다. 학교 현장에서는 주로 글로벌교육이나 세계시민교육이 실시되고 있는데 별도 과목으로 진행되기보다는 관련 교과에 글로벌 교육적인 요소를 융합해 가르치고 있다고 오랫동안 현장에서 국제이해교육을 연구해 온 커크 우드 터커 교수는 설명했다.

관련 교과로는 사회과에서 가장 많이 실시되고 있으며, 그 밖의 과목으로는 지속가능성을 다루는 과학 과목, 세계 문제, 역사 과목 등이 있음을 뉴욕의 차터 스쿨의 프로그램에서 확인할 수 있었다. 교수 방법으로는 고등학교의 경우는 내용 중심으로 지루하게 진행되기도 하지만, 최근에는 활동 중심 교수법이나 상호교류 학습법을 활용해 학생들이 수동적으로 듣는 수업보다는 학생들이 적극적으로 참여하고 스스로 찾아 활동하도록 지도하는 교수법을 사용하고 있다는 것을 대학 및 학교 방문을 통해 알 수 있었다. 특히 지역사회와 연계된 활동 및 특별 활동이나 방과 후 활동으로 많이 진행되고 있다는 것이 관찰되었다.

한편 대부분 국제이해교육 전문가들은 지역사회 안에서의 국제이해교육의 역할과 기능의 중요성을 언급했다. 실천적인 측면에서는 학교교육과 연계된 지역사회 활동의 중요성을 언급했다. 특히 플로리다 국제대학교의 'Global Learning Courses' 프로그램에서는 글로벌과 로컬을 연계하는 'glocal' 용어를 공식적으로 사용하고 있었다. 또한 국제이해교육 전문가들은 국제이해교육의 활성화를 위한 시민사회 역할의 중요성을 강조했다.

2) 캐나다의 현황

캐나다 교육은 지방자치가 강해 지역마다 국제이해교육과 관련해 사용하는 용어가 달라서 보편적으로 사용되는 용어는 존재하지 않았다. 현재 가장 많이 사용하는 대표적 용어로는 다문화주의와 세계시민교육이다. 다문화주의는 캐나다에서 매우 큰 비중을 차지하고 있는데, 특히 캐나다 안의 원주민aboriginal people의 문제가 심각하다고 브리티시 컬럼비아 대학교의 앤드레오티 교수는 설명했다. 현재 캐나다에서는 다문화주의가 국내 문제보다는 국제적인 문화 간 이해에 치중하고 있어 이에 대한 비판도 많이 존재하고 있는 실정이다. 한편 세계시민교육의 경우는 알버타 대학교University of Alberta의 세계시민교육센터Center for Global Citizenship Education가 전국적으로 영향력을 행사하고 있어 많이 사용되는 용어로 나타났다. 최근 캐나다에서는 국제이해교육과 관련된 변화로 사회적 정의에 대한 교육과 공정성에 대한 관심이 급증하고 있다.

캐나다에서는 국제이해교육에 다양성과 소수집단의 시각을 포함시키려는 노력을 하고 있으나 실제로는 캐나다의 국제이해교육에 다양성이 그리 많이 반영되지 못하고 있다. 이것은 아직도 캐나다의 국제이해교육이 동화주의를 강조하고 있음을 보여 주는 것이라 할 수 있다. 캐나다의 고등교육기관에서는 글로벌 리더의 양성을 매우 강조하고 있고, 캐나다 정부에서는 초·중등학교에 경쟁력 강화를 요구하고 있다. 또한 캐나다에서는 국가정체성을 국제이해교육에서 강조하고 있는 것으로 나타났다.

캐나다에는 국제이해교육 관련 국가정책이나 담당 국가기관이 존재하지 않는다. 또한 국제이해교육 교육과정이 없는 데 반해 사회적 책임감, 공정성과 관련된 국가정책은 존재하고 있다. 학교 현장에서는 국제이해교육에 영어과와 사회과 교사가 많이 연관되어 있다. 그리고 지리, 특별 활동, 자선 활동이 관계되어 있다. 캐나다 국제이해교육의 궁극적인 목표는 세계시민 양성이다. 한편 캐나다의 시민사회는 국제이해교육에 대해 영향력 있는 활동을 전개하고 있으며, 캐나다에서는 정부보다 사적 기관과 시민사회의 힘이 강한 편이라고 할 수 있다.

3) 북미 지역 국제이해교육의 동향 논의

북미 지역에서는 국제이해교육이라는 용어보다는 글로벌교육 혹은 세계시민교육이라는 용어가 활발히 사용되고 있다. 이들 용어의 선택과 정의에 있어서도 지역 및 전문가와 교사마다 다양하게 나타나고 있다. 미국이나 캐나다에서는 21세기 국제이해교육의 주요한 주제로 공정성 문제를 들고 있는데, 특히 문화나 국가별 차이보다 계층 간 차이가 더 큰 문제라고 생각하고 있다. 따라서 학교 현장이나 국가정책에서도 사회적 정의나 공정성 교육을 활발히 실시하고 있고, 이와 관련된 교과목들을 학교에서 가르치고 정책에도 반영하고 있다. 현재 북미 지역의 국제이해교육 관련 교육에서는 동화주의적 성향과 자민족주의적 성향이 많이 발견되고 있으며, 다양성과 소수집단의 시각을 반영하고 있지만 만족할 만한 수준은 아니다.

3. 아시아·태평양 지역

아시아·태평양(아태) 지역은 매우 넓은 범위의 지역을 포함하고 있고 다양한 환경적 요소를 지닌 지역이기에 지역별로 국제이해교육의 다양한 전개과정을 보인다. 한국과 일본은 제2차 세계대전 이후 일찍이 유네스코 협동학교 사업에 참여해 국제이해교육에 적극적 관심과 실천을 보였다. 이들은 모두 유네스코 이념에 준거한 교육으로부터 시작한 교육이었다.요네다 신지, 2002 중국은 1998년에 3개의 유네스코 협동학교를 선정하면서 국제이해교육을 시작했지만, 사회주의 국가체제에서 세계시민성을 함양하기 위한 교육보다는 인민의 교화에 초점을 둔 교육적 한계를 보여 주었다.

베트남, 라오스, 캄보디아, 필리핀, 인도네시아, 말레이시아, 싱가포르를 포함한 동남아시아 지역에서는 과거 식민지의 역사와 이후 독립 국가의 형성 과정에서 참혹한 전쟁의 피해와 첨예한 민족 간, 종교 간 갈등 상황을 해결하기 위한 교육적 노력으로 국제이해교육에 많은 관심을 보이고 있다. 오스트레일리아와 뉴질랜드는 국가의 성립 시기부터 다민족 사회로 출발하면서 다민족, 다문화, 다종교 사회의 조화로운 발전을 위한 교육의 일환으로 국제이해교육에 관심을 두고 있다. 이처럼 저마다 국가적 상황을 고려해 다양한 양상으로 전개되고 있는 국제이해교육이지만 유네스코의 이념에 준거해 인간의 마음에 평화의 문화를 구축하고자 하는 국제이해교육의 목표를 지향한다는 공통점을 지니고 있다.

아태 지역의 국제이해교육 현황 분석은 한국, 일본, 중국, 오스트레일리아, 뉴질랜드 지역으로 한정했다. 한국, 일본, 중국의 전문가는 유네스코 및 관련 기관에 장기 근무하고 있는 팀장, 본부장, 원장 및 현장교사를 대상으로 선정했고, 오스트레일리아 및 뉴질랜드는 국제이해교육 관련 분야 대학교수 및 주 교육부 및 관련 기관의 국제이해교육 교육담당자, 교장을 대상으로 실시했다. 면담 조사는 오스트레일리아와 뉴질랜드의 경우 2016년 7월 21일부터 8월 3일까지 직접 방문을 통해 집중 조사를 했고, 한국 관계자 면담 및 일본, 중국 관계자의 면담은 이메일을 통해 2016년 5월부터 2017년 4월까지 지속적으로 실시했다.

1) 한국에서의 국제이해교육

현재 한국에서 국제이해교육은 2012년 9월 반기문 유엔 사무총장의 「글로벌교육 우선구상」 발표 이후 세계시민교육이라는 용어로 대체되고 있는 상황이다. 2000년 제7차 교육과정에서 창의적 재량 활동 교과목으로 선정되어 국제이해교육이라는 용어로 학교교육에 착근되는 양상이었으나, 최근에는 그동안 국제이해교육을 중점적으로 실시해 왔던 유네스코 관련 기관에서도 국제이해교육이라는 용어보다는 세계시민교육이라는 용어를 사용하고 있다. 그러나 세부적인 교육 내용 영역을 살펴보면, 국제이해교육의 핵심 주제 영역으로 다루어 왔던 인권과 평화, 지속가능발전, 유엔 기구 및 세계 이슈, 문화다양성 등의 다섯 개 주제가 중심을 이루고 있다. 또한 지향하는 목표에 있어서도 국제이해교육에서 강조하는 '국가 간 상호 이해와 협력, 평화의 지향'이라는 구체적 목표보다는 '글로벌 이해'라는 글로벌 관점과 글로벌 차원의 교육을 지향하고 있다는 차이점을 갖고 있다. 하지만 '세계시민의식 함양'이라는 궁극적으로 형성하고자 하는 자질 목표 부분에서는 공통점을 지닌다. 한편 학교 현장에서는 국제이해교육, 다문화교육, 세계시민교육 용어들 간의 혼란을 겪고 있다.

2) 일본에서의 국제이해교육

일본에서 국제이해교육은 1953년 유네스코 협동학교에 참가하면서 시작했지만요네다 신지, 2002: 95, 국제사회의 변화와 국가적 필요에 의해 국제이해교육에서 강조하는 부분들은 변화해 오면서 일본형 국제이해교육이라고도 할 수 있는 독자적인 국제이해교육이 추진되었다. 즉 국제화에 부응하기 위한 교육으로서 '국제사회에서 살아갈 수 있는 일본인 육성', '일본의 전통 문화와 일본인으로서의 정체성 형성', '해외 귀국 자녀 교육' 등이 중심 내용이었다. 그러나 2000년 이후 세계적 관점이 도입되었고, 2005년에는 UN ESD 10년을 주도하는 국가로서 지속가능발전교육 중심의 국제이해교육을 추진하기 시작했다. 일본 사회에서는 세계시민으로 살아갈 수 있게 하는 교육을 강화하려는 입장과 국제사회에서 경쟁력 있는 인재 양성교육의 성격을 강화하려는 정부측 입장 간에 갈등이 있는 것도 사실이다.

3) 중국에서의 국제이해교육

중국에서 국제이해교육은 1990년대 후반부터 아주 미약하게나마 시작해 세계화와 더불어 급속히 발전했고, 상하이, 선전, 베이징 등 대도시권 초·중학교에서 실시되고 있다. 2008년에는 북경사범대학에 국제이해교육 과목이 개설되어 대학에서도 국제이해교육이 실시되었으며, 국제이해교육 연구센터가 동 대학에 개설되기도 했다. 또한 중국에서 국제이해교육은 2001년 시민도덕성 개발계획Action Plan for the Development of Civic Morality의 도입으로 시민성교육의 차원에서 사회적 관심을 모으고 있다.Zhao, 2013 이러한 변화의 기저에는 1970년대부터 등장했던 개방화 정책이 있다. 개방화 정책의 방향은 세계에 대한 인식의 범주를 확장한다는 면에서는 긍정적이었지만, 유네스코 이념에 준거한 평화, 인권, 지속가능성, 세계 이슈에의 관심과 참여 의식을 함양하는 교육으로의 발전은 아직 구체화되지 않았다. 다른 나라들처럼 중국은 글로벌교육을 위해서 학교 교육과정을 개혁했으며, 학교 교육과정(시민성교육 포함)을 통해 학생들에게 사회주의 가치를 함양하고 중국의 전통을 현재의 중국에 연결하고 있다. 아직 중국의 시민성교육은 정부의 사회주의 프로젝트라서 지역 그리고 글로벌 정체성보다 국가정체성을 우선시하고 있다.

4) 오스트레일리아에서의 국제이해교육

오스트레일리아에서 국제이해교육과 관련된 교육은 다양하게 실시되고 있으며, 글로벌교육, 상호문화이해교육, 지속가능발전교육, 국제교육 등의 용어를 사용하고 있다. 2010년 이후에는 국제화교육 Internationalizing Education 하에서 이 교육들을 포괄해 운영하고 있다. 글로벌교육은 1950년대 이래 계속되어 오고 있으며, 주로 타국에 대한 정보, 타국 사람들의 삶의 문화를 획득하는 학습을 위주로 하고 있다. 상호문화이해교육은 국내 다문화사회를 안정적으로 유지 발전시키는 데 목적을 두고 있으며, 1960년대 이후 세계화로 증가한 이주민의 다국적화로 인한 문화 간의 이해에 목적을 두고 있다. 지속가능발전교육은 1970년대에 특히 주목을 받아 지금까지 이루어지고 있는데, 당시에는 주로 환경 문제에 대한 관심을 두었다. 환경 문제에 대한 관심은 1990년대 이후 지속가능발전교육으로 확장되어 삶의 질을 향상시키고 보다 지속가능하고 정의로운 미래를 향한 변화를 이끌어내는 교육으로 실시되고 있다. 국제교육은 21세기에 해외에서 유입하는 이주민과 유학생 수가 증가하면서 이를 준비하고 대처하는 교육의 필요성에 의해 유학생을 관리하고 해외 자매학교 간 교류를 관리하는 데 목적을 두고 있다. 이러한 교육 영역들은 국제화교육이라는 이름 하에서 '글로벌 사회에 준비된 학생, 국제교류를 준비한 학교Globally Ready Students and Internationally Minded Schools'라는 비전을 가지고 교육되고 있다.

5) 뉴질랜드에서의 국제이해교육

뉴질랜드에서 국제이해교육은 주로 다른 문화알기에 주력하고 있다. 국제적 역량 개발을 위해서 가장 관심을 두어야 할 영역은 문화에 대한 호기심을 갖게 하는 것이라고 생각한다. 특히, 뉴질랜드 내 중국인과 인도네시아인을 중심으로 하는 아시아인의 수가 급증함에 따라 뉴질랜드 교육과정 안에서 아시아인 되어보기, 아시아 문화알기, 아시아 경제알기 등 아시아 관련 자료를 개발해 학교에 보급하거나 학교와 연계해 교육하고 있다. 그럼에도 불구하고 러셀 비숍Russell Bishop 교수는 학교, 지역사회 등에서 더 적극적인 연계성을 지닌 교육과 비차별적인 교육이 필요하다고 말했다. 즉 학교 교육과정에서 다양성을 포함하고 있는 것으로 보이지만 소수자의 관점은 포함되어 있지 않으며, 세계 문제를 지역 문제로 연계시키려는 노력은 거의 없는 것으로 보인다고 지적했다. 린모어Lynmore 초등학교 교장은 현재 뉴질랜드 교육체계는 학교 교사의 연수를 교육부가 책임지지 않고 학교 차원에서 교사 간 교류와 워크숍 등을 통해 국제이해교육에 관한 연수 문제를 해결하도록 한다. 따라서 학교 교장의 마인드와 역량에 따라 학교에서 교육의 실천 효과는 다양하게 나타날 수 있다.

6) 아태 지역 국제이해교육의 동향 논의

아태 지역에서 이루어지고 있는 국제이해교육은 유네스코 이념에 준거한 평화, 인권, 상호이해, 협력의 가치를 함양하는 교육을 교사연수, 관련 자료 개발 및 공유, 학생 및 교사 교류 등을 통해 실시하고 있다. 하지만 1970년대 이후 세계화의 심화와 탈식민지적 상황에서 겪게 되는 국가적 상황 등에 따라서 국제이해교육은 다양한 교육적 양상을 보이고 있는 것도 사실이다. 일본의 경우, 다문화 공생, 지속가능 발전교육 중심의 교육, 그리고 문부성 주도의 국제화 교육의 성격이 강하게 드러나고 있으며, 중국의 경우도 2010년 교육과정 개정 과정에서 세계시민교육의 추진을 제시하고 있지만 세계시민성 함양에서는 미흡함을 드러내고 있다. 한편 오스트레일리아와 뉴질랜드에서는 국내 다인종, 다문화 사회화에 따른 상호문화이해교육, 국제교육에 주력하면서 국제화교육을 실시하고 있는 상황이다. 한국은 국제이해교육을 세계시민교육으로 대체해 교육부가 주도적으로 실시하고 있다. 아태 지역에서 국제이해교육은 유네스코 이념에 준거한 국가 간 상호 이해와 협력을 토대로 평화체제를 구축한다는 본래 목적보다는 세계화에 대응하는 교육으로 전환하고 있는 상황이다.

4. 아프리카 지역

아프리카 대륙은 다양한 언어, 인종, 문화, 민족, 환경 등으로 구성되어 있다. 과거 제국주의로 인한 오랫동안의 식민지 경험으로 아프리카의 다양성이 파괴되고, 식민국가의 약탈은 빈곤의 악순환을 가져왔다.

아프리카는 식민 제국주의로부터의 독립 이후 독재정부가 들어서면서 인권 탄압, 백색 테러, 인종 청소 등의 폭력이 난무했다. 이후 아프리카는 국가 간의 이해 이전에 국가 내에서의 상호이해가 보다 심각한 난제로 등장했다. 이에 아프리카에서의 국제이해교육도 이런 아프리카의 현주소를 반영하고 있다.

아프리카의 국제이해교육은 주로 사하라 사막 이남 지역을 중심으로 시행되고 있다.Mohammed et al., 2016 특히 남아프리카공화국, 짐바브웨, 우간다, 탄자니아, 케냐 등에서 국제이해교육의 연구와 실천이 이루어지고 있다. 아프리카의 국제이해교육은 식민지 이후Brock-Utne, 1996; Kayira, 2015 그리고 남아프리카공화국의 아파르트헤이트 이후Carl, 1994; Enslin, 2003; Negron, 2007인 1994년부터 주로 시행되고 있다.

아프리카의 국제이해교육은 다양성교육과 개발교육으로 대별할 수 있는데, 최근 세계시민교육이 새롭게 부상하고 있다. 특히 아프리카의 다양성교육은 아프리카 고유의 자연적, 문화적 특성을 존중하고자 하는 데서 출발하고 있으며, 문화다양성, 인종, 민족, 생활양식, 다문화교육을 지향하고 있다. 아프리카가 오랜 시간 동안에 유럽의 식민지를 겪으면서 아프리카 문화는 존중받지 못했다. 그 결과 식민 지배국가 중심의 교육이 주로 식자층에서 이루어졌고, 자연스럽게 아프리카의 전통과 관습은 상실되었다.Ndura, 2006 또한 아프리카의 다양성교육은 아프리카에서 식민지배 이후 나타난 갈등과 폭력의 치유를 목적으로 실시되고 있다. 그래서 다양성교육은 평화교육, 인권교육과 밀접한 관련이 있다. 특히 아프리카 공동체주의의 핵심인 우분투ubuntu 정신은 사회적 신뢰와 사회 통합을 이루는 데 토대가 되고 있다.Murithi, 2009

다음으로 아프리카의 개발교육은 저개발국가가 대부분인 아프리카를 저개발로부터 벗어나기 위한 교육이다. 개발교육이 다른 대륙에서 지속가능발전교육으로 발전하면서, 아프리카에서의 개발교육도 자연스럽게 지속가능발전교육으로 나아갔다.McDuff, 2000 아프리카의 개발교육은 인간의 환경과의 상호의존성, 그리고 더불어 사는 삶의 지향 등을 강조하면서, 환경정의와 사회정의를 동시에 추구하고 있다.

1) 남아프리카 공화국

아프리카의 국제이해교육은 남아프리카공화국에서 가장 활발하게 이루어지고 있다. 국제이해교육 전문가인 남아프리카공화국의 콰줄루 나탈Kwazulu-Natal 대학교의 번 존Vaughn John 교수를 2016년 6월 8일에 방문해 면담조사를 실시했다. 번 존 교수는 남아프리카공화국의 평화교육 전문가로서 유네스코 본부 및 아프리카 지부에서 매우 활발하게 활동하고 있다. 번 존 교수는 국제이해교육 용어에 대해서 잘 알지 못하고 있었으며 유네스코에서 사용하는 용어 정도로 알고 있었다.

남아프리카공화국에서 국제이해교육은 학교 교육과정에서 교과 간 연계로 운영되고 있다. 국제이해교육을 상호문화이해교육, 인내와 관용교육, 평화교육 등을 강조하는 교육으로 보고 있었으며, 남아프리카공화국에서는 국제이해교육보다 세계시민교육을 더 친숙한 용어로 인식하고 있는 실정이었다. 남아프리카공화국에서는 국제이해교육의 개념을 정확하고 강력하게 정의하기는 어렵다. 다만 이는 1900년 초부터 시작된 남부아프리카의 독립정신과 맥을 함께하면서, 인권, 존중, 상호의존 등의 정신과 일맥상통하고 있다. 특히 국제이해교육에서 우분투는 국제적으로 상호의존, 다른 문화에 대한 존중, 정의, 평등, 인권을 중요시하고 있다. 아프리카에서는 다양성교육과 평화교육을 연계함으로써 더불어 사는 민주사회를 지향하고 있다.

남아프리카공화국의 초·중·고교 교육과정에서는 국제이해교육만을 독립적으로 다루는 교육과정은 따로 없었다. 국제이해교육의 내용을 주로 다루고 있는 교과목은 초등에서는 사회, 중등에서는 지리, 역사 등의 과목이다. 남아프리카공화국의 교육과정은 다양성교육, 개발교육, 정의교육 등을 제시했고, 세계시민으로서 세계 문제의 해결 능력을 신장하는 국제이해교육을 실행하고 있다. 하지만 남아프리카공화국은 개발도상국이자 빈부의 차이가 큰 나라여서 불평등이 심한 국가이다. 그래서 현재 남아프리카공화국은 아직 국제이해에 대해서 높은 인식을 가지고 있지 않았고, 학생들의 문해력이 낮아서 제도교육에서 국제이해교육을 많이 그리고 자주 시행하는 데 어려움이 있다.

2) 우간다[1]

우간다도 국제이해교육을 독립적으로 가르치는 과목은 없다. 하지만 우간다의 국가 교육과정에서 교육 목표로 제시하고 있는 '세계의 이해와 기후변화, 투표자 교육, 동물 복지, 경제, 국제 테러리즘, 전염병, 정치, 과학, 종교, 국가와 타자 간의 갈등과 같은 시사 문제를 이해하도록 한다.'에서 국제이해교육의 관련 내용을 찾아볼 수 있다. 세계의 이해, 경제, 국제 테러리즘, 전염병, 정치, 종교, 국가와 타자 간의 갈등의 키워드로 볼 때, 세계의 이해는 국가 간의 이해를, 경제, 전염병

---

1. http://www.ncdc.go.ug/curriculum/transition-curriculum

은 개발교육을, 종교는 다양성교육을, 정치, 국제 테러리즘, 국가와 타자 간의 갈등은 평화교육을 지향하고 있다.

우간다에서 국제이해교육 관련 내용을 담고 있는 과목은 초등학교에서는 사회과, 중등학교에서는 지리, 역사 과목이 대표적이다. 이중 초등학교 사회과의 교과 목표로는 '더불어 사는 삶living together'를 강조하고 있다. 사회과 교육과정은 마을에서 세계에 이르기까지 동심원적 환경확대법을 적용하고 있으며, 6학년과 7학년에서 '동부 아프리카'와 '동부 아프리카 지역사회'를 다루고 있다. 사회과 목표 중 '학습자가 살아가는 세계를 구성하고 있는 사회적 및 자연적 환경 인자를 이해한다. 학생들의 국가와 지역의 풍부한 문화적 및 자연적 유산에 대한 인식을 기르고 육성한다.'에서 국제이해교육이 다루는 다양성교육의 내용을 볼 수 있다.

3) 아프리카 국제이해교육의 동향 논의

아프리카 지역의 국제이해교육은 다양한 인종, 민족, 문화 등의 요소를 바탕으로 한 다양성교육, 그리고 저개발 국가들이 많기 때문에 개발교육에 대한 관심에 집중하고 있다. 그리고 다양성과 개발교육을 위해 평화와 인권교육에도 큰 관심을 보이고 있다. 이는 아프리카 지역에서의 자국 내의 평화와 인권 문제의 심각성을 반증하고 있다. 높은 빈곤율과 불평등, 그리고 문맹률로 인해 사회정의에 관한 교육에도 관심을 보이고 있다. 더 나아가 아프리카는 자연과의 조화를 위한 지속가능발전교육도 중시하고 있다. 이것은 환경정의와 연계시켜서 발전하고 있다. 그러나 아프리카의 국제이해교육은 주로 세계시민교육으로 동치되어 사용되고 있는 실정이다. 아프리카 국가들은 자국 내의 평화, 인권, 저개발, 빈곤, 문맹 등으로 인해 국가 내의 교육에 더 치중하고 있다. 그래서 타국가나 타문화에의 이해는 발전 진행 중이라고 볼 수 있다. 또한 아프리카 지역에서는 세계시민성보다는 아프리카에 거주하는 다양한 인종 및 민족 사이에 존재하는 아프리칸 시민성교육에 치중하고 있다고 하겠다.

5. 소결

이상에서 살펴본 세계 지역별 국제이해교육의 비교 결과를 크게 국제이해교육의 개념 및 정의, 학교교육과 평생교육에서의 국제이해교육 현황, 21세기 국제이해교육의 지향점을 중심으로 고찰해 보면 다음과 같다.

첫째, 지역별 국제이해교육 동향을 종합해 보면, 국제이해교육과 관련해 글로벌교육, 세계시민교육, 평화교육, 인권교육, 다양성교육(다문화교육, 상호문화이해교육), 지속가능발전교육 등 다양한 용어들을 혼용해 사용하고 있다. 그러나 다양한 용어의 사용에도 불구하고 네 지역의 국제이해교육에서는 유네스코가 강조하는 인권, 평화, 평등과 사회정의 및 상호이해를 공통적으로 다루고 있음을 발견할 수 있다.

또한 국제이해교육과 관련해 다양한 용어가 사용되는 것은 지리적, 역사적, 사회적 환경에 따라 지역별로 강조하는 점이 조금씩 다르기 때문이다. 유럽에서는 전통적으로 유럽 국가들 간의 협력과 상호이해를 강조해 왔다. 자국중심적인 국가도 있지만, 최근 국제이해교육정신을 근간으로 한 유럽시민의식을 강조하고 있다. 또한 국가시민성과 유럽시민성이 중첩된 세계시민교육도 함께 강조하고 있다.

반면 북미 지역은 전통적으로 다양한 이민자 유입과 원주민의 영향으로 국내의 다문화주의, 인권교육에 관심이 높고, 또한 타문화의 이해도 강조해 왔다. 최근 북미 지역에서는 글로벌교육과 세계시민교육 용어를 주로 사용하고 있으며, 특히 공정성 및 사회적 정의를 중요하게 다루고 있다. 하지만 최근 정치, 경제적으로 국가주의로 회귀하면서 교육에서도 동화주의 및 국가경쟁력 강화를 요구하고 있는 실정이다.

한편 아태 지역에서는 전통적으로 유네스코를 통해 국제이해교육을 시작했는데, 1990년대 들어 아태 지역의 국제이해교육은 아태 지역 내 국가 간 문제를 글로벌 관점에서 접근하는 데 초점을 맞추고 있다. 최근 아태 지역에서는 지역적 다양성과 국가적 상황에 따라 다양한 국제이해교육을 실시하고 있다. 또한 세계화에 대응하는 국제화교육을 강조하고 있으며, 세계시민교육도 함께 추진하고 있다. 특히 일본과 중국에서 세계시민교육은 국가정체성 및 국가의 전통적인 측면을 많이 강조하고 있는 것으로 나타났다.

아프리카 지역은 전통적으로 식민제국주의의 영향으로 자국 내의 평화, 인권, 빈곤 등의 문제에 많이 치중하고 있다. 또한 제국주의의 영향으로 서구문화로의 동화가 지속적으로 진행되어 왔다. 최근에는 평화, 인권교육과 밀접한 관련이 있는 다양성교육 및 개발교육과 세계시민교육에 관심을 보이고 있는 것으로 나타나고 있지만 그에 대한 인식도는 낮은 편이다.

둘째, 최근 국제이해교육의 실천은 학교교육뿐 아니라 사회교육, 평생교육 등을 통해 다차원적으로 진행되고 있었다. 학교 현장에서 진행되고 있는 국제이해교육은 주로 사회, 지리, 역사 과목 안에서 융합적으로 다루어지고 있으며, 주제는 타문화 이해, 다양성 이해, 불평등, 평화, 인권, 그리고 최근에는 세계시민성 등 지역별 현안에 따라 강조하는 점이 다르게 나타나고 있다. 또한 학교에서는 세계화의 심화에 대한 대응교육으로 세계화 교육, 경제적 경쟁력을 강화하는 교육도 함께 실시하고 있는 상황이다. 한편 교과 영역 외에 특별 활동이나 방과후 수업을 통한 국제이해교육은 세계 문제를 지역사회와 연계한 활동을 중심으로 진행되고 있다.

또한 국제이해교육에 대한 시민단체나 국제기구의 협력도 비교적 활발한 것으로 나타나고 있는데, 영국의 경우는 옥스팜이라는 강력한 시민단체가 영국의 세계시민교육을 위한 관련 자료나 책자를 개발해 각급 학교에 보급하는 등 활발한 교육 활동을 펼치고 있다. 캐나다의 경우도 시민사회가 국제이해교육을 위해 영향력 있는 활동을 전개하고 있으며, 아태 지역의 경우에는 유네스코의 영향이 매우 큰 것으로 나타났다. 이같이 국제이해교육의 활성화를 위해 학교뿐 아니라 시민사회나 국제기구의 역할이 증대되고 있으며 그 중요성도 점차 높게 인식되고 있다. 한편 시민단체를 중심으로 한 국제이해교육은 세계 문제의 해결 및 세계시민교육에 초점을 맞추어 진행되고 있다.

마지막으로, 시민성과 시민성교육이 매우 중요하게 다루어지고 있었으며, 특히 최근 국가주권의 인정과 함께 교육의 지역화, 세계화가 추구되면서 중층적 다중정체성을 인정하는 세계시민성이 특히 중요하게 다루어지고 있었다. 국가주권주의를 존중하면서 지역별로 역사적, 지리적 조건에 맞춘 세계시민성이 21세기 국제이해교육의 지향점으로 부각되고 있다. 유럽에서는 국가시민, 유럽시민, 세계시민의 조화와 균형을 주요하게 취급하고 있으며, 영국의 경우 'Global & Local Citizenship' 교과를 운영하고 있다. 유럽의 국제이해교육은 유럽 내의 국가 간 유럽시민성 강화에 초점이 맞추어져 유럽 권역 내에서 더불어 살기 위한 학습을 중요하게 여기고 있다. 북미 지역에서는 학교교육, 특히 국가정체성을 중요하게 다루던 시민성교육에서 최근에는 세계시민성도 주요한 주제로 다루고 있으며 지역, 국가, 세계를 함께 아우르는 다중시민성 교육을 위해 고심하고 있다. 아태 지역에서는 1990년대 이후 아태 지역 내의 국가 간 평화유지를 바탕으로 한 세계시민교육이 주요한 교육적 화두로 다루어지고 있다. 아프리카 지역은 세계시민성에 대한 관심이 낮았으며, 아프리카 지역 거주민 사이에 존재하는 아프리칸 시민성교육이 중요한 과제로 여겨지고 있다.

한편, 학교 현장에서는 동화주의적 관점이 여전히 강조되고 있으며, 세계시장에서의 경쟁력 강화를 위한 국가경쟁력 강화에 초점이 맞추어 국제화교육 또는 글로벌 인재교육이 세계 여러 나라에서 진행되고 있는 것으로 나타났다. 그러나 최근 이러한 국가주의적 국제이해교육을 비판하는 사조가 일어나고 있으며, 이를 반영한 비판적 국제이해교육은 21세기 국제이해교육의 새로운 방향으로 사회적 정의와 공정성, 평화적 공존, 세계 문제에 대한 책임감, 탈식민주의적 사고 등을 강조하고 있다.

종합적으로 볼 때, 국제이해교육에서 공통적으로 나타나는 하나의 특징은 세계화에 대응하는 접근법에 있어 경제적 경쟁력을 강화하는 국가주의의 강화와 함께, 세계 공통의 문제를 해결하고자 하는 세계시민성의 함양이 공존하고 있다는 점이다. 이러한 국제이해교육의 세계적 동향은 국가적 관점과 세계적 관점이 함께 존재하는 이중적 구조로 이해될 수도 있지만, 국제이해교육이 추구하는 목표가 지역에 기반을 둔 세계적 접근법의 채택이라는 측면에서 볼 때 전반적으로 유네스코의 국제이해교육 정신과 철학이 근간이 되어 국제이해교육이 실시되고 있다는 점을 발견할 수 있다.

또한 21세기 벽두에 전 세계적으로 사회적, 경제적 불평등에 대한 항의가 시작되면서 세계적으로 이슈화되고 있는 불평등에 대한 비판과 함께 글로벌 정의 실천이 국제이해교육의 주요 화두가 되고 있다. 빈곤, 성차별, 도시와 농촌의 격차, 인종 문제 등은 그동안 중심부에서 소외되었던 계층에 대한 관심과 소외 계층의 목소리를 함께 다루어야 해결할 수 있는 문제들이다. 이러한 세계적 불균형을 해결하기 위해서는 시민의 자발적 참여와 책무성이 강조될 필요가 있으며, 21세기 국제이해교육은 이를 위해 시민사회의 능동적인 역할과 평생교육으로서 국제이해교육의 중요성을 강조하기 시작했다는 것을 국제 비교연구를 통해 알 수 있었다.

한편 21세기는 세계적 불평등의 문제뿐 아니라 기후변화, 기아, 질병 등의 세계적 문제가 국내 문제와 상호 유기적으로 관계를 갖고 있으며, 세계 각국이 이러한 문제를 국경과 이념을 초월해 함께 해결해야 할 문제라고 인식하고 있음을 알 수 있다. 세계 문제는 각 지역사회 보통 사람들의 일상생활에도 커다란 영향을 미칠 수 있다는 것을 인식하게 되면서 세계 각국은 국제이해교육의 관련 주제를 지역사회와 연계시키는 노력을 하고 있다. 이러한 맥락에서 세계 문제의 근본적인 해결을 위해서는 세계 문제를 지역사회 문제와 연결해 해결하는 글로컬리즘glocalism을 21세기 국제이해교육의 새로운 접근법으로 제시할 수 있다.

세계 네 개 지역의 비교연구를 통해 밝혀진 국제이해교육의 특징은 21세기 국제이해교육이 국가주의와 세계시민성의 공존, 지역성과 세계성의 조화를 강조하는 국제이해교육, 그리고 지역의 다양한 계층의 목소리와 참여가 함께하는 국제이해교육으로 지향할 필요가 있음을 보여주고 있다. 이제는 한국의 문제가 우리의 문제이자 세계 여러 곳에 영향을 미칠 수도 있는 세계 문제의 하나로 인식되고, 세계적 문제가 한국인의 일상생활에 커다란 영향을 미칠 수도 있음을 국제이해교육을 통해 교육할 필요가 있다. 또한 한국인으로서의 국제관계에 대한 이해와 함께 세계시민으로서 세계 문제에 대처하는 교육도 함께 이루어질 수 있어야 한다. 한편 세계화의 영향이 일상생활에 파급되고 있는 상황에서 국제이해교육의 역사가 오래된 지역에서는 시민사회에서도 국제이해교육의 중요성이 강조되고 있다. 이에 따라 향후 한국에서도 성인 학습자를 대상으로 한 사회교육 및 평생교육에서도 국제이해교육을 활성화할 필요가 있다.

제4장

한국 국제이해교육의 실제

우리나라에서는 유네스코 한국위원회의 창설 이후 국제이해교육을 핵심 사업으로 추진해 왔으며 특히 2015 개정 교육과정 이전까지는 국제이해교육이 국가 교육과정에서 범교과 학습 주제로 자리를 차지했었다. 2009 개정 교육과정에서는 '범교과 학습 주제는 관련되는 교과와 창의적 체험 활동 등 교육 활동 전반에 걸쳐 통합적으로 다루어지도록 하고 지역사회 및 가정과의 연계 지도에도 힘쓴다.'^{교육부, 2009}라고 제시하면서, 국제이해교육을 '환경교육, 지속가능발전교육, 인권교육, 다문화교육' 등과 함께 범교과 학습 주제로 제시했다. 이렇듯 국제이해교육은 국가 교육과정에서 학교 급별에 따라 개별 교과나 창의적 체험 활동을 통해 다양하게 전개되었다. 그리고 이 과정에서 학교 밖의 시민단체나 평생교육기관과의 협력도 이루어졌다.

본 장에서는 학교와 학교 밖 기관에서의 국제이해교육 담당자를 중심으로 국제이해교육의 실태를 살펴보고자 한다. 이 실태조사는 총 17기관(학교 12개, 시민단체 5개)을 대상으로 실시했다. 학교 급별로 보면, 누리과정 2개교, 초등학교 4개교, 중학교 3개교, 고등학교 2개교, 특수학교 1개교이다.[표 1] 조사대상 학교는 유네스코 협동학교와 일반학교를 포함하고 있는데, 이 중에서 유네스코 협동학교는 4개교이다. 설문 대상인 담당교사의 교직 경력은 4년에서부터 28년까지, 그리고 국제이해교육 경력은 1년에서 20년까지 다양했다.

[표 1] 조사대상 학교

사례	이름	학교	지역	교직 경력	국제이해교육 관련 경력	유네스코 협동학교 여부
1	김○○	누리과정	경상권	22년	6년	
2	박○○	누리과정	수도권	20년	20년	
3	석○○	초등학교	경상권	6년	1년	0
4	김○○	초등학교	호남권	4년	4년	
5	조○○	초등학교	호남권	5년	2년	
6	남○○	초등학교	호남권	15년	3년	0
7	유○○	중학교	호남권	28년	3년	
8	최○○	중학교	호남권	25년	5년	
9	조○○	중학교	호남권	26년	12년	0
10	이○○	고등학교	호남권	7년	2년	0
11	조○○	고등학교	호남권	25년	3년	
12	김○○	특수학교	경상권	20년	1년	

다음으로 학교 밖에서 5개 단체(기관)의 담당자를 대상으로 조사했다.표2 국제이해교육과의 관련성을 중심으로 보면, 5개 기관은 지속가능발전교육, 환경교육, 평화교육, 개발교육, 세계시민교육을 다루고 있다. 시민단체 선정에서는 국제이해교육 관련 주제 영역들이 고루 포함될 수 있게 고려했다. 면담은 2017년 8월 25일부터 2017년 9월 27일까지 실시했다.

설문대상자는 각 학교와 학교 밖 단체(기관)의 국제이해교육 담당

[표 2] 조사 대상 단체(기관)

사례	기관명	지역	설립연도	관련주제
A	지속○○	경상권	2005	지속가능발전교육
B	환경○○	호남권	1993	환경교육
C	국제○○	수도권	2010	개발교육
D	평화○○	수도권	2001	평화교육
E	평생○○	수도권	2014	세계시민교육

자나 관련자를 대상으로 국제이해교육의 실태에 대한 조사를 실시했다.[표 3] 구체적인 실태조사 문항은 14개이고, 이는 국제이해교육 실시 여부 및 사용 용어, 국제이해교육 관련 교육 과정 및 프로그램, 주요 내용, 가장 좋은 프로그램, 교수학습 방법, 프로그램의 운영자, 프로그램 담당자의 연수 여부 및 교육 역량 개발, 프로그램 기획 및 운영의 어려운 점 및 해결 방안, 1974년 유네스코 「국제이해교육 권고」의 인지 여부, 국제이해교육의 목표 및 원칙, 국제이해교육의 운영 방식, 학생들의 관심 및 참여 정도, 국제이해교육 활성화 방안, 그리고 21세기에 필요한 국제이해교육의 내용이다.

[표 3] 면담자별 면담 대상 학교

면담자	면담 대상 학교
1	초등학교 1개교, 중학교 2개교, 고등학교 1개교, 시민단체 1기관
2	누리과정 1개교, 초등학교 1개교, 특수학교 1개교, 시민단체 1기관
3	누리과정 1개교, 시민단체 3기관
4	초등학교 2개교, 중학교 1개교, 고등학교 1개교

1. 학교에서의 국제이해교육

1) 국제이해교육의 사용 용어 및 관련 교육과정

학교에서 국제이해교육의 실시 여부, 사용 용어 및 관련 교육과정을 살펴보면[표 4], 누리과정에 따라 유치원은 '2014년부터 유치원의 특색교육으로 지속가능발전교육을 실시하기 시작해 현재는 녹색성장 교육이라는 명칭을 사용하고 있다. 그리고 다문화교육은 현재 누리과정 생활 주제와 연계해 실시하는 정도이고, 지속가능발전교육만큼 집중 교육이 실시되고 있지는 않다.'는 것으로 나타났다. 그리고 어린이집은 특별 활동으로 상급 원아들을 대상으로 주 1회 실시했고, 인성교육 일환으로 진행되는 다문화교육은 전체 어린이를 대상으로 실시하고 있었다. 국제이해교육과 관련된 용어는 다문화교육, 지속가능발전교육을

[표 4] 국제이해교육의 사용 용어 및 관련 교육과정

학교급	사용 용어	관련 교육과정
누리과정	다문화교육(상호문화이해교육 포함), 지속가능발전교육(녹색성장교육 포함), 평화교육, 세계친구	• 누리과정 생활 주제 • 특별 활동 과정 • 평화교육과 상호문화이해교육 • 인성교육
초등학교	지속가능발전교육, 다문화교육, 세계시민교육	• 사회, 과학, 국어, 실과 그리고 융합교과 수업 시간 • 저학년: 통합교과, 고학년: 도덕 • 창의적 체험 활동 시간 활용 • 계기교육 차원
중학교	다문화교육, 세계시민교육, 지속가능발전교육	• 동아리 시간 이용(창의적 체험 활동) 및 자율 동아리 시간 • 사회, 역사 교과과정의 수업 시간
고등학교	다문화교육, 세계시민교육	• 다문화 교수학습 자료 개발 • 영어과 수업 • 동아리(유네스코) 활동

많이 사용하고 있으며, 녹색성장 교육이라는 용어를 지속가능발전교육과 관련시켜 사용하고 있는 것이 특기할 만하다.

초등학교에서는 '국제이해교육이 주로 교육과정상에 명기된 국제이해교육, 다문화교육, 최근에는 환경교육을 실시한다고 할 수 있으나 관련 수업이나 활동이 활발하게 진행되고 있지 않고', '학교에서 정해진 국제이해교육의 교육과정은 없다'고 답했다. 초등학교에서 국제이해교육은 사회과에서 주로 실시되고 있으며, 과학, 국어, 실과, 통합교과, 도덕 시간에도 국제이해교육과 관련된 주제가 있을 때 부정기적으로 실시하고 있었다. 그리고 한 학교에서는 창의적 체험 활동 혹은 계기교육 시간을 활용해 실시했다. 국제이해교육의 관련 용어로는 다문화교육, 지속가능발전교육을 주로 사용했다.

중학교에서는 학교 교육과정에서 국제이해교육을 위한 교육과정은 존재하지 않고, 교과 시간을 이용해 실시했다. 최근에는 세계시민교육 선도교사제 운영 및 학교에서 세계시민교육 실시 권장의 영향으로 관심 있는 교사들을 중심으로 교과 시간 또는 창의적 체험 활동의 동아리 시간을 활용해 세계시민교육을 실시했다. 관련 용어로는 다문화교육, 세계시민교육을 주로 사용하고 지속가능발전교육도 사용했다.

고등학교에서는 '학교에서 특별히 국제이해교육을 따로 하는 것은 없고', '학교 차원에서는 국제이해교육이 이루어지고 있지 않지만, 동아리 내에서 유네스코에서 지원하는 레인보우 프로젝트 사업에 선정이 되어 세계에서 온 여러 외국인들을 인터뷰하고 있다'고 했다. 그리고 다문화교육과 연계해 일부 교사들이 지리, 사회, 영어 교과 시간을 활용해 관련 수업을 진행했다. 이러한 교육 활동은 관심 있는 교사의 의지가 많이 작용했다. 교육과정 활동에는 지리, 영어, 동아리 활동이 있고, 용어로는 다문화교육과 세계시민교육을 사용했다.

이처럼 국제이해교육은 학교교육에서 고유 교과목이나 이름을 사용해 실시하지 않고 있다. 국제이해교육은 주로 국제이해교육에 의지를 가진 교사 및 관리자가 해당 교과수업과 동아리 활동을 중심으로 실시하고 있으며, 교과로는 사회과에서 가장 많이 실시했다. 일부는 과학, 국어, 영어, 실과 등의 교과에서도 실시했다. 여기서 볼 때, 국제이해교육은 누리과정의 생활 주제, 초등학교의 사회 혹은 통합교과, 중학교의 사회, 역사, 그리고 고등학교의 지리, 영어과에 이르기까지 학교 급별에 따라서 다양하게 실시되었다. 동아리 활동으로는 창의적 체험 활동의 일부로서, 그리고 학생 자율 동아리가 있었다. 누리과정은 특별 교육과정을, 초등학교와 중학교는 창의적 체험 활동을, 그리고 고등학교는 학생 동아리 활동을 중심으로 국제이해교육을 실시했다.

국제이해교육과 관련된 용어로는 다문화교육, 지속발전가능교육, 세계시민교육, 평화교육 등이 있으며, 다문화교육과 세계시민교육은 모든 학교급에서 사용하고 있었다. 이런 점으로 볼 때, 학교에서는 국제이해교육의 정체성을 다문화와 세계시민교육에 두고 있음을 알 수 있다. 국제이해교육은 누리과정에서 고등학교로 가면서 국제이해교육의 용어 사용이 감소하면서도 다문화교육과 세계시민교육으로 압축되어 가는 것을 볼 수 있다.

2) 국제이해교육 관련 프로그램

다음에서는 국제이해교육을 실시하는 데 세부 교육 프로그램의 내용과 그 장점을 살펴보았다.[표 5] 먼저, 국제이해교육의 세부 프로그램 내용을 살펴보면, 누리과정의 주요 교육 프로그램으로는 생활 주제와

[표 5] 국제이해교육의 세부 교육 내용과 프로그램의 장점

학교급	주요 교육프로그램	프로그램의 장점
누리과정	• 자원 및 에너지 절약, 기후변화, 살기 좋은 동네 만들기 등 환경교육에 초점이 맞추어져 있고, 누리과정 생활 주제와 연결해 진행하고 있음. • 우리나라 놀이를 보편 가치에 연동시킴.	• 실생활에서 유아들의 즉각적인 행동의 변화가 발견되는 점 • 아이들의 신체놀이를 통해 우리나라 놀이가 지향하고 공동체성과 분노 조절과 어울림을 학습해 아이들의 관계가 상당히 개선됨.
초등학교	• 인권 문제를 많이 다룸. 특히 엠네스티 관련 주제를 활동과 연결해 다룸. • 수업시간에 사회과에서 문화상대주의 개념을 다루고 있음. • 담임교사의 재량에 따라 달라짐. 다문화가 주를 이룸.	• 좋은 점은 잘 모르겠음. • 문화 간 이해 증진 • 지속가능발전교육 주제의 수업으로 환경 외에 경제, 사회 부분의 지속가능발전 영역이 있음을 알고, 미래에의 대비 교육에 필요함을 알게 됨. • 교사에게는 새로운 교육에 대한 흥미 유발 효과, 학생들에게는 향후 사회에서 자신의 진로 및 꿈과 연계해 볼 수 있음.
중학교	• 한일 공동 평화 수업 • 다문화사회에 대한 이해, 세계 속에서 우리나라의 활동 등	• 문화 간 이해 • 다문화가정에 대한 이해와 인종적 편견을 극복할 수 있음. • 세계시민에 대한 학생들의 인식 제고에 효과 있음. 교과서의 내용적 한계, 어휘의 부적절성 등을 보완할 수 있고 흥미 유발의 효과 있음. • 세계시민성 함양 가능성
고등학교	• 레인보우 프로젝트 사업 일환으로 세계에서 온 여러 외국인들의 인터뷰 활동. 세계이해교육 활동 중심	• 고등학교에서 다문화교육의 필요성은 인식하나 현실적으로 학교에서 구현은 어려움. • 학생들의 세계시민의식 증진
특수학교	• 분리수거 활동, 수돗물 절약 등 일상생활에서 실천하는 교육	• 장애인 직업이 다양하지 않은데 실생활에서 분리수거 등의 생활과 밀접한 교육은 장애인 취업과 연계되어서 좋음.

연계시킨 '자원 및 에너지 절약, 기후 변화, 살기 좋은 동네 만들기 등'이 있다. 주로 환경교육에 중점을 두어 국제이해교육을 실시했다. 초등학교의 사례로는 '인권 문제를, 특히 엠네스티 관련 주제를 다룬 활

동', '학교 텃밭 가꾸기 활동을 중심으로 지속가능발전교육' 등이 있다. 중학교에서는 '한일 공동 평화수업 프로그램'과 '다문화사회에 대한 이해, 세계 속에서 우리나라의 활동' 등이 있다. 고등학교의 사례로는 '레인보우 프로젝트 사업에 선정이 되어 세계에서 온 여러 외국인들을 인터뷰하는 활동', '다문화교육을 위한 교과수업' 등이 있다. 그리고 특수학교에서는 '2017년 녹색성장 교육 내에서 분리수거 활동, 수돗물 절약 등 일상생활에서 실천하는 교육'을 실시했다.

누리과정과 특수학교에서는 학교 교육과정에 맞추어 국제이해교육 관련 프로그램이나 활동을 실시했다. 초등학교와 중학교에서는 국제이해교육이 학교 교과수업의 일부로서 '수업시간에 사회과에서 문화상대주의 개념', '다문화 사회에 대한 이해', '세계 속에서 우리나라의 활동' 등과 같이 인지적 활동을 중심으로 이루어졌다. 그리고 누리과정과 특수학교는 생활 활동 중심으로, 초등학교와 중학교는 인지적 활동을 중심으로 국제이해교육을 실시했다. 반면, 초등학교의 '엠네스티 관련 인권 주제 활동', '텃밭 가꾸기 활동을 통한 지속가능발전교육 관련 활동', 중학교의 '한일 공동 평화수업', 고등학교의 '외국인 인터뷰 활동의 레인보우 프로젝트 사업' 등은 활동 중심의 국제이해교육을 보여 주고 있다. 그리고 학교교육에서 국제이해교육은 교사의 관심과 역량에 따라서 크게 의존했다.

국제이해교육의 세부 교육 프로그램의 장점을 살펴보면, 먼저 누리과정에서는 '실생활에서 유아들의 즉각적인 행동의 변화가 발견되는 점'과 '아이들의 신체놀이를 통해 우리 놀이가 지향하는 공동체성과 분노 조절과 어울림을 학습해 아이들의 관계가 상당히 개선됨'을 장점으로 제시했다. 이는 국제이해교육이 지향하는 학습 목표보다는 인성과 태도의 변화에 초점을 두고 있다는 것을 보여 준다. 초등학교에서의 국제이해교육 장점은 '문화 간 이해 증진', '지속가능발전교육 주제의 수업으로 환경 외에 경제, 사회 부분의 지속가능발전 영역이 있다는 것을 알고, 미래에의 대비 교육에 필요함을 알게 됨'과 '향후 사회와 자신의 진로 및 꿈과 연계해 볼 수 있음'이다. 중학교에서는 '문화간 이해', '다문화가정에 대한 이해와 인종적 편견을 극복할 수 있음', '세계시민에 대한 학생들의 인식 제고 효과 있음'과 '세계시민성 함양 가능성'을 제시했다. 고등학교에서는 '학생들의 세계시민의식 증진'을, 그리고 특수학교에서는 '생활과 밀접한 교육은 장애인 취업과 연계되어서 좋음'을 장점으로 제시했다.

다문화교육, 지속가능발전교육과 세계시민교육과 연계시켜, 국제이해교육 프로그램의 장점을 문화 간 이해, 세계시민의식의 증진, 지속발전의 중요성 인식 등으로 제시했다. 이 장점들은 국제이해교육의 핵심적 내용과 연계되어 있어서 국제이해교육이 지향하는 목표를 성취하는 데 기여하고 있다는 것을 보여 준다. 그러나 '좋은 점에 대해서는 잘 모르겠음'과 '고등학교에서 다문화교육의 필요성은 인식하나 현실적으로 학교에서 구현은 어려움'이라는 대답들은 국제이해교육의 프로그램이 가지는 학교교육에서의 현실을 말해 주고 있다.

국제이해교육의 교수학습 방법은 누리과정에서는 협동과 참여 학습을 중심으로 학습의 최종적인 결과인 행동과 태도가 변화하도록 안내하는 학습과 참여적 놀이 학습을, 초등학교에서는 주제 학습 방법, 실천 수업, 모둠 수업, 현장체험 학습, 동영상 활용 수업, 과제해결 학습을, 중학교에서는 자원인사, 협동 학습, 역할극, 토론 학습을, 고등학교에서는 학생 참여 학습, 영상 활용 수업을, 그리고 특수학교에서는

[표 6] 국제이해교육의 교수학습 방법

학교급	교수학습 방법
누리과정	• 협동과 참여 학습을 중심으로 행동과 태도가 변화하도록 안내함. • 참여적 놀이 활동, 강강술래를 통한 다양한 변형 놀이
초등학교	• 주로 학생들이 본 주제에 관심을 갖도록 하는 방법을 많이 사용 • 교수법으로는 알고 실천하기가 중요하다는 것을 알고 있으나 수업 시간에 심도 있게 진행하지는 못하고 있음. 다만 엠네스티 관련 인권 수업에서 인권 서약을 읽고 생활에서 실천하기 수업과 연결해 수업함. • 모둠 수업 • 지속가능발전교육은 환경에 초점을 두고 동네 환경을 체험하게 함. 다문화교육은 유튜브, 교육 관련 사이트 동영상을 활용함. • 과제 해결 활동 → 결과 발표 → 성찰하기(나의 변화 찾아보기, 사회화 차원에서 나의 역할 찾기)
중학교	• 국제이해를 위한 명사 특강 및 강연, 학생들이 모둠을 이루어 협동 학습을 함. • 사회 수업 시간에 주로 강의법을 사용함. • 역할극, 쟁점 토론, 탐정 활동을 활용해 국제사회 갈등 풀기, 비폭력 대화기법, 갈등 중재 프로그램을 도입해 활용함.
고등학교	• '공감'을 이끌어내는 교육(작품, 영화 활용) • 지리적 상상력 활용 • 더불어 사는 학습, 학생들의 참여 활동 학습 중심으로 실시함.
특수학교	• 실습과 행동을 통한 교육

실습 및 행동 학습을 중심으로 이루어졌다.[표 6]

국제이해교육의 교수학습 방법은 모든 학교급에서 학생들의 참여학습을 가장 많이 사용했으며, 체험, 역할극, 토론, 문제해결 등과 같이 학생 중심의 수업을 운영했다. 하지만 교과 중심의 국제이해교육은 특강이나 강연, 강의식 수업을 사용했고, 동영상을 이용한 수업도 함께 사용했다.

국제이해교육의 프로그램 담당자를 살펴보면, 누리과정에서의 담당자는 다문화교육과 지속가능발전교육의 담당교사와 비상임 교육활동가, 초등학교에서는 담당교사와 수업교사, 중학교에서는 업무 담당자,

수업교사와 자원교사, 고등학교에서는 수업교사, 자원교사였으며, 특수학교는 담당교사가 특별히 없고 모든 교사가 기존 교육과정에서 조금씩 담당하고 있었다. 유네스코 협동학교의 경우에는 유네스코 담당교사가 맡아서 국제이해교육을 실시한 반면, 대부분 학교에서는 사회, 영어 등의 수업교사가 국제이해교육을 담당했다. 그리고 국제이해교육의 전문가보다는 자원교사, 세계시민교육 및 다문화 담당교사가 자의

[표 7] 국제이해교육의 프로그램 담당자 및 연수

학교급	담당자	연수
누리과정	• 다문화교육과 지속가능발전 교육 담당교사 • 비상임 교육활동가	• 전교직원을 대상으로 1일 연수 프로그램을 운영함. • 외부 연수의 참여 기회는 별로 없고, 주로 교사들의 협의 및 토론을 중심으로 자체 연수를 통해 교육 역량을 습득함. • 원장은 자신의 교육 역량 함양을 위해서 관련 서적을 구입해 읽고 연구함.
초등학교	• 유네스코 학교 담당자 • 수업교사 • 문화예술부 등 담당 업무부서 • 유네스코 학교 담당교사	• 유네스코 학교의 보고회 참석 • 연수가 없음. 다문화 관련 담당자 연수나 학교 자체 연수 • 원격교육으로 연수 과정을 수강함. • 유네스코 학교 담당자가 되면서 유네스코 홈페이지 활용해 교육의 취지 이해, 개인적으로 학습함. 유네스코 워크숍 과정에 참석, 교사 동아리에서 학습함.
중학교	• 유네스코 학교 담당자 • 사회과 교사, 해당교과 담당교사 • 세계시민교육 선도교사 • 실천 의지가 있는 교사	• 관련 연수를 지속적으로 받았으며 꾸준히 배우며 실천함. • 연수는 없었음. 다문화교육 관련 담당자 연수나 학교 자체 연수 • 시민교육 관련 연수를 받음. • 개인적으로 또는 연구회를 통해서 습득함.
고등학교	• 국제교육 관련은 영어과 교사, 실천 의지가 있는 교사 • 유네스코 동아리 지도교사	• 다문화교육 관련 내용을 스스로 학습함. • 스스로 학습해 담당자 연수를 진행함. • 연수를 받지 않음.
특수학교	• 담당교사가 특별히 없고, 모든 교사가 기존 교육과정에서 조금씩 다룸.	• 교사가 필요에 의해 개별적으로 알아서 받음.

적으로 국제이해교육을 실시했다.표 7

　국제이해교육 담당자의 국제이해교육 관련 연수 상황을 살펴보면, 누리과정에서 연수는 외부강사 초빙 연수, 자체 연수, 개인 공부를 중심으로 이루어졌다. 예를 들어, 외부 연수의 참여 기회는 별로 없었고, 주로 교사들의 협의 및 토론을 중심으로 자체 연수를 통해 교육 역량을 습득하고, 원장이 자신의 교육 역량 함양을 위해서 관련 서적을 구입해 읽고 연구했다. 초등학교의 연수는 다문화 담당자 연수, 자체 연수, 원격교육 연수, 개인공부, 유네스코 워크숍 등이 있다. 예를 들어, 유네스코 학교의 경우 유네스코 학교의 담당자가 되면서 유네스코 홈페이지 활용해 교육의 취지를 이해하고, 개인적으로 학습한 후에 유네스코가 주관하는 워크숍 과정에서 학습을 했다.

　중학교 교사는 연수를 지속적으로 받으며 꾸준히 배우며 실천하는 교사와 연수를 받지 않은 교사로 나누어져 있었다. 그리고 다문화 관련 담당자 연수나 학교 자체 연수도 있었다. 고등학교와 특수학교의 교사는 연수를 받은 경험이 없고 개인공부를 통해 역량을 키우고 있었다. 대체로 국제이해교육의 담당자는 관련 연수를 제대로 받지 않고서 교육 프로그램이나 동아리를 담당했다. 개인 공부로 자기 연수를 하는 교사가 많은데, 이는 국제이해교육에 대한 오개념을 낳을 수도 있다. 일부 담당자는 다문화교육 연수, 민주시민교육 연수를 국제이해교육 연수로 대체하고 있어서 국제이해교육을 다문화교육, 민주시민교육 등으로 동치시킬 가능성이 높았다.

　전체적으로 국제이해교육의 프로그램 운영을 하는 데 있어서 어려운 점을 살펴보면, 누리과정은 담당자 연수 및 교육 프로그램 참여의 어려움, 관련 교재나 자료집의 부족, 수업 준비의 부담, 교사들의 인식

[표 8] 국제이해교육 프로그램 운영의 어려운 점

학교급	교수학습 방법
누리과정	• 담당자 연수 및 교육 프로그램 참여가 필요하나 기회를 갖기 어려움. • 교사들은 기존 수업 외에 추가로 수업 준비를 해야 하는 것을 힘들어 하나, 국제이해교육 프로그램의 필요성에는 동의함. 특히 교실에 다문화 가정이 있는 교사들은 적극성을 보임. • 유아대상 지속가능발전교육 교재 및 자료집이 부족함. • 어린이집 원장과 교사들의 인식이 경직되어 있음. 그래서 처음에는 시간 내어 주는 것을 꺼려 했음. 하지만 지금은 교사들도 이 활동이 꼭 필요하다고 인지함.
초등학교	• 유네스코 학교 운영은 연속성이 없고, 과거 기록이 없어서 어렵고, 또한 교사 자신도 열심히 하지 않음. • 교과 수업할 때 진도 등의 문제로 국제이해교육 관련 주제와 관련해 학생들과 충분히 이야기를 나눌 시간이 없어 아쉬움. • 지속가능발전 용어에 대해 낯설었음. 스스로 학습하는 것이 어려움. • 학부모의 이해, 학교장의 지원, 교사의 협조와 지원, 의지가 필요함. 흥미로운 수업을 위한 재료비 확보, 수업 설계 노하우 확보 등이 어려움.
중학교	• 학교 구성원들의 무관심 및 무지, 꾸준히 실천하며 확산의 분위기를 조성하고 자체 연수를 실시함. • 정확한 교육을 받은 적이 없고, 프로그램의 운영에 대한 노하우가 없음. • 업무상 교과 외 수업의 어려움. 정규교육 과정 이외에 교육을 실천할 시간 확보의 어려움. 교사 개인 이외에 본 교육을 위한 지원 기관이 없음.
고등학교	• 다문화교육 관련 도서 확보의 어려움. 관련 연수 기회 및 연수자 확보의 어려움. 교사들의 관련 자료 구득 및 접근의 어려움. 교육 후 학습자들의 내면적 가치화 부분에 대해 회의적임. • 아직 정확한 교육을 받은 적이 없고, 운영에 대한 노하우가 없음.
특수학교	• 특수학생들이어서 눈높이에 맞추어 수업하기가 가장 어렵다. • 일회성의 수업보다는 지속적인 수업이 되어야 하는데 그 점이 어렵다. • 특수학생들의 특성상 동학년 간에는 낯설지 않은 동일한 교수법으로 진행해야 하는 점이 어렵다(팀티칭으로 진행되는 경우도 많은데, 담당교사들의 수업 방법이 같아야 함).

부족을 들었다. 초등학교는 유네스코 협동학교의 운영 기록 부재, 교과 진도의 문제, 용어의 어려움, 학교 지원체계의 부족, 연수 부재 등을 국제이해교육 프로그램 운영의 어려움으로 제시했다.표 8 예를 들어, '교과수업을 할 때는 진도 등의 문제로 국제이해교육 관련 주제와 관련해 학생들과 충분히 이야기를 나눌 시간이 없어 아쉽다'가 그것이

다. 중학교는 학교 구성원의 무관심, 연수 부재, 교과 외 수업에서 시간 부족 등을 어려움으로 제시했다.

'아직 정확한 국제이해교육 지도에 관한 교육을 받은 적이 없고, 운영에 대한 노하우가 없음', '업무상 교과 외 수업의 어려움, 정규교육과정 이외 교육의 실천 시간 확보 어려움, 교사 개인 이외 교육을 위한 연수 및 지도 기관 섭외의 어려움'이 그 대표적인 사례들이다. 고등학교는 연수 기회 부족과 지원체계 부족을, 그리고 특수학교는 수업에서 같은 수업방법 사용의 어려움, 눈높이에 맞는 수업 운영의 어려움을 제시했다. 전반적으로 국제이해교육의 프로그램 운영에 있어서 어려움은 연수 기회 부족, 지원체계나 학교 분위기의 미성숙을 가장 많이 제시했다. 교사변인에서는 국제이해교육에 관한 연수가 부족해 담당교사의 자질이나 역량을 강화하는 데 어려움이 있었고, 학교변인에서는 동료 교사의 무관심, 학교의 지원체계 부족 및 교육 분위기의 미조성 문제가 있었다.

3) 국제이해교육에 대한 인식

국제이해교육의 관련 개념 이해나 사전 지식 및 목표 인지 등에 대해 질문했을 때, 국제이해교육 담당자 대부분이 '1974년 「국제이해교육 권고」를 들어보았으나 내용은 잘 모름', '모름'으로 답했다. 대부분의 국제이해교육 담당자들이 국제이해교육의 기준이 되는 1974년 「국제이해교육 권고」를 모르고 있었다.[표 9]

국제이해교육의 목표 및 원칙에 대한 이해 정도를 살펴보면, 담당자들은 국제이해교육의 목표를 '편견을 버리고 다양성 수용하고 다른 것을 존중하고 더불어 사는 삶', '미래의 세계시민으로서의 자질 육

[표 9] 국제이해교육에 대한 인식 정도

학교급	「국제이해교육 권고」의 인식 여부	국제이해교육의 목표 및 원칙
누리과정	• 「국제이해교육 권고」를 들어 보았으나 세부적인 내용을 알고 있지 않거나 이 권고에 대해서도 들어보지 못했음.	• 편견을 버리고 다양성 수용, 다른 것을 존중하고 더불어 사는 삶, 미래의 세계시민으로서의 역할 인식에 목표를 둠. • 국제이해교육을 위해서는 지역사회의 주제에 한정하지 않고 국제사회와 연결시키는 것이 필요하다고 봄.
초등학교	• 「국제이해교육 권고」에 대해 들어 본 적이 없음.	• 국제이해교육의 목표 및 원칙에 대해 생각해 본 바가 없음.
중학교	• 「국제이해교육 권고」를 들어 보았으나 세부적인 내용을 알고 있지 않거나 권고에 대해서도 들어보지 못했음.	• 세계의 다양한 문화 이해와 인종적 편견을 극복해 글로벌 인성 신장에 목표를 둠. • 평화, 인권, 민주주의 교육을 위한 통합교육의 원칙이 필요하다고 봄.
고등학교	• 「국제이해교육 권고」에 대해 들어 본 적이 없음.	• 세계시민으로서 자질 육성 및 다문화 시민성 함양에 목표를 둠. • 시민성 함양을 위한 방향에서 국제이해교육이 이루어져야 함.
특수학교	• 「국제이해교육 권고」에 대해 들어보았으나 세부적인 내용을 알고 있지 않음.	• 사회적 역량의 함양에 목표를 둠. • 특수학생들의 발달 정도를 고려한 개별교육 및 눈높이교육으로 진행함.

성', '다문화, 타문화에 대한 이해를 통한 바른 인성 계발', '평화, 인권, 민주주의 교육을 위한 통합교육'과 '세계의 다양한 문화 이해와 인종적 편견의 극복해 글로벌 인성 신장'으로 인식했다. 여기서 국제이해교육의 담당자는 국제이해교육의 목표를 문화다양성, 세계시민교육, 평화와 인권교육으로 설정하고 있음을 알 수 있다. 이 목표들은 국제이해교육이 지향하는 다섯 기둥과 맥을 같이하고 있어서, 담당자들은 국제이해교육의 목표를 잘 인식하고 있는 것으로 판단된다.

학교에서 국제이해교육의 운영 방식을 살펴보면, 누리과정에서는 비교과 특별 활동으로 운영했다.표 10 초등학교에서는 학교 교육과정 안에

[표 10] 학교에서 국제이해교육의 운영 방식 및 학생 참여

학교급	국제이해교육의 운영 방식	국제이해교육의 학생 참여
누리과정	• 특색 교육 및 비교과 영역에서 이루어짐.	• 유아의 연령을 배려해 실천 및 활동 중심으로 진행해 유아들의 관심과 참여가 높고, 효과는 매우 긍정적임.
초등학교	• 학교 교육과정 안에서 도덕, 사회 등 관련교과를 중심으로 운영함. 특히 5, 6학년 사회과 시간에 환경교육을 지속가능발전교육으로, 문화교육에서 다른 나라 문화체험교육으로 실시함. • 창의적 체험 활동 시간, 환경 동아리 활동, 계기교육을 활용함. • 유네스코 교사 학습 공동체 활동을 통해 학년별 단위에서 실시함.	• 지속가능발전교육, 다문화교육에의 학생 참여 정도는 교사의 교수 방법에 따라 많이 좌우됨. 특히, 체험 위주 수업에 대해서는 긍정적 반응을 보임.
중학교	• 창의적 체험 활동 시간 • 교과교육 과정에서 실시하고, 별도의 시간을 편성하지는 않음. • 유네스코 학생회 운영함. 평소 봉사 활동, 부분적으로 국제이해 관련 토론 실시함. 사회과 교과 연계 평화, 다문화, 국제사회 갈등, 공존문제 등 세계시민교육으로 실시함. 경기도교육청의 세계시민 교과서를 활용함.	• 담당 교사와 함께 학습하는 학생들은 관심 및 참여가 많고 적극적이지만, 대부분은 무관심하다고 생각된다. • 교과 내용 속에서 전달하는 정도여서 학생들이 관심을 가지고 국제사회에 대한 이해를 하고 있지는 않다.
고등학교	• 지리교과와 연계해 다문화교육으로 실시함. • 학교에서 학생 동아리로만 운영함.	• 학생 자체 활동여서 참여도가 높음.
특수학교	• 학교 교육과정 안에서 운영함. • 전문대 과정인 전공과 학생들은 생태체험 학습장에서 생태통합교육을 2012년부터 지속적으로 진행하고 있음(매주 1회 오전).	• 특수학생들의 발달 정도를 고려한 개별교육 및 눈높이교육으로 진행되기 때문에 학생의 관심과 참여도가 높고 효과도 긍정적임.

서 도덕, 사회 등 관련 교과를 중심으로 국제이해교육을 운영했다. 특히 어느 학교에서는 국제이해교육을 '5, 6학년 사회과 시간에 환경교육은 지속가능발전교육으로, 다문화교육은 다른 나라 문화체험교육으

로 실시'했다. 그리고 비교과에서는 창의적 체험 활동, 환경 동아리 활동, 계기교육을 이용해 실시했다. 특히 유네스코 협동학교에서는 유네스코 교사의 학습공동체 활동을 통해 학년별로 국제이해교육을 실시하고 있었는데, 학교 차원에서 'Jumping Hopping' 통일 프로젝트, 지속가능발전교육을 위한 친환경 텃밭 가꾸기, 통일교육, 지속가능발전교육의 어울 마당 등을 실시했다. 중학교에서는 학교 교육과정 중 사회과 안에서 전반적으로 국제이해교육을 실시하고 있으나 별도의 시간을 편성해 실시하지는 않았다. 또한 창의적 체험 활동 시간을 이용해 실시하기도 했다. 유네스코 협동학교는 유네스코 학생회를 운영하면서 봉사 활동 등에서 부분적으로 국제이해교육과 관련된 토론을, 그리고 사회과와 연계해 평화, 다문화, 국제사회 갈등, 공존 문제 등의 세계시민교육을 실시했다. 중학교에서는 사회과를 중심으로 실시했고, 고등학교에서는 '지리교과와 연계해 다문화교육으로 실시'하거나 '학생 동아리로 운영'했다. 그리고 특수학교에서는 '학교 교육과정 안에서 운영하며, 전문대 과정인 전공과 학생들은 진학 대학의 생태체험학습장에서 생태 통합교육을 2012년부터 매주 1회씩 지속적으로 진행'했다.

이를 통해 볼 때, 전반적으로 학교에서 국제이해교육은 교과 내에서는 사회과를, 비교과에서는 창의적 체험 활동, 동아리 활동, 특별활동을 중심으로 운영했다. 특히 초등학교와 중학교의 유네스코 협동학교가 일반학교에 비해서 더 적극적인 국제이해교육 활동을 실시하고 있다.

국제이해교육에의 학생 참여를 살펴보면, 누리과정에서는 '유아의 연령을 배려해 실천 및 활동 중심으로 진행해 유아들의 관심과 참여가 높고, 효과는 매우 긍정적'인 것으로 나타났다. 초등학교에서는 '지속가능발전교육, 다문화교육에의 학생 참여 정도는 교사의 교수방법에 따라 많이 좌우되고', 특히, '체험 위주의 수업에서는 학생들의 참여가 높고 반응도 긍정적이었음'을 보였다. 중학교에서는 학생들의 참여가 많이 이루어지지 않았다. 그것은 주로 교과를 통해 국제이해교육이 실시되었기 때문으로 보인다. 고등학교에서는 동아리 활동이어서 학생들의 자율적인 참여가 이루어졌다. 그리고 특수학교에서는 '특수학생들의 발달 정도를 고려한 개별교육 및 눈높이교육으로 진행되기 때문에 학생의 관심과 참여도가 높고 학습 효과도 긍정적인 것'으로 나타났다. 이를 통해 볼 때, 전반적으로 학생들의 배려가 높은 누리과정과 특수학교에서 학생들의 참여도가 높게 나타났고, 체험이나 동아리 활동에서 학생들의 참여가 높게 나타났다. 반면, 사회과 등 교과를 중심으로 운영되는 국제이해교육은 학생들의 참여가 낮음을 보여 주었다.

4) 국제이해교육 활성화 방안

국제이해교육의 활성화 방안을 살펴보면, 누리과정에서는 '담당자 연수 프로그램, 시설 및 교육 환경 지원과 국제이해교육 관련 프로그램과 활동을 연계시켜 주는 전달 매개자가 필요하다.'고 답했다.[표 11] 초등학교에서는 학교 교육과정에서의 국제이해교육 분야 강화를 제시했다. 예를 들어, '학교교육에서 교과에 국제이해교육 주제를 좀 더 풍부하게 담고 가이드라인이 제공되었으면 좋겠다. 그리고 학교 교육과정에 국제이해교육 관련 시수가 더 보강되었으면 한다.'고 제안했다. 또한 학교교육에서 '학교 차원에서 교육 프로그램을 만들어서 교육을

[표 11] 국제이해교육의 활성화 방안

학교급	국제이해교육의 활성화에 필요한 요소
누리과정	• 담당자 연수 프로그램 • 국제이해교육 관련 프로그램과 활동을 연계시켜 주는 매개자가 필요함. • 시설 및 교육환경 지원
초등학교	• 학교교육에서 교과에 국제이해교육 주제를 좀 더 풍부하게 담고 가이드라인이 제공되었으면 좋겠다. 그리고 학교 교육과정에 국제이해교육 관련 시수가 더 보강되었으면 함. • 국제이해교육 관련 지식을 학습할 수 있는 연수 및 자료 제공이 필요함. • 학교 차원에서 교육 프로그램을 만들어서 교육한다면 이에 대한 인식을 높일 것으로 보임. 특히, 창의적 체험 활동 시간에 프로그램 활용하면 좋을 것으로 보임. 교과와 창의적 체험 활동 시간을 연결하는 것도 방법일 것임. • 교육청 또는 학교 차원의 정책적 지원, 재정 지원 등이 필요함.
중학교	• 지속적인 국제이해교육에 대한 인지 교육이 필요함. 학교 교육과정에서 국제이해교육의 강화가 필요함. • 국제이해교육 분야에 대한 전문적 지식을 갖춘 강사와 더불어 학생들의 체험적 활동을 통한 국제사회의 다양한 문제를 이해하고 내면화하는 과정이 필요함. • 교육에 대한 정책적 지원이 많이 아쉬움. 교사 개인의 노력 이외에 교육 자료를 얻을 수 있거나 지원하는 곳이 없음.
고등학교	• 관리자 마인드의 형성. 학교장의 지원이 절대적임. 프로그램 만들기, 혁신적인 시너지 형성을 위한 학교 교사들의 마인드 변화와 협조적 분위기 형성이 필요함. • 정부가 예산 외 체계적 교육을 위한 방안 제시가 필요함. • 학생들의 자발적 활동을 위한 지역사회의 토대 구축 및 지원, 담당교사의 연수 필요함.
특수학교	• 학부모 교육과 학부모 참여가 필요함.

실시한다면 이에 대한 인식을 높일 것으로 보인다. 특히 창의적 체험 활동 시간에 프로그램을 활용하고 교과와 창의적 체험 활동 시간을 연결하는 것도 방법일 것이다'고 제시했다. 그리고 '국제이해교육 관련 지식을 학습할 수 있는 연수 및 자료 제공'과 '교육청 또는 학교 차원의 정책적, 재정적 지원 등이 필요'한 것으로 나타났다. 중학교에서는 국제이해교육에 대한 인지 강화, 학교 교육과정에서의 국제이해교육

위상 강화, 전문적인 강사 지원과 정책적 지원 등이 필요한 것으로 나타났다. 고등학교에서는 학교 관리자의 국제이해교육에 대한 의식 제고 및 지원 강화, 학생들의 자발적 활동을 위한 지역사회의 토대 구축 및 지원, 담당교사의 연수 등이 필요했다. 그리고 특수학교에서는 학부모 교육과 학부모 참여가 필요한 것으로 나타났다.

이를 통해서 볼 때, 국제이해교육의 활성화를 교육과정과 지원 측면으로 나누어볼 수 있다. 교육과정 측면에서는 국가 교육과정에서 국제이해교육의 강화, 학교 교육과정 운영에서 교육 프로그램 보급 및 교

[표 12] 21세기 국제이해교육에서 강조할 사항

학교급	21세기 국제이해교육에서 강조할 사항
누리과정	• 지식교육과 함께 느끼고 실천하는 교육으로 발전시킬 필요가 있음. • 다문화교육에서는 다문화에 대한 지식교육은 어느 정도 진행되었다고 생각하며 이제는 다른 문화를 수용하고 존중하는 내용을 강조하는 것이 중요하다고 생각함.
초등학교	• 다른 나라와의 관계에 대한 수업이 필요하다고 생각함. 주제가 초등학생들에게는 쉽지 않기 때문에 주제를 단순화시켜 가르치는 교수법 개발이 필요함. • 상호존중 및 다양성의 인정 • 인터넷을 활용해 다양한 나라에 대한 정보의 습득 방법에 대한 교육이 필요함. • 타인에 대한 포용력 교육이 필요함. • 다문화교육에서 타국에 대한 편견과 차별적 시각을 극복하는 교육이 필요함.
중학교	• 민주시민의식, 세계의 상호의존성에 대한 이해 • 더불어 살아가는 국제사회를 만들어 나가려는 자세 • 공존 인식을 갖게 하는 교육이 필요하다. 외국인, 소수자, 사회적 약자 등 모든 사람들과 공존할 수 있는 공존 인식이 필요함.
고등학교	• 공감교육이 필요함. 시혜적 관점을 탈피해야 함. • 인류애 관점에서 내면의 생각을 키워 주는 것이 필요함. • 대학에서의 교사 양성 프로그램 운영을 통한 교육이 필요함. • 세계시민으로서 국제 쟁점에의 참여
특수학교	• 지식이나 개념교육보다는 실천교육 • 교사 자신의 체험과 변화

과 수업의 운영 등, 그리고 지원 측면에서는 담당자 연수 및 자료 공급, 우수 강사 지원, 재정 및 교육시설 지원 등이 필요하다.

21세기 국제이해교육이 강조할 사항을 살펴보면, 누리과정에서는 지식교육과 함께 실천교육 강화, 타문화의 수용과 존중 교육을 강조할 필요가 있다.표 12 구체적인 내용을 보면, '지식교육과 함께 느끼고 실천하는 교육으로 발전시킬 필요 있음'과 '다문화교육에서는 다문화에 대한 지식교육은 어느 정도 진행되었다고 생각하며 이제는 다른 문화를 수용하고 존중하는 내용을 강조하는 것이 중요함'을 제시했다. 초등학교에서는 교수법 개발, 상호존중 및 다양성 인정 교육, 포용력 교육과 편견과 차별 극복 교육이 필요한 것으로 나타났다. 초등학교에서는 학교교육에서의 실천 방안과 다문화 및 상호문화이해교육의 필요를 강조했다. 중학교에서는 세계의 상호의존성 이해교육, 더불어 살아가는 국제사회 건설, 공존과 배려교육 등을 강조해야 하고, 고등학교에서는 공감교육, 인류애 관점 교육, 세계시민으로서 참여교육 등이 필요했다. 그리고 특수학교에서는 '지식이나 개념교육보다는 실천교육이 중요함'을 강조했다.

21세기에 국제이해교육이 강조할 사항을 보면, 교육 방법 면에서는 실천, 참여교육, 그리고 교육 내용 면에서는 공감교육, 상호문화이해교육, 공존과 배려교육이 요구되었다. 즉 21세기에는 다양한 쟁점 등에의 실천과 참여를 통해 타자, 타국과 타문화에 대한 공감, 이해, 배려, 인정 교육을 강조할 필요가 있다.

2. 시민단체(기관)에서의 국제이해교육

1) 국제이해교육의 사용 용어 및 관련 교육과정

시민단체(기관)에서 국제이해교육의 사용 용어 및 관련 교육과정을 살펴보았다.표 13 먼저 지속가능발전교육기관은 '지속가능발전교육이라는 용어를 사용하면서, 세부 영역으로는 세계시민교육과 다문화교육도 다루고 있었고', '국제이해교육이라는 용어는 교육과정 안에는 녹여 있지만 용어로서는 사용하지 않았다'. 개발교육기관은 '세계시민

[표 13] 시민단체(기관)에서 국제이해교육의 사용 용어 및 관련 교육과정

단체(기관)	사용 용어	관련 교육과정
지속 가능 발전 교육	• 지속가능발전교육 용어 사용. 세부 영역으로는 세계시민교육과 다문화교육도 다룸. • 국제이해교육 용어는 교육 과정 안에는 녹아 있지만 용어로서는 사용하지 않음.	• 학생 대상의 단기 프로그램(유엔 SDGs 17가지 목표) • 현장체험학습 11종 • 시민 대상 지속가능발전교육 강좌 (년 1, 2회) • 특수 분야 교원 직무 연수(지속가능발전교육, 세계시민교육)
개발 교육	• 세계시민교육 및 개발교육	• 해외협력사업 파견자를 위한 교육 • 청소년을 위한 세계시민교육 • 방학 중 담당자 연수 • 학교 방문 세계시민교육 • 지구촌 체험관 운영
평화 교육	• 평화교육. 회복적 정의, 국제연대교육 등 • 국제이해교육 용어를 사용하지는 않지만 그 이념은 비슷하다고 생각함.	• 일반인 대상의 글로벌 민주시민교육 강좌 운영
평생 교육	• 세계시민교육	• 세계시민교육 강좌
환경 교육	• 지속가능발전교육 중심	• 특수학생들의 발달 정도를 고려한 개별교육 및 눈높이교육으로 진행되기 때문에 학생의 관심과 참여도가 높고 효과도 긍정적임.

교육 및 개발교육', 평화교육단체는 '평화교육, 회복적 정의', 평생교육기관은 '세계시민교육', 그리고 환경교육단체는 '지속가능발전교육'이라는 용어를 사용했다. 이처럼 시민단체(기관)은 국제이해교육 용어를 사용하지 않고서 단체(기관)의 설립 목적에 맞게 자신들의 용어를 사용했다. 하지만 이 용어들은 국제이해교육의 다섯 기둥, 즉 평화교육, 인권교육, 문화다양성교육, 세계시민교육과 지속가능발전교육 안에서 사용되고 있다.

시민단체(기관)가 실행하고 있는 관련 교육과정을 살펴보면, 지속가능발전교육기관은 '학생 대상의 단기 2일 프로그램(유엔 SDGs 17가지 목표)', '현장체험학습 11종', '시민 대상 지속가능발전교육 강좌(년 1, 2회)'와 '특수 분야 교원 직무 연수(지속가능발전교육, 세계시민교육)' 등을 실시했다. 개발교육기관은 '해외 협력사업 파견자 교육', '청소년들을 위한 세계시민교육', '담당자 연수', '학교 방문 세계시민교육'과 '지구촌 체험관 운영' 등을 실시했다.

특히 학교 방문 세계시민교육은 '연간 70~80회 학교 방문을 통해 세계시민교육에 관한 특강을 제공하고 있다. 방문 교육은 국제개발 동아리를 대상으로 주로 수업을 하고, 현재 20개교에서 실시'하고 있다. 그리고 '지구촌 체험관은 전시된 내용을 중심으로 체험 기회를 제공하며 세계시민의식을 제공할 수 있도록 지도'하고 있다. 평화교육단체는 '일반인 대상 글로벌 민주시민교육 강좌'를 운영하고 있다. 그리고 환경교육단체는 '생태적 감수성으로 접근하는 환경교육, 즉 초록시민 강좌, 푸르미 환경탐사대, 사계절 자연과 친구하기, 농산어촌 찾아가는 환경교실, 시민생태기행(연중), 퍼머 컬처와 지속가능한 농업'과 '지속가능한 아시아를 위한 국제 연대, 즉 사막화 방지 중국 내몽고 풀씨

심기 생태투어, 한일 고등학교 생태탐사 교류회'를 실시하고 있다. 이를 통해서 볼 때, 시민단체(기관)은 설립 목적에 맞게 구체적인 자체사업을 실시했다. 그리고 교육 대상은 학생, 일반인(시민), 파견자, 교사 등 다양했다.

2) 국제이해교육 관련 프로그램

국제이해교육의 구체적인 세부 교육 내용을 살펴보면, 지속가능발전교육기관은 지속가능발전교육의 세 가지 영역인 환경, 사회 및 문화, 경제의 내용을 주로 다루면서', 유엔의 SDGs 17가지 목표 달성을 위한 세부 프로그램을 운영했다.[표 14] 특히 'Bridge to the World(BTW)'라는 세계 청소년들이 참여하는 지속가능발전교육 행사를 통해 다양한 문화권에서 온 학생들이 세계 문제에 대한 다양한 관점을 살펴볼 수 있는 워크숍을 진행했다. 그리고 여기서는 다양한 주체들 간의 네트워크를 운영해 상호소통을 강화했다. 개발교육기관은 '빈곤이나 개발협력, 공정무역 등 세계 이슈를 다루면서 세계의식 함양에 관한 것도 많이 다루고 있고', '지구촌 체험 학습은 세계 이슈에 관한 인식뿐만 아니라 행동 변화를 가져오는 참여 활동도 진행'했다. 평화교육단체는 '동북아 평화구축 및 평화교육에 대한 이론과 실천 방안, 지역 이슈regional issue 및 지역협력regional cooperation을 위한 의식화 그리고 국내의 실천적 과제로의 연결' 등을 다루었다. 평생교육기관은 '다문화 환경의 특성이 강한 세계시민교육 프로그램', 그리고 환경교육단체는 '국제 환경 문제와 쟁점에의 참여와 해결' 활동을 실천했다.

시민단체(기관)는 각 단체(기관)의 교육과정에 맞추어 구체적인 교

[표 14] 국제이해교육의 세부 교육 내용과 프로그램의 장점

단체(기관)	세부 교육 내용	교육 프로그램의 장점
지속 가능 발전 교육	• 지속가능발전교육의 3가지 영역인 환경, 사회 및 문화, 경제의 내용을 주로 다룸. • 유엔 SDGs의 17가지 목표 달성을 위해 세부 단계적 목표를 세워 프로그램을 운영함. • 'Bridge to the World(BTW)'라는 전 세계 청소년들이 참여하는 지속가능발전교육 행사 • 네트워크 운영: 학교와 시민 간의 네트워크, 국가 간 네트워크, 동아리 간의 네트워크	• 지식 중심의 지속가능발전교육이 아니라 행동의 변화까지 연결해주는 점
개발 교육	• 빈곤이나 개발협력, 공정무역 등 세계 이슈를 다루고 있으며 글로벌 의식 함양에 관한 것도 많이 다루고 있다. • 지구촌 체험 학습은 세계 이슈 인식에 관한 것뿐만 아니라 행동 변화를 가져오는 참여 활동도 진행한다.	• 빈곤 문제 등을 체계적으로 인식하면서 자신의 행동 변화를 가져오게 하는 것 • 지구촌 문제에 재미있게 참여하며 단계별 전시를 보는 중에 스스로 알아가는 것
평화 교육	• 동북아 평화구축 및 평화교육에 대한 이론과 실천 방안, 지역 이슈(regional issue) 및 지역협력(regional cooperation)을 위한 의식화, 그리고 국내의 실천적 과제로의 연결	• 각국의 관심 있는 사람들이 서로 알고 평화를 위한 노력을 함께할 수 있다는 것. 구체적인 실천 방안에 대해 함께 고민하며 논의할 수 있게 하는 점이 좋다.
평생 교육	• 지역사회 인식에 관한 내용. 지역사회의 미래를 그린다 등 • 다문화 환경의 특성이 강한 세계시민교육 프로그램을 실시하고 있음.	• 지역사회가 보다 더 친밀하게 다가왔다.
환경 교육	• 국제 환경 문제와 쟁점의 해결	• 환경 문제를 단순한 개인 문제가 아니라 지구 전체의 문제임을 알게 함.

육 내용을 제시하고 있다. 대체로 시민단체(기관)가 글로벌 시각에서 개발, 환경, 세계, 지속가능성 등을 다루고 있는 반면, 평생교육기관은

그 설립 목적상 상대적으로 국제이해교육 관련 활동이 적고, 다문화도시라는 로컬 환경을 통해 글로벌 마인드를 육성하고 있다.

국제이해교육 프로그램의 장점을 살펴보면, 지속가능발전교육기관은 '지식 중심의 지속가능발전교육이 아니라 행동의 변화까지 연결해 주는 점'을, 개발교육기관은 '빈곤 문제 등을 체계적으로 인식하면서 자신의 행동 변화를 가져오고', '지구촌 문제에 재미있게 참여해 스스로 알아감'을, 평화교육기관은 '각국의 관심 있는 사람들이 평화를 위한 노력을 함께하고, 서로 구체적인 실천 방안을 함께 논의할 수 있는 점'을, 평생교육기관은 다문화사회의 이해를 통해 지역사회를 이해할 수 있는 점을, 그리고 환경교육단체는 '환경 문제를 단순한 개인 문제가 아니라 지구 전체의 문제임'을 알도록 했다. 시민단체(기관)는 지구 환경, 빈곤, 평화, 개발 등의 문제를 글로벌 시각에서 체계적으로 이해하고, 사람들이 아는 것에서부터 실천과 참여로 이끄는 데 큰 기여를 하고 있다.

국제이해교육의 교수학습 방법을 살펴보면, 지속가능발전기관은 체험학습, 역할학습, 실천 방법을 중요하게 여기고, 개발교육기관은 강의 목적에 따라서 교수학습 방법을 달리하고 있는데, 특강은 거의 강의형이고, 연수는 참여, 토론, 현장교육 등이 많고, 지구촌 체험학습은 체험형 활동이 주를 이루었다.표 15 평화교육기관은 참여와 실습 방법을 하고 있으며, 단순 강의식 교육은 피하고 있다. 예를 들어, '전체 프로그램 중 5일간은 이론orientation & theory, 3일간은 현장견학fieldwork, trip, 5일간은 기능 개발skill development로 구성해, 강의와 참여 및 실습학습을 겸하고 있다. 평생교육단체는 전문 강사의 특강 형식으로 진행하며, 가끔 질의 응답 형식으로 진행하기도 한다. 그리고 환경교육

[표 15] 국제이해교육의 교수학습 방법

단체(기관)	국제이해교육의 교수학습 방법
지속 가능 발전 교육	• 체험학습, 역할학습, 실천 방법을 중요하게 여김.
개발 교육	• 특강은 거의 강의형임. • 연수는 참여, 토론, 현장교육 등이 많고, 지구촌 체험학습은 체험형 활동이다.
평화 교육	• 참여와 실습 방법을 사용하고, 단순 강의식 교육은 피한다. • 전체 프로그램에서 5일간은 이론(orientation & theory), 3일간은 현장견학(fieldwork, trip), 5일간은 기능 개발(skill development)로 구성되어 있어, 이 과정을 전체 참여하면 상당한 자기 발전을 이룰 수 있다.
평생 교육	• 전문 강사와 특강 형식으로 진행함. 가끔 질의 응답 형식으로 진행하기도 함.
환경 교육	• 초록시민 강좌는 주로 강연 중심으로 교육함. • 푸르미 환경탐사대, 지속가능한 아시아를 위한 국제 연대는 실천과 조사, 협동학습, 참여학습을 실시함.

단체는 시민 강좌는 주로 강연 중심으로, 그리고 환경탐사대, 지속가능한 아시아를 위한 국제 연대는 실천과 조사, 협동학습, 참여학습을 실시하고 있다. 전체적으로 시민단체(기관)는 프로그램의 내용에 적합한 교수학습 방법을 자체적으로 선택해 사용하고 있었다. 시민단체(기관)는 시민이나 학생 등 프로그램 참여자들의 만족도를 높이기 위해 체험과 참여학습을 가장 선호하고 있으며, 체험과 참여학습을 수행하기 위해 현장학습을 겸하고 있었다. 반면 시민 강좌는 강의식 수업을 선호했다.

시민단체(기관)의 국제이해교육 프로그램 담당자를 살펴보면표 16, 지속가능발전교육기관은 담당자를 팀제로 운영하고 있는데 5명으로 구성된 교육팀이 학교, 시민 대상의 국제이해교육을 맡고 있었다. 개발교

[표 16] 국제이해교육 프로그램 담당자 및 연수

단체(기관)	프로그램 운영자	프로그램 담당자의 연수
지속 가능 발전 교육	• 팀제로 운영하며 5명의 교육 팀이 학교, 시민 등의 교육을 담당함.	• 초기는 자체 직원연수 워크숍 위주로 함. • 국내외 관련 학회를 참석해서 전문성을 신장함.
개발 교육	• 2명의 전체 교육 코디네이터가 있고, 강의는 전담인력이나 훈련받은 직원이 실시함.	• 입사 전에 교사로 교직시 세계시민교육 연수를 받았고, 현재 대학원에서 이 분야를 공부함.
평화 교육	• 모든 운영위원들이 프로그램 운영에 참여한다. 운영위원은 일본 4인, 한국 2인, 중국 2인, 대만 1인, 몽고 1인으로 구성되고, 때로는 외부전문가를 초빙하기도 함.	• 담당자의 대부분이 교수이고 시민사회 활동가들이고 해당 분야의 전문가이다. 그리고 프로그램을 짜면서 필요한 경우 스스로 학습해 보충함.
평생 교육	• 평생교육사인 직원이 기획하고, 특강은 외부강사가 맡음.	• 평생교육사 자격취득을 위한 과정에서 공부를 함.
환경 교육	• 사무처장, 담당 팀장	• 실무를 익히면서 자신의 능력 계발함. 별다른 교육을 이수하지는 않음.

육기관은 2명의 전체 교육 코디네이터가 있으며, 강의는 전담 인력이나 훈련받은 직원이 실시했다. 평화교육단체는 모든 운영위원들이 프로그램 담당자로서 역할을 한다. 단체의 '운영위원은 일본 4인, 한국 2인, 중국 2인, 대만 1인, 몽고 1인으로 구성되며 때로는 외부전문가를 초빙'해 운영한다. 평생교육기관은 평생교육사인 직원이 담당하고 있으며, 특강은 외부강사가 맡고, 환경교육단체는 사무처장과 교육팀장이 교육 프로그램을 담당하고 있다. 이처럼 시민단체(기관)의 국제이해교육 프로그램은 업무담당자를 중심으로 운영하고 있고, 실무 운영은 팀원, 운영위원, 외부강사가 하고 있다.

시민단체(기관)의 국제이해교육 프로그램 담당자의 연수를 살펴보면, 지속가능발전교육기관은 초기에는 자체 직원연수 워크숍을 위주로 하고, 국내외 관련 학회에 참석해 전문성을 고양시키고 있다.표16 개발교육기관은 담당자가 사전 전문성을 갖추었고, 자기계발을 지속적으로 수행하고 있다. 입사 전에는 '교사로서 재직 시에 세계시민교육 연수를 받았으며, 대학원에서 학위과정을 이수하고' 있다. 평화교육단체는 프로그램 담당자가 '대부분이 교수이고 시민사회 활동가들인데, 이들은 해당 분야의 전문가이고, 교육프로그램을 짜면서 필요한 경우 스스로 학습을 한다.' 평생교육기관은 담당자를 위한 연수를 타 영역을 공부하는 중에 간접적으로 실시하는 정도이다. 그리고 환경교육단체는 담당자가 실무를 익히면서 자신의 능력 계발하고 있다. 즉 담

[표 17] 국제이해교육 프로그램 운영의 어려운 점

단체(기관)	프로그램 운영의 어려운 점
지속가능발전교육	• 소도시에 소재하다 보니 주민이나 학생들의 지속가능발전교육에 대한 인식 수준이 낮아 이들에게 쉽게 접근하는 방법에 대한 고민을 초창기부터 계속하고 있음. 이에 대한 해결 방안으로 어려운 단어들을 쉬운 단어로 바꾸는 작업을 진행하고 있음. • 지속가능발전교육의 3가지 영역 중 문화, 사회 부분 교육이 초창기에는 많이 어려웠지만 요즘은 지속가능발전교육을 총체적인 개념으로 이해하는 사람이 많아짐. • '세자트라' 숲 건립 후 물리적 환경이 생태공원이다 보니 지속가능발전교육을 환경 중심으로 생각하는 경향이 있어 이에 대한 해결이 과제임.
개발교육	• 조직 문화가 개방적이어서 하고자 하면 지원하는 편이나 여전히 교육 부문은 마이너(minor) 주제임.
평화교육	• 첫째, 운영위원들이 각 국가별로 나누어져 있기 때문에 의견 조율을 하는 데 시간이 많이 걸린다. 때로는 화상 회의도 하지만 피드백을 받는 데도 시간이 걸려 효율적이지 않다. 하지만 프로그램을 진행하다 보면 이러한 운영 방식이 더 효과적이라는 결론을 갖게 된다. 둘째, 기금 부족이 문제이나 지금 6년째 하는데 자비 참가자 비율이 늘어 낙관적임.
평생교육	• 모든 프로그램이 학습자의 수요가 있을 때 기획되고 운영되는데 현재까지 이 부분에 대한 요구가 낮고 관심도가 떨어짐.
환경교육	• 환경교육 전문가의 초대, 강좌 참여자 모집, 예산 문제 등이 있음. 일부 프로그램은 시청에서 재정 지원을 받아서 강사를 섭외하고 있음. 해외 프로그램 운영은 비용이 많이 들어서 실행하는 데 많은 어려움이 있음.

당자의 연수는 단체 성격상 사전 전문성을 갖춘 사람을 고용하기에 이미 전문성을 확보했거나 업무를 수행하면서 자기계발을 확장해 가고 있다.

국제이해교육 프로그램을 운영하면서 겪는 어려움을 살펴보면, 지속가능발전교육기관은 지속가능발전교육의 인식 제고에 어려움을 갖고 있는 것으로 나타났다.[표 17] 예를 들어, '소도시에 소재하다 보니 주민이나 학생들의 지속가능발전교육에 대한 인식 수준이 낮아 이들에게 쉽게 접근하는 방법에 대한 고민을 초창기부터 계속 하고 있다'는 것이다. 개발교육기관은 교육 부문이 기관의 프로그램에서 큰 비중을 차지하고 있지 못한 점, 평화교육단체는 세계 각국의 운영위원들과의 화상 회의 때 의견 조율과 오랜 피드백 시간, 그리고 안정적인 기금을 확보하기 어려운 점이 있다. 평생교육단체는 낮은 학습자 수요를, 환경교육단체는 예산 문제를 어려움으로 제시했다. 그래서 시민단체(기관)에서는 해당 단체(기관)의 사업에 대한 이해 부족, 재정 부족 등이 가장 큰 어려움으로 인식하고 있다.

3) 국제이해교육에 관한 인식

시민단체(기관)의 국제이해교육 권고안에 대한 인식 여부[표 18]를 살펴볼 때, 개발교육기관의 담당자 1명을 뺀 모든 사람들이 1974년 유네스코 「국제이해교육 권고」를 알지 못했다.[표 18] 다음으로 국제이해교육의 목표 및 원칙을 살펴보면, 지속가능발전교육기관은 기본적으로 유엔 SDGs의 17개 목표를 국제이해교육의 목표로 삼고 있다. 개발교육기관은 '국제 개발협력 및 지원을 통해 세계시민정신 역량을 높이는 것'을 기본 목표로 하고 구체적인 실천 방안으로는 '선 원조와 지

[표 18] 국제이해교육에 대한 인식 정도

단체(기관)	「국제이해교육권고」 인식 여부	국제이해교육의 목표 및 원칙
지속 가능 발전 교육	• 「국제이해교육 권고」에 대해 알고 있지 않음.	• 유엔 SDGs의 17개 목표 달성 이 중요함. 기관 자체로는 10년 (2006~2016) 개발 목표를 마무 리했고 2017년부터 또 다른 10년 목표를 작성 중임.
개발 교육	• 「국제이해교육 권고」에 대해 알고 있음. • 「국제이해교육 권고」에 대해 알고 있지 않음.	• 국제 개발협력 및 지원을 통해 세 계시민정신 역량을 높이는 것. 일 차적으로는 원조와 지원을 한 후, 기술투자 및 교육을 실시해 국내 외 세계시민교육을 다 함께 실현 하고자 함.
평화 교육	• 「국제이해교육 권고」 내용에 대해 자세히 모르나 용어는 알고 싶음.	• 평화에 관심 있는 사람들에게 평 화교육 및 훈련의 기회를 제공해 평화활동가로 성장하는 데 지원하 고자 함. • 역사적, 정치적 갈등이 첨예한 동 북아의 현실에서 평화적 공존을 위한 지역평화 공동체라는 인식 제고의 기회 제공
평생 교육	• 「국제이해교육 권고」에 대해 알고 있지 않음.	• 평생교육의 생활화, 활성화를 위 해 대상별, 주제별, 환경별 맞춤형 평생학습 프로그램을 기획하는 데 인문학, 시민교육 등을 통한 시민 인재육성 및 평생학습 영역 확대
환경 교육	• 「국제이해교육 권고」에 대해 알고 있지 않음.	• 지속가능한 환경교육을 실시한 환 경 감수성과 환경 문제해결능력 신장

원, 후 기술투자 및 교육'을 실시하고 있다. 평화교육단체는 '사람들에게 평화교육 및 훈련의 기회를 제공해 역사적, 정치적 갈등이 첨예한 동북아의 현실에서 평화적 공존을 위한 지역평화 공동체'를 건설하고자 한다. 평생교육기관은 '시민인재 육성', 그리고 환경교육단체는 '지속가능한 환경교육을 실시한 환경 감수성과 환경 문제해결능력 신장'

[표 19] 국제이해교육 운영 방식 및 참여

단체(기관)	운영 방식 및 국제이해교육에 대한 참여
지속 가능 발전 교육	• 일반시민: 의식 있는 학부모, 직장인 들이 적극 참여 • 학생: 교외 활동을 하고 싶어하는 학생들이어서 참여도가 높고, 때로는 스펙을 쌓기 위해 참여하는 학생들도 많음. 또한 개인적인 목적이 아니라 그냥 순수하게 지속가능발전교육에 관심이 있어 참여하는 학생들도 있음. • 교사: 학교 차원에서는 교사들에 따라 개인차가 많음. • 공무원: 신규 발령 공무원의 연수교육에 지속가능발전교육가 포함되어 있음. 기타 공무원 대상의 연수 프로그램도 있음. • 부정적인 사례: 'Bridge to the World' 행사에 참여하는 학생들의 부모가 왜 학생들을 고생시키느냐는 항의도 있었음.

을 목표로 하고 있다. 이상에서 볼 때, 시민단체(기관)는 설립 목적에 맞게 자신들의 교육 목표를 명료하게 세우고 있다는 것을 알 수 있다. 즉 지속가능발전, 세계시민정신, 평화공동체, 시민인재 육성과 환경 감수성 및 환경 문제해결능력이라는 목표를 세워두고 있다. 이 목표들은 국제이해교육이 지향하는 목표와 일치하고 있다.

국제이해교육의 운영 방식은 모든 단체(기관)가 시민이나 학생들을 대상으로 대중 강의나 참여 방식을 취하고 있는 것으로 나타났다.[표 19] 그리고 교육 대상의 참여도는 지속가능발전교육기관만 응답을 했는데, 이를 살펴보면 일반시민, 학생, 공무원 등이 자발적인 참가자라서 수업의 참여도가 매우 높게 나타났다. 하지만 'Bridge to the World 행사에 참여하는 학생들의 경우, 학부모가 왜 학생들을 고생시키느냐고 항의하는 사례'도 있었다. 이는 다른 단체(기관)에서도 비슷한 양태를 보일 것으로 보인다. 그것은 학습 대상자들이 자신들의 필요나 의지에 따라 자비나 지원비를 받아서 교육 프로그램에 참여하기 때문이다.

시민단체(기관)에서 국제이해교육의 활성화를 위한 방안을 살펴보

[표 20] 국제이해교육의 활성화 방안과 강조할 사항

단체(기관)	활성화 방안 및 21세기의 강조할 사항
지속 가능 발전 교육	• 지속가능발전교육의 필요성을 절박하게 인식하게 하는 의식화 작업이 필 요함. • 앞으로의 과제로 정책개발이 필요하고, 학교 교육과정이 너무 경직되어 있어 지속가능발전교육이 포함되기 어려운 문제해결 및 지속가능발전교 육이 정규교육 과정에 포함되어야 함. • 타인의 관점에서 생각해 보는 교육 활동이 강조되어야 함. • 이분적인 사고가 아니라 유연한 사고가 중요한데, 이를 위해서는 다양한 관점, 세계적인 관점 교육이 필요함.
개발 교육	• 글로벌 사회에서 국가 간의 상호의존성이 아주 높아 이제는 뗄 수 없는 견고한 구조임. 이 부분을 강조할 때 특히 부유한 지원국에서의 건강한 시민교육이 요구됨.
평화 교육	• 회복적 정의, 갈등 해소를 위한 평화적 기능 중심 사고를 넘어서 공동체 의 평화 문화적 전망을 강조하고, 전체론적 방향으로 전체적인 평화 문화 나 가치의 틀 안에서 평화적 기법을 다루어서 궁극적으로 공동체를 변화 시키는 평화교육을 실시할 필요가 있음.
평생 교육	• 제4차 산업사회에서 요구하는 교육을 학습 수요자의 요구에 맞추어 개발 하고 제공해 시민의 학습역량을 제고하는 것.
환경 교육	• 전지구적 환경교육을 다수의 시민에게 실시할 인프라 구축 및 교육 프로 그램 개발, 재정 지원이 필요함. • 지속가능한 환경교육의 필요, 지구온난화 등 환경 문제나 쟁점 해결에 대 한 교육이 필요함.

면표 20, 지속발전교육기관은 지속가능발전교육의 필요성에 대한 의식화, 학교 교육과정에 대한 지속가능발전교육 강화, 그리고 환경교육단체는 '전지구적 환경교육을 다수의 시민에게 실시할 인프라 구축 및 교육 프로그램 개발 및 재정 지원'을 요구했다.

4) 국제이해교육 활성화 방안

다음으로 21세기의 국제이해교육에 강조할 사항을 살펴보면, 지속가능발전교육기관은 타인의 관점에서 생각해 보는 교육 활동의 필요성을 제시했다. 다시 말해, '이분적인 사고가 아니라 유연한 사고가 중요한데, 이를 위해서는 다양한 관점, 세계적인 관점 교육이 필요하다'고 강조했다. 개발교육기관은 국가 간의 상호의존성이 높아진 세계에서 부유한 지원국에서의 건강한 시민교육을 강조할 필요가 있다고 제시했다. 평화교육단체는 '회복적 정의, 갈등 해소를 위한 평화적 기능 중심 사고를 넘어서 공동체의 평화 문화적 전망'을 강조하고, '전체론적 방향으로 전체적인 평화문화나 가치의 틀 안에서 평화적 기법을 다루어서 궁극적으로 공동체를 변화시키는 평화교육을 실시할 필요가 있다'고 주장했다. 평생교육기관은 '제4차 산업사회에서 요구되는 시민의 학습 역량의 제고', 환경교육단체는 '지속가능한 환경교육과 지구온난화 등 전지구적 환경 문제나 쟁점의 해결 교육'이 필요하다고 보았다. 따라서 국제이해교육은 다섯 기둥의 목표에 충실하면서 이 목표를 실천할 수 있는 방안을 적극적으로 모색할 필요가 있다.

3. 소결

지금까지 국제이해교육의 주요 역할을 담당하는 학교와 시민단체(기관)의 실태를 비교했다.[표 21] 첫째 학교와 시민단체(기관) 교육에서 사용 용어의 비교이다. 학교와 시민단체(기관)는 모두 국제이해교육이라는 용어를 사용하지 않았고, 국제이해교육이라는 용어 대신에 평화교육, 인권교육, 문화다양성교육, 세계시민교육, 지속가능발전교육이라는 용어를 사용했다. 둘째, 학교와 시민단체(기관)의 국제이해교육 프로그램이 '글로벌 시각으로 문화 간의 이해, 세계시민의식의 증진'을 가져올 수 있다는 장점에서 일치를 보였고, 프로그램의 수업 방법으

[표 21] 학교와 시민단체(기관) 간의 국제이해교육 실태 비교

항목	학교교육	시민단체(기관)
사용 용어	• 다문화교육, 지속발전가능교육, 세계시민교육, 평화교육	• 평화교육, 인권교육, 문화다양성교육, 세계시민교육, 지속가능발전교육
관련 교육 과정	• 주로 교과수업과 동아리 활동을 중심으로 운영 • 교과로는 사회과가 중심임. • 동아리 활동은 창의적 체험 활동의 일부, 학생자율 동아리 중심으로 운영함.	• 설립 목적에 맞게 구체적인 사업 프로그램 운영 • 교육 대상: 학생, 일반인(시민), 파견자, 교사 등
국제 이해 교육의 세부 교육 내용	• 학교 교육과정에 맞추어 국제이해교육 관련 프로그램이나 활동 • 인지적 활동 중심 • 교사의 관심과 역량에 따라서 크게 의존함.	• 단체(기관)별로 글로벌 시각에서 개발, 환경, 세계, 지속가능성 등을 각각 다룸. • 평생교육기관: 상대적으로 국제이해교육 관련 활동이 적음.
프로 그램의 장점	• 상호문화이해, 세계시민의식의 증진, 지속가능발전의 중요성에 대한 인식 증진	• 지구환경, 빈곤, 평화, 개발 등의 문제를 글로벌 시각에서 체계적인 이해 • 사람들의 실천과 참여를 이끄는 데 기여
교수 학습 방법	• 참여 학습을 가장 많이 사용 • 체험, 역할극, 토론, 문제해결 등 학생 중심 수업 운영 • 교과 중심의 강의식 수업 사용	• 체험과 참여 학습을 가장 선호 • 현장 학습을 겸함. • 시민 강좌: 강의식 수업
프로 그램 담당자	• 수업교사 • 자원교사, 업무담당교사	• 업무담당자
연수	• 관련 연수 이수하지 않음. • 업무 담당 시 개인 공부	• 사전 전문성을 갖춘 사람의 고용 • 업무 수행 시 자기계발
프로 그램 운영의 어려운 점	• 연수 기회 부족 • 지원체계나 학교 분위기의 미성숙	• 해당단체(기관)의 사업 이해 부족 • 재정 부족 등
국제 이해 교육 인식 정도	• 「국제이해교육 권고」: 대부분이 모름. • 목표: 문화다양성, 세계시민교육, 평화와 인권교육	• 「국제이해교육 권고」: 대부분이 모름. • 목표: 지속가능발전, 세계시민정신, 평화공동체, 시민 인재 육성과 환경 감수성 및 환경 문제해결능력 신장

운영 방식 및 학생 참여도	• 운영: 교과는 사회과를, 비교과는 창의적 체험 활동, 동아리 활동, 특별 활동을 중심으로 운영함. • 참여: 체험이나 동아리 활동 시 학생들의 참여 기회 높음. 반면, 교과 중심 운영 시 학생들의 참여가 매우 낮음.	• 운영: 대중 강의나 참여 방식 • 참여: 자발적인 참여도 높음.
활성화 방안	• 교육과정 측면: 국가 교육과정에서의 위상 강화, 학교 교육과정 운영에서 교육 프로그램 보급 • 지원 측면: 담당자 연수 및 자료 공급, 우수 강사 지원, 재정 및 교육시설 지원 등	• 단체(기관)의 사업 위상 강화 및 내실화
21세기 강조할 사항	• 방법 측면: 실천, 참여 교육 • 내용 측면: 공감교육, 상호문화교육, 공존과 배려교육 강조	• 국제이해교육의 목표에 충실하면서 이를 목표를 실천할 수 있는 방안

로는 참여와 체험 학습을 선호하고 강의식 수업도 함께 사용했다. 셋째, 학교와 시민단체(기관)의 대부분 담당자들은 유네스코가 제시한 1974년 「국제이해교육 권고」를 모르고 있었으나, 국제이해교육의 목표에는 공통적인 인식을 가지고 있었다. 넷째, 학교와 시민단체(기관)는 공히 국제이해교육의 목표를 지속가능발전, 세계시민정신, 평화와 인권 신장, 문화다양성 신장, 환경 감수성 등으로 인식했다. 마지막으로 21세기 국제이해교육은 실천과 참여 교육을 강조하면서 공감, 배려, 상호문화이해를 강조할 필요가 있다는 것을 인식하고 있다. 이를 통해 보면, 학교와 시민단체(기관)의 국제이해교육은 추구하는 목표, 교육 프로그램의 장점, 국제이해교육의 교수학습 방법, 다른 듯 같은 용어 면에서 일치를 보이고 있다.

다음으로 학교와 시민단체(기관)의 상이성을 중심으로 비교해 볼 때, 첫째 학교와 시민단체(기관)는 설립 목적이 서로 다르기 때문에 국제이해교육의 교육과정도 달랐다. 학교는 주로 교과 활동과 동아리 활동을 통해서 장기적이며 간접적인 국제이해교육을 실시하고 있는 반면, 시민단체(기관)는 다양한 사업 프로그램을 단기간에 직접적인 활동을 통해 국제이해교육을 실시했다.

둘째, 국제이해교육의 교육과정을 구체적으로 실천하는 세부교육 내용에서도 차이가 있었다. 이것은 교육과정이 서로 다르기에 차이가 나타나는 것은 지극히 당연하다고 볼 수 있다. 학교는 국가 교육과정과 학교 교육과정에 맞추어 세부 프로그램이나 활동을 구성한다. 그래서 상대적으로 교과서를 중심으로 한 인지적 활동을 강조하는 경향이 있고, 교사의 관심과 역량에 따라서 그 내용과 수준이 달라질 수 있다.

셋째, 학교는 국제이해교육의 다섯 기둥 내용을 종합적으로 내용을 구성하고 있는 반면에, 시민단체(기관)는 단체(기관)의 설립 목적에 국제이해교육의 한 분야만을 집중해 교육 내용을 구성하고 있다. 예를 들어, 지속가능발전교육기관은 지속가능발전교육을, 평화교육단체는 평화교육을 실천하기 위한 세부교육 내용을 구성한다.

넷째, 국제이해교육 담당자, 담당자의 연수와 운영상의 어려움에서 서로 차이가 나타났다. 학교의 국제이해교육 프로그램의 담당자는 주로 수업교사 혹은 업무담당 교사이다. 이것은 국제이해교육의 자발성이나 전문성이 부족함을 의미한다. 실제로 교사는 국제이해교육에 대한 연수 경험이 아주 부족했다. 그래서 담당교사들은 연수 기회의 부족이나 학교의 지원체계와 분위기의 미성숙을 토로했다. 반면에 시민단체(기관)의 담당자는 업무담당자이다. 업무담당자는 프로그램의 실행을 주무로 삼고 일을 하고 있고, 단체(기관)에 들어오면서 관련 분야의 전문성이나 자기계발 능력을 갖추고 있다. 그리고 단체(기관)는 후원이나 지원을 받아서 운영되기에 재정 부족으로 어려움을 겪고 있다.

마지막으로 국제이해교육의 운영 방식 및 학생 참여, 그리고 21세기 국제이해교육의 활성화 방안을 살펴보면, 학교의 국제이해교육 운영 방식은 교과와 비교과 활동 중심이다. 교과는 주로 사회과이고, 비교과는 창의적 체험 활동, 특별 활동이 중심을 이루고 있다. 반면, 시민단체(기관)의 국제이해교육은 대중 강의나 교육자가 참여하는 방식을 취하고 있다. 학교는 학교수업의 일환으로 다양한 수업 의지를 가진 학생들이 국제이해교육에 참여하기에 그 수업에 대한 참여 의지가 약한 반면, 시민단체(기관)의 국제이해교육은 자발적으로, 더 나아가 자비로 수업에 참여하기 때문에 수업에 대해 적극적인 편이다. 그리고 21세계 국제이해교육의 활성화 방안도 학교와 시민단체(기관)는 차이를 보였다. 학교는 교육과정 측면에서 국제이해교육을 교육과정으로 재편입하고 수업 자료의 지원 등이 필요하다고 보는 반면, 시민단체(기관)는 단체의 위상 강화와 내실화에 더 초점을 두고 있다.

이러한 국제이해교육 현장의 실제를 토대로 몇 가지 향후 과제를 제언하고자 한다.

첫째, 국제이해교육은 우리 교육 현장에서 용어의 재개념화를 시도할 필요가 있다. 국제이해교육은 학교 현장이나 시민교육 현장에서 수용할 수 있는 개념을 다시 담아내고 국제이해교육이 지향하는 가치를 구현하기 위한 다원적인 노력이 요구된다.

둘째, 국제이해교육을 위한 담당자 연수를 매우 확대할 필요가 있다. 최소한 500여 개에 이르는 유네스코 협동학교의 교사에 대한 전문성 연수를 적극 강화할 필요가 있다. 그리고 교사들에게 국제이해교육의 교육 자료를 더 많이 보급할 필요가 있다. 특히 교과 영역에서 국제이해교육을 직접 실천할 수 있는 수업 자료를 공급할 필요가 있다. 학교와 시민단체(기관)에서 국제이해교육을 시행할 수 있게 재정 지원, 교육 시설 지원 등이 요구된다.

셋째, 국제이해교육은 공감교육, 상호문화교육, 공존과 배려교육, 지속가능발전, 세계시민정신, 평화공동체, 환경 감수성 등을 신장시키기 위해서는 교육 대상자가 살아가는 지역에서의 문제와 세계에서 발생하는 세계 문제를 상호 연계시켜서 바라볼 수 있는 글로컬 마인드를 신장시킬 필요가 있다. 특히 로컬의 관점에서 세계 이슈를 바라볼 수 있는 안목을 형성하는 교육이 필요하다. 학교와 시민단체(기관)는 국제이해교육을 통해 글로벌 사회에 관심을 갖고 적극적으로 참여할 수 있도록 국제이해교육을 재강화할 필요가 있다.

국제이해교육 방법론: 홀리스틱 페다고지

UN은 파괴와 전쟁의 20세기를 넘어서 평화와 번영의 21세기를 시작하자는 다짐으로 2000년에 「평화와 비폭력 문화를 위한 국제 10년」을 선언했다. 하지만 현재까지 경험하고 있는 21세기는 선전포고가 없는 각종 분쟁으로 일상에서 평화를 느낄 수 없을 정도로 글로벌 위험 사회에 직면해 있다.[Beck, 2010] 그래서 전쟁이 없는 상태를 넘어서고 경제적, 사회문화적 정의가 살아 있도록 교육을 하자고 제안한 국제이해교육은 여전히 현재적 타당성을 가진다.

 국제이해교육은 글로벌 환경에서 개인의 인권 존중이라는 보편적 가치의 토대 위에 국가 간의 이해와 협력을 통해 세계적 수준의 평화를 구축하고자 유네스코 회원국들이 합의해 선언한 1974년 「국제이해교육 권고」에 기초한 개념이다. 유네스코가 국제이해교육이라는 용어를 사용하기 시작한 것은 1946년 런던에서 개최되었던 제1차 유네스코 총회에서부터였다. 유네스코의 초기 이념을 갖추는 데 큰 기여를 한 헉슬리[Julian Huxley] 초대 사무총장은 제1차 유네스코 총회에서 유네스코의 목적은 평화와 안전 보장에 이바지하고, 인류의 일반적 복지를 증진하는 것이며, 그것을 위해 중요한 것은 마음과 정신 속에 하나의 세계를 구축하는 것이라고 주장했다. 이것은 유네스코 교육 사업의 전반적 목적이 세계평화를 위해 사람의 마음속에 평화적 이상을 심어야 한다는 것 즉, 국제이해를 증진하는 것이라는 의미이다.지바, 1999

유네스코는 1954년 유네스코 협동학교를 통해 유네스코의 이상을 학교교육 현장에 접목시키고자 했고, 이후 1974년에는 유네스코 총회에서 「국제이해교육 권고」를 회원국들로 하여금 교육과정에 적용하도록 권장했다. 이후 많은 국가들이 국제이해교육, 국제교육, 글로벌교육, 세계시민교육, 가치교육, 인권교육, 평화교육, 지속가능발전교육, 평화교육 등의 이름으로 국제이해교육을 실천했다.이경한 외, 2017

우리나라에는 현재 약 500여 개의 유네스코 협동학교가 국제이해교육 관련 활동을 실천하고 있고, 일반학교에서도 제7차 교육과정에서 국제이해교육이 창의적 재량 활동의 범교과 주제로 선정되면서 다양한 교육 활동을 시행하고 있다. 그럼에도 불구하고 학교에서 이루어지고 있는 유네스코 활동이 국제이해교육으로 이해되지 않고 교육과정에서도 국제이해교육을 명확하게 제시하고 있지 않아, 국제이해교육 개념의 시대적 적합성에 대한 분석과 함께 현재 이루어지고 있는 유네스코 국제이해교육 활동에 대한 교육방법론적 고찰이 시급하다. 이것은 우리나라뿐만 아니라 다른 국가들의 경우에서도 유사한 경향이 보이기 때문에 새로운 국제이해교육 방법론의 구성과 적용은 아주 화급한 주제라고 사료된다.김현덕 외, 2017

1974년 「국제이해교육 권고」는 유네스코 교육의 토대로 작용하고 있다. 이를 근간으로 '교육을 통한 평화구축 통합 실천 계획: 전략과 실천'으로 제시된 1994년 「평화, 인권, 민주주의 교육에 관한 통합실천요강」은 유네스코 교육이 평화, 인권, 민주주의라는 세 개의 기둥으로 구성됨을 천명했다. 즉, 냉전적 세계체제의 산물인 1974년 「국제이해교육 권고」를 1990년대 탈냉전 시대 상황에 대처하기 위해 보편적 용어로 재정리한 1994년 실천요강은 국제이해교육의 이념 대립적 추상성을 넘어서 탈이념적 보편적 가치로 서술한 평화, 인권, 민주주의 교육을 지향하도록 구성했다. 이후 선포한 「모두를 위한 교육」, 「테러리즘에 대항하는 교육Education against Terrorism」 그리고 「폭력적 극단주의 예방을 위한 교육」 등 국제사회가 글로벌교육 현안에 대처하는 과정에서 국제이해교육은 회원국들의 교육 방향을 주도하는 핵심 이상으로 제시되었다.^{강순원 외, 2017} 글로벌 환경에서 국제이해교육의 개념은 시대의 변화와 요구에 부응해 교육 내용을 외연적으로 확장해 왔으나 교육 목표, 내용 구성, 방법 등의 국제이해교육 교수방법론(페다고지)에 대한 체계적 논의는 충분히 이루어져 오지 못했다.

이같은 국제이해교육의 페다고지 개발의 필요성에 따라서 평화, 인권, 민주주의 등의 유네스코 이념을 견지하면서도 현 시대적 상황에 적합한 국제이해교육의 재개념화를 시도하는 한편, 현재 실행되고 있는 국제이해교육의 방법론으로서 홀리스틱 페다고지Holistic Pedagogy를 제시하고자 한다.

1. 홀리스틱 페다고지

홀리스틱holistic은 그리스어 'holos(전체)'에서 유래한 'holism(신성함)'의 형용사로서 '전체성wholeness'을 의미하며, 홀리스틱 교육은 온전한 전체를 추구하는 인간의 육성을 지향한다.^{박성익, 2003; Yang, 2004} 홀리스틱 교육은 논리적 사고와 직관의 관계, 정신과 신체의 관계, 여러 학문 분야의 지식들 간의 관계, 개인과 지역사회, 지구 등 지역과의 관계, 지역 간의 관계와 균형, 조화를 강조하면서 이러한 관계들을 더 적절하고 바람직한 방향으로 발전시켜 갈 수 있는 능력을 함양하는 데 목표를 두는 교육^{명지원, 2007; 박성익, 2003}이다. 홀리스틱 시각은 맥락적, 생태학적, 환경적, 시스템적, 유기체적, 진화적, 통합적 시각 등과 동의어로 사용되며, 홀리스틱 교육은 학습자로 하여금 상호 연계의 의미를 파악하는 홀리스틱 시각을 획득하게 해서^{명지원, 2007}, 궁극적으로 자신의 삶, 타인의 삶, 자연과의 연관성을 통합적인 전체적 과정으로 중시하는 전인적 발달을 지향한다.^{박성익, 2003} 홀리스틱 교육에서는 개인의 전인적 성장은 개인의 지적 영역, 도덕적 영역, 정서적 영역, 신체적 영역 등을 포함해 균형적인 발달을 전제로 한다.

밀러^{Miller, 2000}는 홀리스틱 교육이 중요하게 포함해야 할 원리로 연계connection, 균형balance, 포용inclusion을 제시했다. 연계는 여러 가지로 분리되어 있는 것이 하나의 통일체로 찾아가는 것이다. 정신과 육체, 지리, 역사, 국어, 수학, 과학 등과 같은 교과들, 지역사회와 학교, 지구와 인간 등과 같이 분리되어 있는 것들 간의 관계를 복원시켜 주는 것이다. 이런 연계의 학습은 자기가 소유한 능력을 자기의 내부에 축적해 가는 것이 아니라 자기와 이어져 있는 여러 차원에서의 연계성을 개발하고 풍부하게 하며 심화해 가는 것^{요시다 아츠히코, 1999}을 전제로 한다. 홀리스틱 교육은 개인과 사회 전체 사이와 같이 서로 단절된 것들의 관계성에 주목해 이들을 서로 연계시켜 보도록 하는 것을 중요한 원리로 보았다. 균형은 학생의 지적 발달이 감성적, 신체적, 심미적, 영성적 발달과의 적절한 관계 속에서 이루어진다는 사실에 기초한다. 어느 한쪽이 월등하게 우세하다는 관점보다는 양쪽 특성들이 올바른 관계를 형성하도록 균형을 맞출 필요가 있다는 것을 강조한다. 밀러는 개인과 집단, 내용과 과정, 지식과 상상력, 이성과 직관, 양적 평가와 질적 평가, 수업과 평가 등의 측면에서 균형 있는 수행이 필요하다고 제시했다. 포용은 교사 중심의 지식 전달, 교사와 학생 간의 상호작용 학습, 학습자 자신의 자기 주도 학습 등의 모든 교육 방식을 포함함을 의미한다. 포용의 원리는 모두 구성원이 평등하게 참여해 다양한 교육 방식을 서로 연관시켜 활용하는 것이다. 궁극적으로 상호 분리된 상태로 시행하는 교수법에서 탈피해 연계, 균형, 포용의 원리를 바탕으로 한 홀리스틱 교육이 21세기의 새로운 교육 방향임을 제시하고 있다.

한편 GATE[1999]는 홀리스틱 교육이 중요하게 다루어지는 분야를 경험 중심 학습과 글로벌교육으로 들었다. 경험 중심 학습은 학생들이 제한적, 단편적, 분절화된 '경험'을 극복해 건강하고 자연스러운 성장을 이루어 가도록 한다. 학습자를 자신의 내면적인 세계와의 관계로 이끌어서 자신과 외적인 지식을 연결하는 경험에서 교육의 유의미성을 찾아간다. 궁극적으로 학습자는 자신의 성숙과 성장, 자신을 둘러싸고 있는 다양한 환경에 대한 탐구와 이해를 지향한다. 그리고 글로벌교육은 우리 모두가 지구시민이라는 전제 하에서 문화의 차이를 넘어 모든 문화를 포용할 수 있는 인간의 존재 방식을 탐구해 간다. 여기에는 인권, 사회 정의, 민주주의, 평화 등의 인류의 보편적인 가치를 탐색하고, 인간의 다양한 삶을 이해하며, 세계 이슈에 대한 관심과 적극적인 문제해결 태도를 함양하는 교육이 포함되어 있다. 이런 글로벌 능력을 신장시키기 위해서는 지구 공동체의 다면적, 다차원적 관점을 총합적으로 다루는 홀리스틱 교육이 중요하다.

그러므로 홀리스틱 페다고지는 홀리스틱 교육이 추구하는 방향을 구체화하는 교수법으로서, 지속가능한 미래를 향해 이론과 실천을 결합하고, 교과 간 통합을 지향하며, 학교생활과 학교 밖 활동을 연동하고, 인지적 영역과 정의적 영역을 상호 연계하는 교수법을 말한다. 이러한 통전적統全的 교수법은 모든 주제를 하나로 상호 연계시킨 틀을 가지고서 전체적으로 다루는 교수법을 의미한다. 그래서 글로벌교육의 핵심 주제는 지식을 다루어지면서도 동시에 그 지식을 인성적 요소와 결합해서 행동으로 실천하는 것이다. 그리고 학교 안에서뿐만 아니라 지역사회 차원에서도 동시적으로 다루고 모든 교과에서 그 주제를 다룬다는 점에서, 글로벌교육의 지향점은 GATE[1999]에서 말하는 국제이해교육의 홀리스틱 페다고지와 일치한다고 볼 수 있다.

2. 국제이해교육과 홀리스틱 페다고지

국제이해교육은 교육을 통해 세계 각국의 문화에 대한 진정한 이해와 우호적 태도를 갖게 하고, 인류에게 당면한 주요 문제들, 즉 경제 성장과 사회 개발, 빈곤, 성차별, 환경, 인구, 분쟁과 갈등 등 세계 문제에 대해 충분히 인식하고 이에 대한 실천력을 함양하는 데 목적을 두고 있다. 이상주[2000]는 국제이해교육이 전체론적全體論的 접근을 해야 하는 구체적인 이유를 다음과 같이 제시했다.

첫째, 국제이해교육과 관련된 다양한 세부 주제들을 아우를 수 있는 통합적 접근이 필요하다. 국제이해교육의 개념 안에는 사회 변화로 인해 나타난 다양한 개념, 시각, 강조점 등이 다 함께 녹아 있다. 그래서 다양한 내용들을 종합해 정리할 수 있는 통합적 접근이 필요하다.

둘째, 국제이해교육은 다차원적 개념의 구성과 교육적 접근이 필요하다. 국제이해교육은 사회적 변화와 지역적 상황을 반영하는 교육이다. 그래서 지역의 전통문화, 경제 발전, 이념, 문제적 상황 등을 반영할 필요가 있다.

셋째, 국제이해교육은 삶의 전 과정에 걸쳐서 이루어져야 하는 교육이다. 국제이해교육은 전 생애에 걸쳐 유아교육부터 대학교육과 성인교육에 이르기까지 학교교육은 물론 가정교육과 사회교육을 통해서도 실시해야 하는 평생교육적 관점이 필요하다.

넷째, 국제이해교육은 개인의 능력, 태도, 적성, 지식의 전체를 계발하는 것이라고 볼 수 있으며, 학습자에 대한 전인적 관점을 강조하는 교육이다. 더 나아가 국제이해교육은 단순히 지식의 전수에 한정되지 않아야 하며 지식, 이해, 가치가 어우러져서 행동으로 이어져야 한다.Quisumbing, 1999

다섯째, 국제이해교육은 여러 세계 문제에 대해서 학제적 성격을 가져야 한다. 기아와 빈곤, 분쟁과 갈등, 문화적 편견과 배제, 환경 문제와 생태계 파괴, 부정의와 인간 차별 등 다양한 문제들의 원인과 결과를 파악하고 그 해결 방안을 강구해 평화로운 세계를 만들어야 한다.

여섯째, 국제이해교육은 교육과정에서 통일된 전체를 이루어내기 위해 교육 내용의 통합성을 가져야 한다. 국제이해교육은 모든 교과에 스며드는 교육이어야 한다.Teasdale, 1999

일곱째, 무엇보다도 국제이해교육의 목적이 넓은 범위의 행동 특성과 능력을 포함하고 있기 때문에 교육 목적이 포괄성을 지닌다. 영국의 오슬로와 스타키$^{Oslo\ \&\ Starkey,\ 2005}$는 학습자로 하여금 자기의 소속 국가와 세계적 맥락과의 관계를 이해하게 함으로써 지식, 기능, 가치와 태도, 그리고 행동을 통일된 하나로서 포괄하는 홀리스틱 접근을 해야 한다고 강조한 바 있다.

국제이해교육의 사회사적 개념 변화에 따르면, 21세기 사회 환경은 세계시민성을 요구하고 있으며, 세계시민성은 21세기 교육의 핵심 개념이다. 세계시민성교육은 자신과 자신이 살고 있는 세계와의 관계에 대한 이해와 세계에서 자신의 역할에 대한 교육이다. 자신의 역할에 대한 인식과 실천력을 이끌어내는 데 있어서 중요한 가치를 내면화하고 인지적 통합을 이루기 위해서는 홀리스틱 교수법이 요청된다.^{Lovat,} ^{2011} 세계시민성 함양을 교육 목표로 하는 21세기 국제이해교육이 홀리스틱 교육으로 나아가기 위해서는 분리주의적 교육을 극복하고 나와 너, 나와 세계, 국가와 지구촌을 하나로 연계시켜 접근해야 한다. 그래서 국제이해교육은 21세기의 시대적 환경 속에서 정규교과 시간뿐 아니라 비교과 시간에도, 그리고 학교 밖 기관을 통해서도 이루어져야 하는 교육이며 평생에 걸쳐 가정, 학교, 사회에서 시민적 자질을 갖추게 하는 교육이어야 한다.

3. 국제이해교육의 재개념화

국제이해교육은 21세기 시대적 상황에 적합한 현재적 개념으로 재개념화될 필요성이 있다. 그래서 국제이해교육의 역사적 변화상을 파악하고 국제이해교육 관련 개념과의 관련성을 검토해 국내외 국제이

국제이해교육 목표 및 내용 설정	21세기 상황에의 적합성 논의
국제이해교육의 역사적 변화상 파악 • 전후 세계체제의 재편기 • 동서냉전기 • 신자유주의적 세계화 전면기 :보편적 가치 중심 국제이해교육 • 신자유주의적 세계화 모순의 심화기	• 1974년 「국제이해교육 권고」가 시대정신을 지속적으로 반영함. • 국가 간 우호주의와 국제이해 및 협력을 위한 국제이해교육 필요 • 지역과 세계와의 상호작용 및 관계 확대 • 글로컬 시민성 함양을 위한 국제이해교육의 유의미성 반영
국제이해교육 관련 개념 분석 • 국제교육 • 글로벌교육 • 세계시민교육 • 문화다양성교육 • 인권 및 평화 교육 • 지속가능발전교육	• 유사개념들은 시대적 상황에서 등장한 개념 • 유사개념들에서도 국가 간의 관계 중시 • 지역, 시민사회의 영향력 증가로 인한 새로운 방향성 제안 필요 • 글로컬리즘에 입각한 국제이해교육의 요구로 반영함.
국외 국제이해교육 실태 분석 • 유럽 지역 • 북미 지역 • 아시아·태평양 지역 • 아프리카 지역	• 국가별 국제이해교육 관련 용어의 다양성 • 인권, 평화, 평등과 사회정의, 상호이해 중심의 교육 • 국가별 지역적 특수성과 보편적 가치, 글로벌 상호의존성을 반영한 국제이해교육 • 세계 문제를 지역사회 문제와 연결하는 글로컬리즘을 제시해 반영함.
델파이 조사 전문가 인터뷰 • 학교 관계자 • 시민단체 관계자	• 사회적 필요를 반영한 국제이해교육의 재개념화 필요 • 인권, 평화, 정의, 지속가능성, 시계시민성 등을 국제이해교육 핵심 키워드로 제안함. • 지식, 기능, 태도, 행동 영역의 국제이해교육 목표 선정

[그림 1] 국제이해교육의 재개념화 과정

해교육의 이행 실태를 분석한 결과를 토대로 21세기 시대적 상황에 적합한 국제이해교육의 재개념화를 [그림 1]로 제시해 보았다.

제1장에서 국제이해교육의 역사적 변천 과정을 살펴보았듯이, 지난 70년 동안 국제이해교육과 관련된 용어를 사용하는 데 있어서 많은 변화를 거치면서도 1974년 「국제이해교육 권고」에 반영된 전지구적 시

대정신이 결코 부정된 적이 없었다는 사실이다. 국제이해교육은 제2차 세계대전 이후 세계체제 재편기에는 세계평화의 수호기구로서 UN을 강조하는 국제이해교육에서, 동서냉전기에는 군축 평화교육으로, 신자유주의적 세계화의 전면기에는 평화, 인권, 민주주의교육으로, 그리고 세계화의 모순기인 현 단계에서는 폭력적 극단주의에 대항하는 세계시민교육으로 외현을 달리해 왔다. 그런 면에서 볼 때, 오늘날 21세기 국제이해교육은 국가 간 우호주의와 인권 및 기본적 자유에 기초해 국제이해와 협력을 위한 모든 수준의 평화교육으로서 지역에서 세계로까지 확대되는 글로컬 시민성을 담보하는 유효한 개념으로 살아 있다.

제2장에서 국제이해교육과 관련된 유사 개념을 분석한 결과, 국제이해교육은 각국의 실천적인 측면에서 시대적 변화와 요청에 따라 그 강조점을 달리하면서 평화교육, 인권교육, 문화다양성교육, 지속가능발전교육과 세계시민교육 등의 이름으로 실시되어 왔다. 그리고 국제이해교육의 유사 개념들은 어떤 한 측면을 강조할지라도 국가 간의 이해와 협력을 통한 평화구축을 중시한다는 입장이다. 21세기 글로벌 환경은 세계화의 영향이 크게 작동하면서 국제관계의 주체가 다변화하고 있고 세계와 지역 간의 역동적인 상호작용이 점증하고 있다는 상황에서, 국제이해교육은 세계화와 지역화(국가)를 동시에 고려해 세계와 지역을 기반으로 세계를 이해할 필요가 있다. 국제이해교육은 글로벌과 로칼이 국가 간의 이해와 협력 속에서 균형 잡힌 글로컬리즘glocalism을 지향해야 하며, 국가시민으로서 그리고 세계시민으로서 조화롭게 살아갈 수 있는 방향으로 교육을 전환할 필요가 있다.

제3장에서 외국의 국제이해교육 실태를 분석한 결과, 조사 지역들

은 공통적으로 국제이해교육의 맥락에서 시민성 교육을 매우 중요하게 다루고 있었다. 최근 교육의 지역화, 세계화가 추구되면서 중층적 정체성을 인정하는 세계시민성을 특히 중요하게 다루고 있으며, 압도적인 세계화의 흐름 안에서도 국가주권주의를 존중하면서 지역과 세계를 연결하는 글로컬 시민성이 21세기 국제이해교육의 지향점으로 부각되고 있다. 대표적인 사례로 영국의 'Global and Local Citizenship' 교과를 들 수 있다. 21세기 국제이해교육은 세계 문제가 지역사회 문제와 연결되어 있음을 인식하면서 세계 문제의 해결에 지역사회가 다 함께 참여하고 실천하는 글로컬 학습을 추구하고 있다.

제4장에서 살펴보았듯이, 우리나라 국제이해교육 현장에서도 세계시민성 함양을 위한 가장 기본적인 형태로서 국가 간의 이해와 협력은 매우 중요한 항목이다. 그리고 1974년 「국제이해교육 권고」에 제시한 '국제적 차원과 세계적 시각'은 여전히 유효한 개념이다. 국제이해교육에서 국제적인 차원은 분명히 현재도 존재하는 것이고, '국가 간의 협력을 세계적, 글로벌 시각에서 다루는' 국제이해교육은 세계시민교육과 방향을 분명히 같이하고 있다. UN이 주도해 설정한 지속가능발전목표Sustainable Development Goal, SDG 4.7에서 향후 지속가능한 미래세대를 위해 세계시민교육과 지속가능발전교육이 구체적으로 실시되어야 한다는 점을 분명히 하고 있다. 따라서 국제이해교육은 급변하는 시대적 변화에 맞게 재구성해 지구촌 평화와 정의로운 번영을 균형 잡는 개념으로 보완하는 작업이 필요하다.

위의 결과를 토대로 21세기 상황에 적합한 국제이해교육의 틀을 목표에서 평가에 이르기까지 재설정했다. 첫째, 국제이해교육의 목표 선정이다. 국제이해교육의 목표를 네 영역 즉, 지식, 기능, 가치 및 태도

와 행동 영역으로 선정했다. 이를 구체적으로 살펴보면, 지식 영역에서
는 네 영역 즉, 세계체제와 국가 간, 지역 간, 개인 간의 연계, 세계 이
슈(예: 인권, 민주주의, 불평등, 세계정의, 환경정의, 인간안보, 테러리즘
등), 다양한 시각과 관점(예: 세계주의, 탈식민주의, 호혜주의 등), 문화다
양성(정체성)을 선정했다. 지식 영역은 세계체제와 국가, 지역, 개인 간
의 상호관계성을 토대로 상호 연결되어 있는 글로벌 사회를 인식하고
글로벌 사회에서 삶을 영위하는 데 필요한 기본적 가치와 지식을 습
득하게 하며, 이를 토대로 문명 간 대화를 이끌어내고자 한다. 기능
영역은 지역적, 국가적, 국제적 차원과 세계적 시각으로의 접근, 의사
소통 능력, 문제해결 능력, 협업 능력, 논리적 분석과 통합적 사고, 비
판적·창의적 사고 등 세계시민으로서 살아가는 데 필요한 능력이다.
가치·태도 영역은 세계 이슈에 대한 관심, 참여, 실천, 다양성 존중과
실천, 정의로운 사회 유지에 대한 관심과 실천 등 세계시민으로서 역
할을 할 수 있는 가치와 태도의 함양이다. 마지막으로 행동적 영역은
지역, 국가, 세계적 차원에서 윤리적 행동하기 등의 행위이다.

둘째, 냉전기의 산물인 국제이해교육을 1974년의 권고대로만 실행
한다는 것은 비현실적이다. 이미 국제이해교육의 이념은 1994년 「평화.
인권, 민주주의 교육에 관한 통합실천요강」에서 예시했듯이 평화, 인권,
민주주의 교육이라는 보편적 가치교육으로 발전했고, 21세기로의 전환
시점에서는 지속가능발전으로, 2015년 이후 오늘날에는 세계시민교육
과 일맥상통하는 개념으로 통용되고 있다.

따라서 국제이해교육을 오늘날의 시대 상황에 맞추어 유네스코가
지향하는 보편적 교육으로 재구성해야 한다고 볼 때, 재개념화의 방
향은 글로컬 시민성 함양을 위한 세계시민교육이어야 한다.

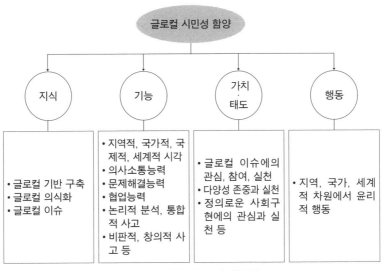

[그림 2] 국제이해교육의 세부 목표

4. 로컬과 글로벌의 연동으로서 글로컬리즘

21세기 사회에서 세계화, 정보화, 신자유주의 경제체제 등은 지속적으로 민족 또는 국가의 문화적 지역성과 안정성에 영향을 주고 있다. 이 과정에서 자국 중심의 문화적 정체성은 위협받기도 하지만, 문화적 경계선이 국경을 넘어서서 확장되거나 외래 문화를 받아들이기도 한다. 이로 인해 로컬한 것이면서도 글로벌한 것들이 만들어지는데, 오설리번O'Sullivan, 1994은 이러한 현상을 '글로벌-로컬 공간'이라고 칭했다. 글로컬glocal 공간에서는 문화의 다양성, 혼종성, 보편성, 외래 문화에 대한 비판적 수용 등으로 새로운 현상들이 나타난다. 글로컬 사회는 일방적 세계화로 나타나는 문화적 종속과 지배, 세계화의 단일성, 서구화 현상, 로컬의 종속적 입지 등과는 달리, 로컬과 글로벌이 상호 연계된 현상으로 나타난다. 그리고 사회 현상들은 위로부터의 헤게모니 또는 우월적인 영향력으로 형성되기보다는 아래로부터 그리고 수평적인 관계에 의해서 형성된다.^{Dallmayr, 2017} 이것이 21세기 국제이해교육이 지향해야 할 글로컬리즘glocalism이다.

글로컬리즘은 글로컬리제이션glocalization을 추진하거나 지지하는 이데올로기이다. 글로컬리제이션은 로버트슨^{Robertson, 1992}이 사회과학의 담론으로 도입해 활용하기 시작했으며^{Roudometof, 2016}, 일반적으로 'global'과 'local'의 합성어로서 '전 지구적 관점을 국가적 혹은 지역적 조건에 적응시킨다'는 의미로 생성된 용어이다.^{최갑수, 2009} 이는 주로 세계시장을 대상으로 이루어진 생산, 판매 활동이 현지의 특수성을 반영해 현지 실정에 맞게 개선함으로써 경제적 효과를 극대화하려는 경영 방식을 통해 발달한 개념이다. 로컬에서 생산한 것이 글로벌 사회에서 소비되고, 글로벌 사회에서 생성한 것이 국내에서 로컬적 특성으로 변화한다. 이는 글로벌 차원과 로컬 차원을 이원화 또는 분리해서 접근하는 방식보다는 글로벌적인 것과 로컬적인 것을 역동적이고 상호의존적이고 상호연계적인 관점에서 접근할 필요성이 있음에 포착하고 있다.^{김원제, 2005; 최갑수, 2009; Harris & Chou, 2001; Pieterse, 1995; Robertson, 1995}

글로컬리즘은 로컬의 전지구화, 즉 로컬의 지구적 네트워크로의 확대이며 궁극적으로 글로벌과 로컬의 이원적 구분을 배제한다. 글로컬리즘은 새로운 방향으로의 로컬적 특성을 형성할 수 있으며 지역 간 연대와 공존, 지역과 세계의 연대와 공존을 통해 새로운 공동체로서 로컬적 특성을 만들어 갈 수 있다는 관점이다. 글로컬의 특성은 교통과 통신 수단의 발달에 따른 물리적 거리의 중요성이 감소하면서 로컬과 글로벌 사회의 상호작용이 활발하게 이루어지면서 발달한다.Bauman, 2013 '전 지구적으로 사고하고 지역 차원에서 행동하라'는 사고방식Lyons, 2006; Hong & Song, 2010이 그 대표적인 경우이다. 세계화 상황에서 글로컬리즘은 글로벌리즘에 대해 보다 더 복잡한 상황을 분석하고 인식할 수 있는 접근이며, 새로운 공동체 간의 관계 형성이라는 면에서 새로운 차원에서의 세계화 인식이라고 볼 수 있고, 또한 미래지향적 개념으로 21세기 사회적 아젠더로 해석될 수 있다.홍순권, 2010

[표 1] 국제이해교육 관점의 비교

자유주의적 국제이해교육	비판적 국제이해교육
• 국익적 관점에서 국가경쟁력 강화를 위한 국제이해교육	• 초국적 입장에서 국익이 세계평화와 배치되지 않는다는 관점의 보편적 국제이해교육
• 강대국 주도의 세계질서에 편승함.	• 약소국도 동등한 포용적 세계질서를 지향함.
• 일방적 접근	• 다원적, 쌍방적 접근
• 국가 간의 이해와 협력 중시	• 인류애적 연대감에 기반한 글로벌, 로컬 맥락 중시
• 세계 패권주의와 문화적 제국주의를 전제로 함.	• 세계정의와 문화적 다양성에 기초함.
• 인본주의적, 자유주의적 가치에 기반함.	• 세계시민의식에 토대를 둔 정치·윤리적 행동

출처: 강순원 외(2017)로부터 재구성

[표 1]과 같이, 글로컬리즘은 21세기 국제이해교육을 위한 비판적 시각이자 새로운 접근으로서 의미를 지닌다. 국제이해교육은 단순히 국가 간의 이해와 협력을 위한 타문화 이해교육이 아니다. 국제적 요소가 어떻게 로컬에 영향을 미치는지에 대한 사회과학적 인식을 요하는 국제이해교육은 글로컬리즘을 통해 글로벌 환경과 로컬 환경을 더

욱 제대로 살펴볼 수 있다. 글로컬리즘은 각종 사회적 이슈들을 비판적으로 분석하고 대안을 고찰해 궁극적으로 자기 문제에 대한 글로벌한 관점을 제공한다. 특히, 21세기는 세계적인 불평등 문제 이외에도 기후 변화, 빈곤, 전염병, 테러와 폭력 등의 각종 세계 이슈들이 국가적 혹은 로컬 환경과 상호 유기적 연계성을 갖고 개인의 일상생활에도 영향을 미치고 있다. 그래서 세계 이슈들이 글로벌한 사회 문제로만 존재하기보다는 개인의 문제이자 로컬의 문제이기 때문에, 글로벌 차원과 로컬 차원을 상호 연계적인 측면에서 접근할 필요가 있다.^{김현덕 외, 2017}

오늘날 글로벌 차원의 문제조차도 국가 또는 로컬의 주체와 협력을 통해서 해결이 가능하다. 그래서 선진국 중심의 문화 전수와 이해, 선진국 관점에 의거한 세계 이슈의 진단, 시혜적 차원의 개발교육 등에서 벗어나서 글로컬 환경에 적합한 국제이해교육 방안의 모색이 필요하다. 21세기 변화된 환경에서 국제이해교육은 국가 간 우호주의와 인권, 기본적 자유에 기반한 국제이해와 협력을 위한 평화교육으로서 로컬에서 세계까지 확대되는 글로컬 시민성을 담보하는 교육으로의 전환이 필요하다.^{강순원 외, 2017}

세계화는 하나의 글로벌한 국가라기보다는 복수의 국가들이 형성한 글로벌한 시스템^{기라타니 고진, 2017}이어서 국가, 로컬에 기반한 글로벌 환경에 대한 이해를 중시해야 한다.^{이경한 외, 2017} 국가는 글로벌 사회에서 일어나는 다양한 국내외적 쟁점과 문제에 대한 이해당사자이며 글로벌 사회를 구성하는 핵심 요소이다. 21세기 글로벌 환경에서 시민사회의 주도적인 영향력이 강화되면서 국가 중심의 국제관계 이외에도 국제관계의 주체가 다변화하고 있다. 이러한 시대적 상황 변화에 따라

21세기 국제이해교육은 글로벌 사회와 로컬 간의 연계, 국가 간의 관계, 지역 간의 관계에 대한 통찰과 교육적 실천을 글로컬리즘으로 재구성할 책임을 지고 있다.

5. 국제이해교육의 홀리스틱 페다고지 모형

21세기 국제이해교육이 지향하는 교육 목적은 글로컬 시민성 함양에 있다. 글로컬 시민성은 21세기 글로컬 사회로의 변화에 적극적으로 대처하며 글로컬 환경이 초래할 이슈를 해결하는 데 기여할 수 있는 능력이다. 이러한 글로컬 시민성은 홀리스틱 페다고지를 통해 길러질 수 있다.[그림 3] 글로컬 시민성은 홀리스틱 교육원리에 근간을 두고서

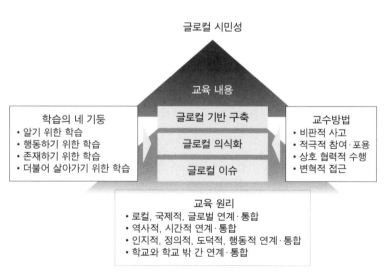

[그림 3] 국제이해교육의 홀리스틱 페다고지 모형

글로컬리즘을 반영한 교육 내용을 유네스코가 제시한 학습의 네 기둥과 홀리스틱 교수법을 통해서 실현할 수 있다.

1) 교육 원리

교육 원리는 국제이해교육을 실천하는 데 근본이 되는 원칙에 해당한다. 홀리스틱 접근의 원리와 유네스코의 포용교육^{UNESCO, 2015}을 토대로 발전시킨 교육 원리는 21세기 국제이해교육을 위한 교육 내용의 조직화에 영향을 준다. 홀리스틱 페다고지의 교육 원리는 ① 글로벌과 로컬 간 공간적 연계와 통합, ② 국제이해교육 주제에 대한 역사적 연계와 통합, ③ 인지적, 정의적, 도덕적, 행동적 영역의 연계와 통합, ④ 이론과 실천의 변증법적 결합을 위한 학교와 학교 밖과의 연계와 통합이다.

첫째, 글로벌과 로컬 간의 공간적 연계와 통합 원리에는 글로컬 사회의 일반적 특성이 반영되어 있다. 세계화로 인해 상품, 자본, 정보의 이동, 그리고 인간의 이주가 활발해짐에 따라 각종 사회적 문제는 로컬 차원과 글로벌 차원의 특성을 동시에 지닌다. 그래서 세계를 하나의 연결된 체제로 통찰할 수 있는 세계적 관점이 필요하다. 세계적 관점에서는 지역 간 상호의존성과 상호연계성을 강조하며 복잡하고 논쟁적인 글로벌 이슈들을 다양한 관점에서 접근하는 것이 중요하다.^{이경한, 2015} 이는 로컬과 글로벌이 상호연결되어 중첩해 나타나는 현상들을 보는 글로컬 시민성과 연결된다.^{조철기, 2015}

둘째, 국제이해교육 주제에 대한 시간적 연계와 통합은 다양한 글로벌 주제를 역사적 맥락에서 비판적으로 통찰하고, 현재와 미래 지향적인 대안을 제시하는 데 도움을 준다. 모든 사회적 현상에는 역사성이 내재되어 있기 때문에 역사적 맥락에서의 파악은 현재적 상황의 이해와 미래의 방향 제시에 기초를 제공해 준다.

셋째, 인지적, 정의적, 도덕적, 행동적 영역의 연계와 통합은 진선미의 균형적 통합 능력을 가진 글로컬 시민을 육성하는 데 기여한다. 학교 교육과정에서도 학생들이 인지적, 정의적, 도덕적, 행동적 영역 등의 연계와 통합을 통해 조화로운 사회생활에 필요한 균형감을 갖춘 능력을 성취하도록 한다.

넷째, 학교와 학교 밖 사회와의 연계와 통합은 국제이해교육이 학교교육에서뿐만 아니라 평생교육까지 상호연계성을 가지고 있음을 보여준다. 글로컬 시민성은 로컬 수준에서 발생하는 세계 이슈에 대한 이론적 검증과 실천적 모색을 통해 변증법적으로 진화해 가는 과정에서 길러진다. 이 과정에서 학습자들은 지역사회를 학습 대상으로 해서 다양성의 인식과 존중, 시민의 역할, 문제해결 능력, 의사소통 능력 등 실천적인 시민적 자질을 함양할 수 있다. 그리고 지역사회의 현장성이 높은 프로그램과의 연계는 지속적으로 다양성과 평등을 신장시킬 수 있는 시민성 교육을 지향하게 한다.^{강순원, 2010}

2) 학습의 네 기둥

유네스코의 21세기 교육위원회에서는 다가오는 세기의 학습 유형으로 네 기둥, 즉 알기 위한 학습, 행동하기 위한 학습, 존재하기 위한 학습과 더불어 살아가기 위한 학습을 제시했다.^{UNESCO International Commission on Education for the 21st Century, 1996} 첫째, '알기 위한 학습learning to know'은 지속적 학습 동기를 획득하고 평생 배움을 실천하면서 글로벌 사회와 로컬 사회 내의 핵심 쟁점들을 이해하는 것이다. 둘째, '행동하기 위한 학습learning to do'은 직업적 기능의 신장뿐 아니라 삶 속에서 일어나는 다양한 상황과 자신의 일을 잘 처리할 수 있는 역량을 기르고, 다양한 사회적 경험을 수행하기 위한 학습이며 글로컬 사회에의 관심과 적극적 참여를 위한 기능을 습득하는 것이다. 셋째, '존재하기 위한 학습learning to be'은 인간이 자신의 개성을 계발하고, 개인적 책무성을 가지고 행동하는 능력을 기르는 학습이며, 신체적, 정서적, 사회적으로 온전함을 갖춘 전인적 인간으로 성장할 수 있는 잠재능력을 키워가는 것이다. 넷째, '더불어 살아가기 위한 학습Learning to live together'은 타인과 상호의존에 대한 이해와 인식을 계발해 다원주의, 상호이해 및 평화의 측면에서 우리의 갈등을 다루고 해결하기 위한 상생의 학습이며 사회 구성원으로서 사회, 환경과 조화로운 삶을 살아갈 수 있는 태도와 가치를 만들어 가는 것이다. 여기서는 특히 인권, 민주주의, 문화간 이해, 다양성 존중, 평화에 대한 내적 가치를 형성하는 데 중점을 둔다. 유네스코의 네 가지 학습 모형은 개인의 지적, 정서적, 행동적 능력을 균형 있게 계발하는 것을 목적으로 하고 있으며 총체적 인간 발달의 관점을 반영하는 홀리스틱 페다고지를 강조한다.

3) 교육 내용

국제이해교육의 목표는 평화롭고 정의로운 상호이해를 하는 우호적 사회를 만들기 위해 세계의 문제를 함께 해결하고자 하는 세계시민성의 함양이다. 그러나 오늘날 국가주의의 강화와 다양한 세계 이슈의 발생, 국가 간의 관계와 역할 못지않게 시민단체나 지역사회의 영향력 증가 등은 세계 이슈들을 로컬과 연계해 분석하고 그 해결 방안을 모색하는 '글로컬리즘'의 필요성을 제기했다. 그래서 글로컬리즘은 21세

기 국제이해교육의 교육 내용을 구성하는 새로운 접근법을 제시하고
있다.

여기서는 글로컬리즘에 따른 세부적인 교육 내용을 선정했다. [표
2]에서 보듯이, 교육 내용은 크게 3개의 주제 영역: 글로컬 기반구축
Glocal Provision, 글로컬 의식화Glocal Conscientization와 글로컬 이슈
Glocal Issues로 구성했다.

첫째, 글로컬 기반구축은 글로컬 시민성 함양을 위한 전달체계를
어떻게 구성해 관련 하부구조를 구축할 것인가에 대한 교육 내용이
다. 여기서는 개인, 지역사회, 국가, 글로벌 사회 간의 상호연계성을
포괄적이고 비판적으로 인식하고 관련 지식을 학습해 개인의 참여 행
동을 이끌어내는 교육 내용을 구성한다. 세계와 국가, 국가 간 부처

[표 2] 국제이해교육 학습모형

내용 영역 / 학습 유형	글로컬 기반구축 Glocal Provision				글로컬 의식화 Glocal Conscientization				글로컬 이슈 Glocal Issues					
	세계와 지역 간 관계	국가 간 관계	시민 사회 (기관) 간 관계	개인 간 관계	탈 국가 주의	탈 식민 주의	호혜 주의	문화 (문명) 간 대화	인권	문화 다양성 (정체성)	불평등 과 글로벌 정의	환경 정의 (자원, 에너지, 기후 변화 등)	인간 안보 (빈곤, 기아, 교육 등)	테러 리즘 과 폭력적 극단 주의
알기 위한 학습	주제 1a	주제 2a	주제 3a	주제 4a	…	…	…	…	…	…	…	…	…	…
행동하기 위한 학습	주제 1b	주제 2b	주제 3b	…	…	…	…	…	…	…	…	…	…	…
존재하기 위한 학습	주제 1c	주제 2c	…	…	…	…	…	…	…	…	…	…	…	…
더불어 살아가기 위한 학습	주제 1d	…	…	…	…	…	…	…	…	…	…	…	…	주제 14d

및 지역 간의 연계, 그리고 시민사회와의 협력 등을 통한 포괄적 구조를 완성하도록 교육 내용의 기반을 구축하는 영역이다. 세계와 지역 간의 관계에서는 다양한 지역들이 더 큰 세계와 어떤 관계를 맺고 있으며 세계와 어떻게 상호작용하고 있는지를 학습하며, 제도적 기반구축을 위해 요청되는 행정적 지원체계를 만들도록 한다. 국가 간의 관계에서는 세계의 여러 국가들은 어떤 상호작용을 하고 있으며 어떤 상호의존적 관계를 보이는지를 살펴보고 나아가서 상호연결 관계를 비판적으로 파악한다. 시민사회(기관) 간의 관계에서는 오늘날 국가 못지않게 적극적인 상호작용을 이어가는 시민사회의 역할을 살펴보는 데 초점을 둔다. 국내외 다양한 시민사회(기관) 간의 상호작용 양상과 구체적인 활동 내용을 살펴보면서 글로컬 사회 안에서 이루어지는 작은 규모의 다양한 상호연계망을 파악한다. 마지막으로 개인 간의 관계에서도 시민사회 간의 관계에서와 마찬가지로 교통과 통신의 발달로 개인의 이주 역량과 역동성이 증가함에 따라 국내외에서 나타나는 개인 간의 상호작용과 다양한 연계망을 파악한다. 그래서 글로컬 기반구축은 전체적으로 상호관계망과 관계 양상을 파악하고 그 연결 관계를 비판적으로 평가하며 긍정적인 방향의 관계 형성을 위한 방안을 탐색해 지적 인프라를 구축하도록 하는 학습 영역이다.

둘째, 글로컬 의식화는 일상생활 속에서 삶을 영위하는 데 필요한 기본적 가치와 지식에 해당하는 것으로서 글로컬 환경에 대한 인식, 감수성, 지식, 가치를 성취하도록 하는 교육 영역이다. 세부 주제로는 네 개의 하위 주제, 즉 탈국가주의, 탈식민주의, 상호호혜주의, 문화(문명) 간 대화로 설정했다. 탈국가주의 학습에서는 글로벌 환경에서 탈국가주의적 사고의 의미와 필요성, 인류의 보편적 가치와 그 필요성을 토론한다. 탈식민주의에서는 세계 여러 지역, 문화, 사람들에 대한 왜곡, 편견, 고정관념을 제국주의적 침략과 이의 반응으로 해석해 살펴보고 이의 해결 과제를 토론하며, 다양성의 가치를 인식하고 비판적 시각을 계발한다. 상호호혜주의는 국제사회에서 서로 대등한 관계에서 상호 이익을 주고받는 원칙이다. 그래서 상호호혜주의 주제에서는 같음과 다름을 파악하고 상호호혜적 관계를 형성하기 위한 다양한 방법을 탐색한다. 더불어 차이와 다양성을 인정하고 상호 연대의식을 지니며 공존을 위한 방안을 탐색한다. 그리고 문화(문명) 간 대화에서는 다양한 개인, 집단의 문화의 차이와 다양성을 이해하고 존중하며 공감과 연대감을 기른다. 또한 여러 층위의 정체성을 구분하고 다양한 개인, 집단, 문화 간 공존의 태도와 방향을 탐색한다.

셋째, 글로컬 이슈는 인권, 문화적 다양성(정체성), 불평등과 글로벌 정의, 환경정의(예: 자원, 에너지, 기후 변화 등), 인간안보(예: 빈곤, 기아, 교육 등), 테러리즘과 폭력적 극단주의 등 글로벌 사회에서 당면할 수 있는 이슈들을 학습 내용으로 담고 있다. 세계 이슈에 대한 교육은 그동안 꾸준히 국제이해교육의 핵심 주제가 되어 왔다. 세계 이슈들을 글로컬 관점에서 접근하도록 하고, 21세기 사회에서 일고 있는 인간안보, 테러리즘, 폭력적 극단주의, 글로벌 정의 등을 중요 이슈로 설정했다. 이러한 이슈들은 세계 이슈가 로컬화된 부분도 있고 로컬 이슈가 글로벌화한 측면도 있기 때문에 전 지구적으로 사고하고 지역 차원에서 행동하라는 지침에 따라 홀리스틱하게 접근해야 한다.

이러한 세 영역의 주제들은 앞에서 제시한 네 개의 학습 기둥과 연계해 학습할 수 있게 구성했다. 물론 이 주제들은 지역적 환경, 시대적 환경, 학습자의 경험 수준, 교수자의 전문성을 반영해 유연하게 변화시키거나 확장할 수 있다. 따라서 국제이해교육의 세부 내용 주제는 시대적 민감성, 지역적 특수성, 학습자의 수준과 교수자의 전문성을 고려해 교육의 장소와 환경, 학년에 따라 다양하게 구성할 수 있다.

4) 교수 방법

교수 방법은 국제이해교육의 학습 내용을 학습 목표와 연결하는 구체적인 실행 전략이다. 여기서는 유네스코의 교육철학 및 프레이리의 변혁적 교육과정 구성이론 그리고 1974년 「국제이해교육 권고」를 기반으로 다음 네 가지의 교수 방법을 구안했다.김신일, 2000; UNESCO, 2015; Wintersteiner et al., 2015

첫째, 비판적으로 사고하기이다. 비판적 사고는 세계시민성의 핵심 자질에 해당한다. 글로컬 사회의 이해, 글로컬 의식화, 글로컬 이슈 등은 서로 연계된 복잡한 구조를 지니고 있다. 그래서 다양한 시각에서 비판적으로 접근할 때 현상을 제대로 파악하고, 바람직한 해결 방안을 도출할 수 있다.

둘째, 학습자의 적극적 참여와 포용 방법이다. 국제이해교육이 목표로 하는 글로컬 시민성은 글로컬 사회에 대한 이해를 토대로 바람직한 방향의 대안 제시와 이의 실천력을 포함하고 있다. 학습자가 글로컬 사회에 관심을 갖고 이 문제에 적극적으로 참여해야 한다. 학습 과정에서 관련 지식과 태도의 내면화를 이루어 일상생활에서 실천력을 발휘할 수 있어야 한다. 자신의 삶과 글로컬 사회와의 관계를 인식하고, 개인, 지역사회와 국제사회의 변화를 가져오기 위한 성찰적 고민과 적극적 참여가 필요하다. 그래서 학습자의 주도적인 적극적 참여와 포용적 태도를 실천하는 교수 전략이 필요하다.

셋째, 타인과의 적극적 상호작용과 협력적 태도의 교수 방법이다. 국제이해교육은 '문화 간 이해', '더불어 사는 사회 만들기' 등 타인과의 상호작용과 우호적 관계 형성에 기반한 글로컬 시민을 육성하고자 한다. 타문화를 이해하기 위해서는 다양한 사람들과의 교류와 상호작용이 필요하다. 학습 과정에서 상호교류 및 협력적 상호작용을 통해서 다른 문화를 인식하고 이해하며 궁극적으로 문화 간의 적극적 교류를 기대할 수 있다.

넷째, 변혁적 교수 방법의 적용이다. 국제이해교육은 기존의 정규 교과목 중심의 접근과는 달리 홀리스틱 접근에 기반하고 있다. 이는 학교와 학교 밖 사회와의 연계, 교과 간 연계, 지식, 기능, 태도, 실천 등 목표 영역의 다양성과 연계, 전인적 인간 형성 등 여러 면에서 특별함을 지닌다. 무엇보다도 사회제도의 변혁을 위한 요람으로서 학교교육의 역할을 기대한다. 그런 면에서 기존 학교교육과는 다른 변혁적 차원의 접근이 요구된다.

6. 소결

본 장에서는 21세기 글로벌 시대정신을 반영해 국제이해교육을 재개념화한 교수방법론인 홀리스틱 페다고지 모형을 제시했다. 21세기 국제이해교육을 위한 홀리스틱 페다고지 모형을 다음과 같이 구체화했다.

첫째, 21세기 국제이해교육에서 지향하는 교육의 방향을 글로컬 시민성 함양에 두었다. 20세기 사회에서는 세계화가 일방적인 영향력을 미친다고 전제하는 반면, 오늘날의 세계화는 세계와 개인, 로컬, 지역, 국가, 시민사회 등이 다양한 층위에서 상호작용이 이루어지고 있다.

둘째, 21세기 국제이해교육의 학습 원리는 유네스코가 제안한 학습의 네 기둥을 활용했다. 국제이해교육은 궁극적으로 세계시민성을 성취하는 데 목적을 둔 교육이다. 개인의 내면을 성숙화하고 주변 환경에 대한 이해와 변혁적 태도를 지향하며, 이를 통해 사회에의 참여의식을 강조하는 교육이다. 특히, 글로컬 시민으로서 세계와 지역의 다양한 문화를 포용하고 다양성을 인정하고 존중하는 태도, 자연환경과의 상호관계를 인식해 공존하려는 적극적인 태도와 실천을 강조하는 교육이다. 유네스코 학습의 네 기둥, 즉 '알기 위한 교육', '행동하기 위한 교육', '존재하기 위한 교육', '더불어 살아가기 위한 교육'은 홀리스틱 교육 철학을 잘 반영하고 있다.

셋째, 교육 영역에서는 교육 내용을 세 가지의 주제, 즉 글로컬 기반구축, 글로컬 의식화, 글로컬 이슈로 설정했다. 글로컬 시민성 함양을 위한 주제들은 네 개의 학습 기둥별로 지역적 상황, 시대적 상황, 학습자 상황을 고려해 세부 주제로 상세화했다. 교수자는 상세화한 세부 주제를 토대로 유연성과 개방성을 발휘해 상황에 맞게 수업에 활용할 수 있다.

넷째, 21세기 국제이해교육의 홀리스틱 교수 방법으로는 글로컬 시민성 함양에 필요한 능력을 길러내기 위한 교수전략으로 비판적 사고, 적극적 참여와 포용, 협력적 태도, 변혁적 접근 등을 제시했다. 이것은 본질적으로 홀리스틱 교육 원리에 근거한 통합적 교수법이다.

국제이해교육은 학령 전 교육에서부터 시작해 학교교육뿐만 아니라 평생교육에서도 요청되는 교육이다. 특히 21세기에는 국제교류와 상호작용의 주체가 국가나 지역을 넘어서 시민단체나 개인 단위로까지 확대되면서 국제이해교육의 실천적 모형이 더욱 절실히 요청된다. 국제이해교육을 재개념화해 구안한 국제이해교육의 실천적 모형은 학교, 평생교육기관 및 시민사회 등에서 국제교류나 글로벌 연대 및 지원 활동, 그리고 자원인사 연수를 더 혁신적으로 실현하는 데 기여할 수 있을 것이다.

에필로그

국제이해교육은 세계평화를 위한 원초적 몸짓이다. 국경이란 이름으로 나누어진 세계를 국경 넘어 하나의 세계로 이해하기 위한 교육이자 우리의 소명이다. 국제이해교육은 일상으로부터 먼 교육이 아니다. 우리는 세계화로 인해 글로벌 시대에 살고 있고, 글로벌 세계는 지금 이곳의 삶에 영향을 주고 있다. 또한 우리는 로컬의 시대에 살고 있고, 실존적인 구체적인 삶의 현장인 로컬은 우리의 삶을 지배하고 있다. 그래서 우리는 글로벌 시대와 로컬의 시대를 동시에 살아가고 있다. 이런 사회를 글로컬glocal 사회라고 규정한다.

우리는 일상생활에서 새우를 많이 먹는다. 어느 뷔페 식당에서 생새우, 새우(버터)구이, 새우튀김, 새우초밥 등의 다양한 이름으로 변신한 새우를 만날 수 있다. 새우는 생각보다 값싼 가격으로 우리의 생활에 깊숙이 자리잡고 있다. 맛있는 새우를 먹을 수 있는 것은 동남아시아에서 새우를 값싸게 수입해 왔기에 가능하다. 대형 새우 양식업자들은 새우를 대량으로 수출하기 위해 동남아시아의 해안 습지를 새우 양식장으로 만들었다. 새우를 양식하기에 적절한 곳이다. 이 해안 습지에는 염생鹽生 식물인 맹그로브 나무가 빼곡하게 자라고 있다. 새우 양식업자에게 맹그로브 숲은 대규모 새우 양식을 하는 데 걸림돌로만 여겨졌다. 갯벌의 맹그로브 숲은 고밀도의 대규모 새우 양식을 위해 잘려 나갔다. 그곳 갯벌에서 평방미터당 0.5톤의 새우를 양식하고 있다. 새우 양식을 위해 엄청난 항생제를 뿌려대고, 지역 주민들은 새우 양식장의 인부로 일을 하고 있다.

인도네시아 등에서 대규모 지진 해일(쓰나미)이 발생했을 때, 이곳에서 엄청난 재앙이 발생했다. 바다에서 밀려오는 거대한 해일을 막아줄 맹그로브 숲이 파괴되었기 때문에 해안가는 무방비로 지진해일 피해를 입게 되었다. 우리가 일상생활에서 먹는 새우 음식이 동남아시아 해안의 맹그로브 숲을 파괴하고, 현지의 주민들은 엄청난 지진해일의 피해를 입었다. 우리는 맹그로브 숲을 제거함으로써 그것이 재앙이 되어 되돌아올 것으로 생각하지 못했다. 인도네시아 등에서 발생한 무서운 지진해일을 경험하고서야 자연방파제 역할을 하는 맹그로브 숲을 복원하는 사업을 하고 있다. 우리가 집이나 식당에서 즐겨먹는 작은 새우가 우리의 삶터에서 멀리 떨어져 있는 동남아시아의 엄청난 환경재앙과 맞닿아 있다.

지금 이곳 우리가 먹는 새우는 로컬 수준에서 일어나는 행위이고, 우리가 먹는 새우로 인한 동남아시아의 자연환경 파괴와 지진해일의 재앙은 글로벌 수준에서 일어나는 이슈이다. 로컬과 글로벌은 서로 다른 차원의 세상이지만, 이 둘은 다층적으로 상호 연계되어 있다. 21세기의 시대에 글로컬 마인드 혹은 글로컬 사고가 필요한 이유가 여기에 있다.

우리의 일상 음식인 새우의 소비 행위와 동남아시아에서 발생한 지진해일의 피해가 서로 무관하고 별개의 현상이 아니라 상호 연계

connection되어 있음을 인식할 필요가 있다. 우리의 무심한 행위가 나비 효과를 내어 또 다른 지역에 엄청난 영향을 줄 수 있다는 것을 이해하는 사고가 중요하다. 다음으로 우리의 소비 행위와 동남아시아의 주민은 상호 동등한 위치를 가진 존재이고, 서로 존중해 주어야 하는 존재라는 것을 인식할 필요가 있다. 이것은 '이 땅의 모든 존재들이 상호균형balance을 가져야 함'을 말한다. 동남아시아의 새우 양식장에서 일하는 노동자의 과다한 노동 착취와 자연환경의 파괴를 통해 얻어진 새우를 지나치게 싼 값에 즐기는 것은 불공정한 것이다. 이곳의 소비자와 다른 곳의 생산자가 모두 행복할 수 있는 방법을 모색해야 한다. 다음으로 상대적으로 값싸게 새우를 소비하는 자는 동남아시아의 맹그로브 숲을 복원하는 데 적절한 자기 분담을 할 필요가 있다. 지나치게 편리하고 값싼 소비를 지양해 자연 파괴를 막고, 우리의 즐거운 소비를 위해 희생한 자연과 또 다른 자의 삶을 돕는 데 기꺼이 참여할 수 있는 행위를 요한다. 다름 아닌 포용inclusion의 자세를 갖추어야 진정한 국제이해를 실천하는 시민이라고 할 수 있다.

이렇듯 한 현상에 대한 이해를 총체적으로 접근하는 교육 방식을 국제이해교육에서는 홀리스틱 페다고지라고 부른다. 홀리스틱 페다고지를 위해서는 단일 교과를 넘어 전 교과로 접근하고, 이론뿐만 아니라 실천 영역까지 아우르고, 학교와 지역사회가 다 함께 노력하고, 어린이부터 성인에 이르기까지 전방위적으로 교육이 이루어져야 한다.

*   *   *

국제이해교육은 우리시대의 오래된 미래 교육이다. 우리는 국경의 두 얼굴을 동시에 목격하고 있다. 사람과 물자뿐만 아니라 사상과 이념까지도 통제하며 멈추게 하던 힘을 가진 장벽이자 경계인 국경이 글로벌 사회에서는 단단한 물리적 장벽으로서 기능이 소프트해지고 있다. 그 결과, 국가와 국가는 국경의 경계를 낮추어 서로 공유의 정치와 경제를 가능하게 만들고 있다. 반면 글로벌 사회에서도 국경은 더 강력한 기능을 담당하기도 한다. 중남미 국가에서 몰려오는 캐러번과 멕시코인의 유입을 원천봉쇄하려는 미국 트럼프 정부의 국경 장벽이 대표적인 사례이다. 국경을 중심으로 난민을 막으려는 나라와 이를 뚫으려는 사람들 간의 험한 싸움이 벌어지고 있다.

국경은 두 얼굴을 가진 야누스이다. 미국은 국경을 넘으려는 사람들을 불법 밀입국자로 규정하고 철의 장벽을 높게 쌓고 있다. 오늘도 중남미의 캐러번은 수천 킬로미터를 걸어와 목숨을 걸고서 미국 국경을 넘으려 하고 있다. 강대국인 미국은 중남미의 이주자들을 난민으로 보지 않고 불법자로 보고 있다. 세상의 인심도 강대국인 미국의 편에서 캐러번을 바라보고 있다. 하지만 캐러번의 입장에서 이 문제를 바라보는 사람들도 있다. 그들은 오로지 가난 때문에, 일자리가 없어서 부자 나라인 미국으로 가고 싶어한다고 외치고 있다.

미국으로 들어가고자 하는 중남미 출신의 캐러번의 문제를 어떤 관점으로 바라볼 것인가를 생각해 볼 수 있다. 미국의 트럼프 정부는 그들을 가난한 나라의 불법 밀입국자들로 보고 있다. 그들이 불법 밀입국자이기에 미국 정부는 그들을 봉쇄하기 위해 미국 국경에 더 높고 더 튼튼한 장벽을 쌓고 있다. 반면에 가난한 나라 출신의 캐러번은 일자리가 많은 미국으로 가서 일을 하고자 한다. 오로지 생존을 위해, 미국의 국경을 넘어 미국이 인정하는 범위 안에서 일을 해서 모국의 가족을 먹여 살리겠다는 일념 하나로 목숨을 건 긴 여행을 해서 미국 국경에 도달했다.

국제이해교육은 미국 국경의 캐러번 문제와 같은 세계 이슈를 비판적인 시각으로 바라보고자 한다. 캐러번 문제에 대한 분석은 세계 이슈를 비판적으로 바라보는 데서 시작할 수 있다. 캐러번 행렬은 중남미 국가의 불평등 구조에서 비롯되었다. 중남미 국가들의 불평등은 식민 지배국가의 약탈, 식민 지배국가와 국가 독재 권력의 결합 등으로 인한 결과이다. 그리고 현재 미국 국민들이 누리는 부의 많은 부분이 중남미 국가 출신의 저임 노동력에 기반하고 있다. 미국은 일자리를 찾고자 하는 중남미 국민들의 삶을 돌아볼 필요가 있다. 탈식민주의의 관점을 가지고서 세계 이슈를 바라봄으로써 약소국가와 그 국민들에 대한 왜곡, 편견, 고정관념을 극복할 수 있다. 국제이해교육은 캐러번과 같은 세계 이슈를 제국주의적 침략과 이의 반응으로 해석해 살펴보고 이의 해결 과제를 토론하며 비판적 시각을 개발하고자 한다.

이런 시각으로 볼 때, 우리나라 제주도에 온 예멘 난민 문제를 어떻게 바라보고 해결할 것인가는 우리에게 주어진 과제이다. 세계 이슈가 우리 안의 문제로 왔을 때, 우리 안에 있는 편견과 장벽을 비판적으로 바라볼 수 있는가의 문제이다. 난민을 환대할 것인가, 난민을 배척할 것인가? 그래서 국제이해교육은 지금 지구촌에서 벌어지고 있는 세계 이슈에 기꺼이 관심을 갖고, 이 문제를 분석하고, 그 해결책을 논의한다. 국제이해교육은 글로벌 시대에 일어나는 문제를 해결하기 위해 오래전부터 교육하기 시작했고, 지금 이 시대에도 여전히 유효한 교육 방식이다.

*　　　　*　　　　*

국제이해교육은 상호문화이해를 통한 평화와 인권교육을 지향한다. 문화의 다름과 차이를 인정해 문화의 다양성을 존중한다. 문화의 이해는 다양한 관점을 인정하는 것이 필수적이다. 문화는 공유된 것이고 학습되는 것이어서, 문화를 이해하기 위해서는 열린 마음과 관용의 정신이 필요하다. 다양한 관점으로 서로의 문화를 이해하고 존중하기에 서로 다툼의 확률이 낮아진다. 문화를 이해하고 편견을 해소하기 위해서는 문화상대주의 관점을 가질 필요가 있다. 문화상대주의는 다른 문화를 그 문화의 관점에서 이해하고, 자신이 가진 문화의 관점으로 다른 문화를 바라보고 판단해서는 안 된다는 사고이다. 이런 관점은 오랜 역사적 배경을 가지고서 형성된 문화를 이해하는 데 매우 중요한 역할을 한다. 우리 안에 똬리를 틀고 있는 다른 문화에 대한 편견도 해소할 수 있다.

그러나 문화상대주의는 윤리적 상대주의로 전락하는 것을 경계할 필요가 있다. 우리 안의 무관심이나 방관을 정당화시키는 우를 범할 수 있기에 문화상대주의의 맹신을 주의해야 한다. 독일의 나치는 제2차 세계대전 중 인류 역사에서 유래를 찾아볼 수 없는 엄청난 학살을 자행했다. 나치는 600만 명에 이르는 유태인을 학살했다. 나치의 학살을 타국가나 타문화로 보고서 상대주의의 입장만을 취할 수는 없다. 또한 이슬람이나 기독교 근본주의자들이 타종교나 타문화에 대해서 행하는 배타적, 더 나아가 적대적 행위를 자주 본다. 종교라는 이름으로 타종교를 배척하거나 극단적인 자살 폭탄테러를 감행하는 행위에 대해서 종교 상대주의로 접근할 수는 없다.

독일의 나치가 유대인 학살을 자행할 때, 히틀러를 포함한 나치의 만행을 애써 모른 체하거나 눈을 감았던 우리 안의 무관심이나 방관이 세계평화를 멈추게 했다는 것을 반성한다. 종교 근본주의자들이 타종교와 문화에 대해서 극단적 폭력이나 테러를 감행했을 때, 그들의 잘못에 대해서 감히 질책하지 못했던 바를 반성할 필요가 있다. 극단주의, 테러리즘, 문화적 우월주의, 불평등 등은 우리가 사는 곳에서 일어날 수 있다. 나의 삶 속에 그리고 나의 마음속에 깊숙이 자리할 수 있다. 이는 부지불식간에 나의 행위로 나올 수 있다. 때로는 이들을 나와 무관한 듯이 살아갈 수도 있다. 이럴 때 타문화에 대한 우리 안의 무관심이나 방관을 경계하고 비판하는 것은 평화와 인권을 이 땅에 구체화할 수 있는 가능성을 열어 준다. 국제이해교육은 상호문화이해를 통해 서로를 이해하도록 이끌어 주고, 우리 안의 편견을 제거하고 더 나아가 무관심마저도 비판할 수 있도록 해준다. 이는 곧 국제이해교육이 평화와 인권교육에 기여할 수 있도록 해준다.

*   *   *

21세기에는 국제교류와 상호작용의 주체가 국가나 지역을 넘어서 시민단체나 개인 단위로까지 확대되면서 국제이해교육의 중요성이 더욱 증대하고 있다. 특히 글로벌 문제가 곧 로컬의 문제가 되고, 로컬의 문제가 곧 글로벌의 문제가 되는 시대에 살아가는 오늘날에는 글로컬 차원에서 국제이해교육의 실천을 요청받고 있다. 지금 바로 우리 삶의 현장에서 일어나는 글로컬 이슈를 비판적으로 바라보면서, 그 문제의 해결에 참여하고 실천하기를 바란다. 그것이 국제이해교육의 출발점이자 목적이다.

참고 문헌

강성현·백원담(2017).『종전에서 냉전으로』. 서울: 진인진.

강순원(2000).「국제이해교육의 현재적 시사점」. 국제이해교육 봄호. 57~84.

강순원(2002).「아시아 평화와 국제이해교육」. 국제이해교육 가을·겨울 9호. 66~79.

강순원(2005).「국제이해교육에서의 평화와 인권 문제」. 국제이해교육연구 창간호. 17~33.

강순원(2009).「포스트콜로니얼리즘 담론으로서 다문화사회의 인권교육」. 진보평론 42, 100~120.

강순원(2010).「다문화사회 세계시민교육의 평생교육적 전망」 평생교육학연구 16(2). 69~91.

강순원(2014).「국제이해교육과 맥락에서 본 한국 글로벌시민교육의 과제」. 국제이해교육연구 9(2). 1~31.

강순원(2016).「21세기 유럽 비교교육학의 동향: Euro-centrism 극복의 과제」. 비교교육연구 26(3). 1~21.

강순원·김현덕·이경한·김다원(2017).「국제이해교육의 변천과정에 관한 교육사회사적 연구」. 교육학연구 55(3). 287~314.

강창동(2003).『한국의 교육문화사』. 서울: 문음사.

강혜정(2003),『일본 국제이해교육의 동향, 국제이해교육의 동향』. 서울: 유네스코 아시아·태평양 국제이해교육원. 73~185.

교육부(2009).「2009 개정 교육과정」.

교육부(2015).「2015 개정 교육과정」.

국가지속가능발전위원회(2008),「지속가능발전 기본 법령」.

권순정·강순원(2015).「평화교육과 인권교육의 상보성에 관한 연구」. 국제이해교육연구 10(1). 31~62.

기라타니 고진(조영일 역)(2017).『세계사의 구조』. 도서출판 b.

김다원·이경한(2017).「한국 국제이해교육 이행 현장에 관한 연구」. 국제이해교육연구 12(2). 45~96.

김석수(2011). 「세계시민주의에 대한 현대적 쟁점과 칸트」. 칸트연구 27. 151~180.

김신일(2000). 「세계화시대 국제이해교육」. 국제이해교육 창간호. 9~16.

김신일·김영화·김현덕(1995). 『국제이해교육의 실태와 국제비교 연구』. 서울: 유네스코한국위원회.

김원제(2005). 「글로벌 미디어 스포츠 이벤트인 월드컵과 민족정체성의 문제: 글로컬리즘 개념을 중심으로」. 한국연구재단 연구성과물 연구과제번호 2005-041-B00862.

김진희(2017). 『글로벌시대의 세계시민교육 이론과 실제』. 서울: 박영스토리.

김현덕(2000). 「국제이해교육의 개념과 방향」. 국제이해교육 창간호. 85~113.

김현덕(2003). 「미국의 국제이해교육 동향 및 과제」. 비교교육연구, 13(2), 41-57.

김현덕(2008). 「한국 국제이해교육의 평가와 과제」. 비교교육연구 18(4). 57~81.

김현덕(2011). 「9·11 사건 이후 국제이해교육의 방향 정립에 관한 연구」. 국제이해교육연구 6(2), 31~56.

김현덕(2014). 「국제이해교육의 방향설정을 위한 국가 간 최근 동향 비교연구」. 비교교육연구 24(6), 117~139.

김현덕(2015). 「외국인학교에서의 국제이해교육 방향에 관한 연구」. 국제이해교육연구 10(1). 1~29.

김현덕(2016). 「DESD 이후 ESD 교사교육 프로그램의 개발 방향에 관한 연구」. 국제이해교육연구 11(2). 1~45.

김현덕·강순원·이경한·김다원(2017). 「국제이해교육의 지역별 동향 분석연구: 유럽, 북미, 아시아태평양, 아프리카를 중심으로」. 비교교육연구 27(4). 127~154.

김호석·최석진·강상규(2011). 「학교 교육과정 ESD 강화 연구」. 유네스코한국위원회.

나카가와 요시하루(1999). 『홀리스틱 교육의 가능성. 홀리스틱 교육의 이해』. 일본홀리스틱교육연구회(송민영, 김현재 역). 책사랑. 51~66.

라즐로(변종헌 역)(1999). 『비전 2020: 2020년 인류의 미래를 위한 새로운 제안』. 민음사.

린 데이비스(강순원 역)(2014). 『극단주의에 맞서는 평화교육』. 파주: 한울.

매기 블랙(추선영 역)(2012). 『유엔 강대국의 하수인인가, 인류애의 수호자인가』. 서울: 이후.

명지원(2007). 「홀리스틱교육에 의한 환경교육 통합교육과정 구성: 자연, 환경, 생태계의 오염문제를 중심으로」. 홀리스틱교육연구 11(2). 95~119.

박성익(2003). 「홀리스틱 교육의 학문적 정체성과 발전방향 탐색」. 한국홀리스틱 교육학회지 7(1). 1~14.

박성혁·곽한영(2009). 「다문화교육 정책 국제비교를 통한 우리나라 다문화 교육 정책의 방향 모색」. 시민교육연구, 41(2), 97~127.

박현우(2006). 「초등사회과 국제이해교육의 실태 분석과 개선 방안 탐색」. 한국교원대학교 교육대학원 석사학위논문.

박흥순(2013). 「유엔의 기원, 발전, 역할과 국제사회, 유엔과 세계평화」. APCEIU 엮음. 21~83.

박흥순(2015). 『인권보호와 국제기구의 역할, 국제기구와 인권, 난민, 이주. APCEIU 편』. 서울: 오름. 19~91.

변종헌(2006). 「세계시민성 관념과 지구적 시민성의 가능성」. 윤리교육연구 10. 139~161.

부산대학교 국제이해교육연구팀(2012). 『국제이해교육의 이론과 실제』. 학지사.

서울시교육청·유네스코아시아태평양국제이해교육원(2013). 「교실에서 함께하는 국제이해교육」. 서울시교육청.

성열관(2010). 「교육과정 문서에 나타난 국제교육의 관점과 개념분석: 영국 국가교육과정 지침을 중심으로」. 교육문제연구 37. 23~42.

오정은(2011). 『EU 집행위원회의 볼로냐 프로세스 참여: 유럽 고등교육정책의 유럽화, 유럽의 사회통합과 사회정책』 파주: 한국학술정보.

요네다 신지(2002). 「일본국제이해교육의 발전과정」. 국제이해교육 가을·겨울 9호. 95~100.

요시다 아츠히코(1999). 『홀리스틱 교육이론의 영역. 홀리스틱 교육의 이해』. 일본홀리스틱교육연구회(송민영, 김현재 역). 서울: 책사랑. 128~166.

유네스코(2009). 『세계 EFA 현황 보고서』. 서울: 유네스코.

유네스코 아시아태평양 국제이해교육원(2003). 『국제이해교육의 동향-미국, 일본, 호주, 한국』. 서울: 정민사.

유네스코 아시아태평양 국제이해교육원(2015). 「세계시민교육, 선생님을 만나다」. 유네스코 아시아태평양 국제이해교육원.

유네스코 한국위원회 편(1988). 『국제이해교육의 길잡이』. 서울: 구미무역 출판사.

유네스코 한국위원회 편(1996). 『국제사회와 국제이해교육』. 서울: 정민사.

유네스코 한국위원회 편(2000). 『국제이해교육 방법론』. 서울: 사람생각.

유네스코 한국위원회(2008). 「지구촌의 평화를 위하여」. 유네스코한국위원회 제17대 이삼열 사무총장 연설자료집.

이경한(2014a). 「국제이해교육 관점에서 문화다양성교육의 탐색」. 국제이해교육연구 9(2). 33~57.

이경한(2014b). 「다문화교육의 연구 경향에 관한 기초 분석」. 초등교육연구 25(2). 전주교육대학교 초등교육연구원. 92~102.

이경한(2015). 「유네스코 세계시민교육과 세계지리의 연계성 분석」. 국제이해교육 연구 10(2). 45~76.

이경한·김현덕·강순원·김다원(2017). 「국제이해교육 관련개념 분석을 통한 21세 기 국제이해교육의 지향성에 관한 연구」. 국제이해교육연구 12(1). 1~48.

이삼열(2003). 「국제이해교육의 철학과 역사적 발전. 세계화 시대의 국제이해교 육」. 유네스코 아시아태평양 국제이해교육원. 8~29.

이상주(2000). 「국제이해교육의 전체론적 접근」. 국제이해교육 2호. 5~25.

이선정·김영환(2011). 「초등학교 국제이해교육의 개선을 위한 기초연구」. 국제교 육협력연구지 4(1), 3~30.

이세정(2007). 「EU 교육법제에 관한 연구(1)-유럽연합」. 비교법제연구 07~09. 한 국법제연구원.

이선경(2015). 『왜 세계는 지속가능발전교육을 말하는가?-모두를 위한 국제이해 교육』. 한국국제이해교육학회(편). 서울: 살림터.

이승환(2000). 「새로운 국제이해교육을 위하여」. 국제이해교육 봄호. 27~56.

이주옥(2010). 「유네스코 Inclusive Education 배경과 현황」. 국제이해교육연구 5(2). 120~133.

이태주(2014). 「국제이해교육은 민주시민교육이다」. 민주 겨울호 10. 201~210.

장인실·정남조(2015). 「다문화교육과 국제이해교육의 효과성 연구」. 초등교육연 구 28(2). 157~178.

정두용(2015). 『한국의 국제이해교육의 방향. 모두를 위한 국제이해교육』. 한국국 제이해교육학회(편). 서울: 살림터. 330~345.

정우탁(2015). 『유네스코는 어떠한 교육을 추구하는가? 모두를 위한 국제이해교 육』. 한국국제이해교육학회(편). 서울: 살림터. 36~56.

정문성(2002). 「홀리스틱 접근에서 본 민주시민 교육」. 한국홀리스틱교육학회지 6(2). 93~104.

정호범(2011). 「다문화교육의 철학적 배경」. 사회과교육연구 18(3). 101~114.

조난심(2005). 「교육과정 개혁과 국제이해교육」. 국제이해교육연구 1(1). 66~79.

조우진(2012). 「지속가능발전교육」. 국제이해교육연구 7(1), 39~69.

조철기(2015). 「글로컬 시대의 시민성과 지리교육의 방향」. 한국지역지리학회지 21(3). 618~630.

지바 아키히로(1999). 「국제이해교육의 국제적 전망과 동향」. 유네스코포럼 10. 10~38.

최갑수(2009). 「글로컬라이제이션의 역사학」. 인문연구 57. 1~32.

피터 싱어(김희정 역)(2003). 『세계화의 윤리』. 서울: 아카넷.

한건수·한경구(2011). 「다문화주의를 넘어서 문화다양성과 국제이해교육으로」. 국제이해교육연구 6(1). 1~33.

한경구·김종훈·이규영·조대훈(2015). 「SDGs 시대의 세계시민교육 추진 방안」. APCEIU 연구보고서.

한국국제이해교육학회(편)(2015). 『모두를 위한 국제이해교육』. 서울: 살림터.

홉스봄 에릭(이원기 역)(2008). 『폭력의 시대』. 서울: 민음사.

홍순권(2010). 「글로컬리즘과 지역문화연구」. 석당논총 46. 1~17.

홍은영(2012). 「포스트식민주의적 관점에서 본 상호문화교육」. 교육의 이론과 실천 17(1). 143~162.

환경부(2009). 「초등학교 교사를 위한 지속가능발전교육 참고교재 개발」. 환경부.

Afolayan. J.(1986). *Design and Development of Three Matrix Models of Administrative Structures of International Education in Land Grant Universities.* Unpublished Doctoral Dissertation. Iowa State University.

Alger, C. F. & Harf, J. E.(1986). Global Education: Why? for Whom? about What? In R. E. Freeman(ed.). *Promising Practices in Global Education: A Handbook with Case Studies.* 1~13.

Anda, D.(2008). Teaching Social Work with Multicultural Populations: A Holistic Approach to Learning. *Journal of Teaching in Social Work* 28(3~4). 431~449.

Arendt, H.(1968). Karl Jaspers: Citizen of the World?. in Men in Dark Times. NY: Harcourt. Brace and World.

Andreotti V.(2010), Global Education in the 21st Century: Two Different Perspectives on the 'Post-' of Postmodernism, *International Journal of Development Education and Global Learning 2*(2), 5~22.

Andreotti. Biesta, G. & Ahenakew, Cash.(2015). Between the Nation and the Globe: Education for Global Mindedness in Finland. Globalisation, Societies and Education 13(2), 246~259.

Arora, K. & Reich(1994), *International Practical Guide on the*

Implementation of the Recommendation concerning Education for International Understanding, Co-operation and Peace and Education relating to Human Rights and Fundamental Freedoms. Brigitte Reich and Valeri Pivovarov(ed.). Paris: UNESCO.

Banks, J.(모경환 외 역)(2008). 『다문화교육 입문』. 아카데미 프레스.

Banks, J. A.(1994). Multiethnic Education: theory and Practice, Boston: Allyn & Bacon.

Banks, J. A.(2009). Human Rights, Diversity, and Citizenship Education. Educational Forum 73(2). 100~110.

Banks, J. A. and Banks, C. M. A.(1999). Multicultural Education: Issues and Perspectives(3rd Ed.). John Wiley & Sons, Inc.

Banks, J. A., Banks, C. A. M., Cortés, C. E., Hahn, C. L., Merryfield, M. M. Moodley, K. A. et al.. (2005). Democracy and Diversity: Principles and Concepts for Educating Citizens in a Global Age. Seattle, WA: Center for Multicultural Education, University of Washington.

Bauman, Z.(2013). Glocalization and Hybridity. Journal of Culture, Politics and Innovation 2013(1). 1~5.

Beck, U.(박미애·이진우 역)(2010). 『글로벌 위험사회』. 서울: 길.

Becker, J.(1968). An Examination of Objectives, Needs, and Priorities in the United States Elementary and Secondary Schools, Report to the U.S. Office of Education on Project 6-2408(ERIC Document Reproduction Service No. 026 933).

Becker, J.(1991). Curriculum considerations in global studies. In Kenneth Tye(ed.), Global Education: From Thought to Action, 67~85. Alexandria, VA: ASCD.

Boston, J.(1997). Professional development in global education. In Merry Merryfiels et al.(eds.), Preparing Teachers to teach global perspectives-Handbook for Teacher Educators, 168~188. CA: Corwin Press, Inc.

Bowden, B., The Perils of Global Citizenship. Citizenship Studies. 7(3). 349~362.

Brock-Utne, B.(1996). Peace Education in Postcolonial Africa, Peabody Journal of Education 71(3). 170~190.

Burgess, W. Randolph.(1968). Education for International Understanding.

NASSP Bulletin 52. 95~111.

Burke, E.(2002). *Reflections on the Revolution in France.* In Clark(ed.). Standford University Press.

Cabrera, J.C.D. L.,(2010), *The Practice of Global Citizenship.* Cambridge University Press.

Camicia, S. & Saavedra, C.(2009). A New Childhood Social Studies Curriculum for a New Generation of Citizenship. *International Journal of Children's Rights* 17. 501~517.

Chacko, M. A. & Ross, E. W.(2011). Re-visioning Global Education. *Theory & Research in Social Education* 39(1). 148~157.

Choi, Soo-Hyang(2016). From Jomtien and Dakar to Incheon: The Evolving Landscape of Global Education and its Implications for Education Investment. *Panel Discussion Paper on More and Better Investment in Global Education.* Seoul. Korea.

Clark, J. P.(1990a). Environmental Education as an Integrative Study. In Miller(ed.). *New Directions in Education: Selections from Holistic Education, R.* Vermont: Holistic Education Press. 38~52.

_____(1990b). The Search for a New Educational Paradigm: The Implications of New Assumptions about Thinking and Learning. In Miller(ed.). *New Directions in Education: Selections from Holistic Education, R.* Vermont: Holistic Education Press. 16~37.

_____(1997). *Designing and Implementing an Integrated Curriculum: A Student-centered Approach.* Vermont: Holistic Education Press.

Cowen, R.(2006). Acting Comparatively upon the Educational World: Puzzles and Possibilities, *Oxford Review of Education* 32(5). 561~573.

Czarra, Fred.(1993). International education: A survey of state international education coordinators, Access, 115, 1-2.

Dallmayr, F.(2017). Beyond Globalization: Reflections on Glocalism. *Journal of Culture, Politics and Innovation* 2017(1). 1~20.

Davies, I. & Evans, M. & Reid, A.(2005). Globalising Citizenship Education? A critique of 'global education' and 'citizenship education', *British Journal of Educational Studies* 53(1), 66~89.

Davies, Lynn.(2008). *Educating against Extremism.* London: Institute of

Education.

Davis, L.(강순원 역)(2015).『극단주의에 맞서는 평화교육』. 파주: 한울.

Davis, L.(2010). The potential of human rights education for conflict prevention and security. *Intercultural Education* 21(5). 463~471.

Davies, L., Harver, C., and Schweisfurth, M.(2003). Global Review of UNESCO ASPnet Schools. Birmingham: Center for International Education and Research.

Diaz, C., Massialas, B., and Hanthopoulos, J.(1999). *Global Perspectives for educators*, MA: Allyn & Bacon.

Fujikane, H.(2003). Approaches to Global Education in the United States, the United Kingdom and Japan, *International Review of Education* 49(1/2). 133~152.

Galtung, J.(1996). *Peace by Peaceful Means.* Londong: Sage.

Gang, P.(1990). The Global-Ecocentric Paradigm in Education. New Directions in Education: Selections from Holistic Education Review. Brandon, Vermont, Holistic Education Press. 78~88.

GATE(1999).『홀리스틱 교육비전 선언. 홀리스틱 교육의 이해』. 일본홀리스틱교육연구회. 책사랑. 107~127.

Giddens(박찬욱 역)(2000).『질주하는 세계』. 서울: 생각의 나무.

Gore, C.(2015). The Post-2015 Moment: Towards Sustainable Development Goals and a New Global Development Paradigm. *Journal of International Development* 27. 717~732.

Gori, G.(2001). *Towards an EU Rights to Education.* Hague: Kluwer Law International.

Gorski, P. C.(2009). Editorial: Intercultural Education as Social Justice. *Intercultural Education* 20(2). 87~90.

Groff, L. & Smoker, P.(1996). Creating Global/Local Cultures of Peace. In UNESCO(ed.). *From a Culture of Violence to a Culture of Peace.* 103~127. Paris: UNESCO.

Habermas(이강수 역)(2000).『이질성의 포용』. 서울: 나남.

Hanvey, R. G.(1976). *A Attainable Global Perspective*, New York: Center for Global Perspectives in Education.

Harris, I.(2008). History of Peace Education. In Monisha B.(ed.).

Encyclopedia of Peace Education 15~23. North Carolina: IAP

Harris, I., Morrison, M. L.(2013). *Peace Education*(3rded.). North Carolina: McFarland & Company. Inc., Publishers.

Harris, J. & Chou, Y. C.(2001). Globalization or Glocalization? Community Care in Taiwan and the UK. *European Journal of Social Work* 4. 161~172.

Heilman, Elizabeth E.(2009). Terrains of Global and Multicultural Education: What is Distinctive, Contested, and Shared? In Toni Fuss Kirkwood-Tucker(ed.). *Visions in Global Education*. 25~46. NY: Peter Lang.

Hicks, David.(2003). Thirty Years of Global Education: A Reminder of Key Principles and Precedents. *Educational Review* 55(3). 265~276.

Hindes, B.(2002). Neo-Liberal Citizenship. *Citizenship Studies* 6(2). 127~143.

Hong, P. Y., & Song, I., H.(2010). Glocalization of Social Work Practice: Global and Local Responses to Globalization. *International Social Work* 53(5). 656~670.

Kang, Soon Won, Kwon, Soon Jung(2011). Reunification Education viewed from Peace Education of Northeast Asia. *Korean Journal of Comparative Education 21*(3). 95~126.

Kant, I.(박환덕·박열 역)(2012). 『영구 평화론』. 서울: 범우사.

Kayira, J.(2015). (Re)creating Spaces for Ubuntu: Postcolonial Theory and Environmental Education in Southern Africa. *Environmental Education Research* 21(1). 106~128.

Kehl, K. & Morris, J.,(2008). Differences in Global-mindedness between Short-term and Semester-long Study Abroad Participants at selected Private Universities, *Frontiers: The Interdisciplinary Journal of Study Abroad* 15(Fall/winter). 67~80.

Kirkwood, T.(2001). Our Global Age requires Global Education: Clarifying Definitional Ambiguities. *The Social Studies* 92(1). 10~15.

Kupermintz, H. and Salomon, G.(2005). Lessons to be Learned from Research on Peace Education in the Context of Intractable Conflicts. *Theory into Practice* 44(4). 293~302.

Lamy, S.(1990). Global Education: a Conflict of Images. In Tye, K.(ed.).

Global Education: A from Thought to Action. ASCD.

Landorf, H.(2009). Toward a Philosophy of Global Education, In Toni Kirkwood-Tucker(ed.). *Visions in Global Education* 47~67. NY:Peter Lang.

Lauder, H., Brown, Ph. Dillabough, J.A., Hasley, A.H.(2006). *Education, globalization and social change*, Oxford University Press.

Lawson, J. & Silver, H.(1973). *A Social History of Education in England*. London: Methuen & Co Ltd.

Lee, J.C.K. & Efird, R.(2014). *Schooling for Sustainable Development Across the Pacific*. Springer.

Lovat, T.(2011). Values Education and Holistic Learning: Updated Research Perspectives. *International Journal of Educational Research*. 50(3). 148~152.

Lynette, S.(2007). Educating for Global Citizenship: Conflicting Agendas and Understandings. *The Alberta Journal of Educational Research* 53(3). 248~258.

Lyons, K.(2006). Globalization and Social Work: International and Local Implications. *British Journal of Social Work* 36. 365~380.

Mannion, G., Biesta, G., Priestley, M., Ross, H.(2011). The Global Dimension in Education and Education for Global Citizenship: Genealogy and Critique. *Globalization Societies and Education* 9(3~4), 443~456.

McGlynn, U. & Hewstone.(2004). Moving out of Conflict: the Contribution of Integrated Schools in Northern Ireland to Identity, Attitudes, Forgiveness and Reconciliation. *Journal of Peace Education* 1(2). 147~163.

McNally, D.(2006). *Another World Is Possible: Globalization & Anti-Capitalism*. Mommouth: ARP.

Miller, J. P.(김현재·김명자·김복영·송민영·박현주·박성혜 역)(2000). 『홀리스틱 교육과정』. 서울: 책사랑.

Mohammed, A., Ilham, N., and Seddik, O.(2016). Introducing Values of Peace Education in Quranic Schools in Western Africa: Advantages and Challenges of the Islamic Peace-building Model. *Religious Education* 111(5). 537~554.

Murithi, T.(2009). An African Perspective on Peace Education: Ubuntu Lessons in Reconciliation. *International Review of Education* 55. 221~233.

Ndura, E.(2006). Western Education and African Cultural Identity in the Great Lakes Region of Africa: a Case of Failed Globalization. *Peace and Change* 31(1). 90~101.

Negron, L, A.(2007). Gender and Education in Post-Apartheid South Africa: Possibilities and Limitations of the International Human Rights Framework. *East African Journal of Peace and Human Rights* 13(2). 166~189.

Osler, A. & Starkey, H.(2003). Learning for Cosmopolitan Citizenship: Theoretical Debates and Young People's Experiences. *Educational Review* 55(3). 243~254.

Osler, A. & Starkey, H(2005). *Changing Citizenship-Democracy and Inclusion in Education*. Open University Press.

O'Sullivan, T.(1994). *Key Concepts in Communication and Cultural Studies*. London: Routledge.

Oxfam(2006). *Education for global citizenship*.

Pagden, A.(2000). Stoicism, Cosmopolitanism, and the Legacy of European Imperialism. *Constellations* 7(1). 3~22.

Paige, R., Frey, G., Stallman, E., Josi, J. and Jea-Eun, J.(2009). Study Abroad for Global Engagement: The Long-term Impact of Mobility Experiences. *Intercultural Education* 20(1~2). 29~44.

Pak Soon Yong(2013). *Global citizenship education*. APCEIU Research Reports.

Pashby, K. & Andreotii, V.(2015). Critical Global Citizenship in Theory and Practice. *Research in Global Citizenship Education*. 9~33.

Patrick, J.(2002). *Defining, Delivering, and Defending a Common Education for Citizenship in a Democracy*. Paper presented at the "Summit on Civic Learning in Teacher Preparation".(ED 464 886).

Pigozzi, M. J.(2010). Implementing the UN Decade of Education for Sustainable Development(DESD): Achievements, Open Questions and Strategies for the Way Forward. *International Review of Education* 56.

255~269.

Pieterse, J. N.(1995). *Globalization as Hybridization,* In M. Featherstone, Lash, S. and Robertson, R.(ed.). Global Modernities. London: Sage.

Pike, Graham(2000). Global Education and National Identity: in Pursuit of Meaning, *Theory Into Practice* 39(2). 64~73.

Piper, B, R.(2016). International Education is a Broken Field: Can Ubuntu Education bring Solutions?. *International Review of Education* 62. 101~111.

Postlethwaite, T. & Husen, T.(Eds.)(1985). *The International Encyclopedia of Education: Research and Studies.* NY: Pergamon Press.

Quisumbing, L. R.(1999). A Framework for Teacher Education Programmes in Asia and the Pacific. *Regional Workshop on Education for International Understanding and Peace in Asia and the Pacific.* Inchon & Kyongju, Korea.

Randall, R., Nelson, P. and Aigner, J.(1992). Interface between global education and multicultural education, In Don Bragaw & Scott Thomson(ed.), *Multicultural education A Global Approach*, 18~27, New York: The American Forum for Global Education.

Robertson, R.(1995). Glocalization: Time-Space and Homogenity-Heterogeneity, In Featherstone, M. Lash, S. and Robertson, R.(ed.). *Global Modernities.* London: Sage.

Robertson, R.(1992). *Globalization: Social Theory and Global Culture.* London: Sage.

Rosenau, J. N.(1992). Citizenship in a Changing Global Order. In Rosenau, J. N. & Ernst-Otto, C.(ed.). *Governance without Government: Order and Change in World Politics.* Cambridge: Cambridge University Press.

Roudometof, V.(2016). Theorizing Glocalization: Three Interpretations. *European Journal of Social Theory* 19(3). 391~408.

_____(2014). Nationalism, Globalization and Glocalization. *Thesis Eleven* 122(1). 18~33.

Sadler-Smith, E.(1996). Learning Styles: A Holistic Approach. *Journal of European Industrial Training* 20(7). 29~36.

Scheunpflug, A. & Asbrand, B.(2006). Global Education and Education for

Sustainability. *Environmental Education Research* 12(1). 33~46.

Seeberg, V. B. & Swadener, M. Vanden-Wyngaard, & Rickel, T.(1998). Mulitcultural education in the United States. In K. Cushner & Mahwah(eds.), International Perspectives on Intercultural Education, 257~300. NJ: Lawrence Erlbaum.

Sidhu, R. K. & Dall'Alaba, G.(2012). International Education and (dis) embodied Cosmopolitanisms. *Educational Philosophy and Theory* 44(4). 413~431.

Subedi, B.(2010). Introduction: Reading the World through Critical Global Perspectives, 1~18, In Subedi, B.(ed.). *Critical Global Perspectives Rethinking Knowledge About Global Societies.* NC: Information Age Publishing, INC.

Subedi, B.(2013). Decolonizing the Curriculum for Global Perspectives. *Educational Theory* 63(6). 621~638.

Teasdale, G. R.(1999). Education for International Understanding and Peace in Asia and the Pacific: a Process Approach. *Regional Workshop on Education for International Understanding and Peace in Asia and the Pacific.* Inchon & Kyongju, Korea.

The International Commision on Education for the 21st Century(1996). *Learning: the Treasure within.* UNESCO.

Tucker, J. L.(1990). Global Education Partnerships between Schools and Universities. In K. A. Tye(ed.). *Global Education: From Thought to Action.* 109~124. VA: the Association for Supervision and Curriculum Development(ASCD).

Turner, B. S.(1986). *Citizenship and Capitalism: The Debate over Reformism*, Allen & Unwin Pty.Limited.

Tye, K.(1999). Global Education: *A Worldwide Movement.* California: Independence Press.

Tye, K.A.(Ed.).(1990). Global Education: From Thought to Action. Alexandria, VA: ASCD.

Tye, K.(2003). Global Education as a Worldwide Movement. *Phi Delta Kappan.* October. 165~168.

Tye, K. A.(2009). A History of the Global Education Movement in the

United States, In Kirkwood-Tucker(ed.). *Visions in Global Education* 3~24. NY: Peter Lang.

Ukpokodu, Nelly.(1999). Multiculturalism vs globalism, *Social Education*, 63(5). 298~300.

UN(1948). A. International Bill of Human Rights. Universal Declaration of Human Rights(UDHR). *Human Rights, A Complication of International Instruments*, Vol. 1(first part). 1~6.

UN(1999). *Declaration and Programme of Action on a Culture of Peace* [Electronic Version] Retrieved date, 24th. April. 2012.

UNESCO(1974). *The Recommendation Concerning Education for International Understanding, Cooperation and Peace and Education Relating to Human Rights and Fundamental Freedom.* Paris: UNESCO.

UNESCO(1984). *Teaching for International Understanding, Peace and Human Rights*, Paris; UNESCO.

UNESCO(국제이해교육원)(2015). 세계시민교육: 학습주제 및 학습목표.{UNESCO(2015). *Global Citizenship Education: TOPICS AND LEARNING OBJECTIVES.* United Nations Educational, Scientific and Cultural Organization.}

UNESCO(유네스코한국위원회 역)(2016).『교육 2030 인천선언과 실행계획 포용적이고 공평한 양질의 교육과 모두를 위한 평생학습을 향해』.

Ukpokodu, Nelly.(1999). Multiculturalism vs globalism, Social Education, 63(5), 298-300.

Wallerstein, I.(1979). *The Capitalist World-Economy.* Cambridge University Press.

Wells, J.(2011). International Education, Values and Attitudes: A Critical Analysis of the International Baccalaureate(IB) Learner Profile. *Journal of Research in International Education* 10(2). 174~188.

Williamson, B.(1979). *Education, Social Structure and Development: A Comparative Analysis.* London: Billing & Sons Limited.

Wintersteiner, W., Grobbauer, H., Diendorfer, G. and Reitmair-Juarez, S.(2015). *Global Citizenship Education.* The Austrian Commission for UNESCO.

Yang, B.(2004). Holistic Learning Theory and Implications for Human

Resource Development. *Advances in Developing Human Resources* 6(2). 241~262.

Zhao, Z.(2009). Conceptualization of Citizenship Education in the Chinese Mainland. *Educational Journal* 37(1~2). 57~69.

Zhao, Z.(2013). The Shaping of Citizenship Education in a Chinese Context. *Fron. Educ. China* 8(1). 105~122.

大津和子·多田孝志·中山京子·藤孝章·森茂岳雄(2012). 『日本國際理解教育事典』. 東京: 明石書店.

氷井滋郎(1992). 「戰後國際理解教育 軌跡」. 社會科研究 40. 3~12.

• 참고 사이트

경기도평화교육연수원. www.gyj.kr

다산인권센터. www.rights.or.kr

인권연대. www.hrights.or.kr

Global Campaign for Peace Education. http://www.peace-ed-campaign. org

Oxfam, 2015. Education for Global Citizenship: A Guide for Schools, retrieved from http://www.oxfam.org.uk/education/global-citizenship/ global-citizenship-guides.

UN: http://www.un.org/en/sections/observances/international-decades/

http://www.un.org/en/sections/documents/general-assembly-resolutions/ index.html

UNESCO: http://unesdoc.unesco.org/images/0010/001066/106627e.pdf

UNESCO: http://portal.unesco.org/en/ev.php-URL_ID=13648&URL_ DO=DO_TOPIC&URL_SECTION=-471.html

유네스코. www.unesco.org

Wikipedia: https://en.wikipedia.org/wiki/Think_globally,_act_locally

부록

- 국제이해, 협력, 평화를 위한 교육과
  인권, 기본적 자유에 관련된 교육 권고
- 평화, 인권, 민주주의 교육에 관한 선언
- 평화, 인권, 민주주의 교육에 관한 통합실천요강

국제이해, 협력, 평화를 위한 교육과 인권, 기본적 자유에 관련된 교육 권고*

The Recommendation concerning Education for International Understanding, Cooperation
and Peace and Education Relating to Human Rights and Fundamental Freedoms, 1974

1974년 10월 17일부터 11월 23일까지 파리에서 제18차 유네스코 총회를 개최하였는 바,

국제이해, 협력, 평화 그리고 인권 및 기본적 자유에 대한 존중을 증진하기 위해서는, 교육을 통해 「유엔 헌장」, 「유네스코 헌장」, 「세계인권선언」과 「전쟁 희생자 보호를 위한 제네바협약」(1949. 8. 12. 체결)에 제시된 목표를 달성해야 할 책임이 모든 국가에 있음을 유념하고,

회원국들의 정의, 자유, 인권 및 평화를 향상시키기 위해 모두에게 교육을 보장하려고 계획된 어떠한 활동도 장려하고 지원해야 할 책임은 유네스코에 있음을 재확인하면서,

그럼에도 유네스코와 회원국의 활동이, 꾸준히 늘어나고 있는 취학 아동, 학생, 청소년, 학습을 계속하는 성인과 교육자들 중 극히 일부에게만 영향을 미치는 경우가 있으며, 또한 국제교육의 교육과정과 그 방법이 참여하는 청소년과 성인들의 필요와 열망에 부응하지 못하는 경우가 있음에 주목하고,

더욱이 많은 경우에 공표된 이상, 선언된 취지와 실제 상황 사이에는 여전히 현저한 괴리가 있음에 주목하여,

제17차 총회에서 이러한 교육을 회원국에게 권고할 주제로 삼기로 한 결정에 따라, 1974년 11월 19일자로 이 권고를 채택한다.

---

* 이 권고는 1974년 11월 19일 열린 제36회 유네스코 교육위원회 전원회의에서 결의된 보고서에 근거해 채택되었다.

총회는 회원국이 이 권고에서 제시한 원칙을 자국 헌법에 부합되게 각자 영토 내에서 실행하기 위해 필요한 입법 조치 등을 취함에 있어서, 이 권고에서 정한 조항들을 활용할 것을 권고한다.

총회는 회원국이 초중등교육, 고등교육, 학교 밖 교육에 책임 있는 당국자들이나 부처, 기관에게, 그리고 학생 및 청년 단체, 학부모 단체, 교원노조, 기타 이해관계자 등 청소년과 성인을 대상으로 교육 관련 활동을 하는 다양한 조직들에게 이 권고에 주의를 기울이도록 촉구할 것을 권고한다.

총회는 회원국이 이 권고를 이행하기 위해 취한 조치에 관하여 총회에서 결정한 양식으로 보고서를 작성해 정해진 기일 내에 총회에 제출할 것을 권고한다.

I. 용어의 의미

1. 이 권고의 목적상:
   a. '교육'이란 개인과 사회 집단이 국가 수준과 국제 수준의 공동체를 위해 그 속에서 개인의 역량, 태도, 적성과 지식 전체를 의식적으로 개발하는 것을 배우는 사회적 삶의 전 과정을 의미한다. 이 과정은 어느 특정한 활동에만 국한되는 것이 아니다.
   b. '국제이해', '협력', '평화'는 불가분의 전체로서, 사회 시스템과 정치 시스템이 서로 다른 민족과 국가들 간의 선린우호의 원칙에 그리고 인권 및 기본적 자유의 존중에 기초하는 것으로 고려해야 한다. 이 권고에서는 때때로 이 용어들의 서로 다른 내포를 집약해 간략하게 '국제교육'이라고 표현한다.
   c. '인권' 및 '기본적 자유'는 「유엔 헌장」, 「세계인권선언」 그리고 「경제·사회·문화적 권리에 관한 국제규약」(사회권 규약-옮긴이)과 「시민의 정치적 권리에 관한 국제규약」(자유권 규약-옮긴이)에서 정의한 바와 같다.

II. 적용 범위

2. 이 권고는 교육의 모든 단계와 모든 형태에 적용된다.

III. 기본 원칙

3. 교육에는 「유엔 헌장」, 「유네스코 헌장」, 「세계인권선언」에서 제시한 목표와 목적이 스며들어 있어야 하며, 특히 '교육은 인성의 충분한 발달과 인권 및 기본적 자유에 대한 존중의식의 강화를 지향해야 한다. 교육은 모든 국가, 인종집단 또는 종교집단 상호 간의 이해, 관용 및 선린우호를 증진해야 하고, 평화 유지를 위한 유엔의 활동을 촉진해야 한다'는 세계인권선언 제26조 2항에 충실해야 한다.

4. 모든 개인이 위 3조에 언급된 목표 달성에 능동적으로 기여하게 하고, 개인의 삶과 공동체적 삶에 영향을 미치고 기본권과 자유를 누리는 데 영향을 주는 세계 문제의 해결에 필요한 국제 연대와 협력을 증진하도록 하기 위해, 다음의 목적들을 교육정책의 주요한 기본 원칙으로 삼아야 한다.

a. 국제적인 차원과 글로벌한 시각을 모든 단계와 모든 형태의 교육에 반영
b. 국내의 소수민족 문화와 다른 국가들의 문화를 포함해, 모든 민족과 그들의 문화, 문명, 가치관 및 생활 방식에 대한 이해와 존중
c. 민족과 국가들 사이의 글로벌한 상호의존성이 증대되고 있음을 자각
d. 다른 사람과의 의사소통 능력 배양
e. 개인, 사회 집단과 국가들에게는 권리뿐 아니라 서로에 대한 의무도 있음을 자각

f. 국제 연대와 협력의 필요성에 대한 이해

g. 지역사회, 국가 및 세계 일반의 문제 해결에 개인들의 자발적인
참여

5. 국제교육은 학습, 훈련, 정보 획득과 활동을 결합해, 개인의 적절한
지적, 정서적 발달을 촉진해야 한다. 그리고 사회적 책임감과 소외 집단에
대한 연대감을 함양시키고 일상 행위에서 평등 원칙을 준수하도록 이끌
어야 한다. 또한 개인이 국가 수준 및 국제 수준의 문제들을 비판적으로
이해할 수 있는 자질, 적성 및 능력을 개발할 수 있게, 사실, 의견, 사상을
이해하고 설명할 수 있게, 집단 활동을 할 수 있게, 자유토론을 수용하고
참여할 수 있게, 어떤 토론에도 적용되는 기본적인 회의 규칙을 준수할
수 있게, 그리고 관련된 사실과 요인들에 대한 합리적인 분석에 기초해
가치판단과 의사결정을 할 수 있게 도와야 한다.

6. 교육은 팽창, 침략, 지배를 목적으로 전쟁을 도발하거나 억압을 위해
무력과 폭력을 사용하는 것을 용납할 수 없음을 역설해야 한다. 그리고
모든 개인이 평화를 유지할 책임을 인식하고 떠맡게 해야 한다. 교육은
국제이해와 세계평화 증진에 기여해야 하며, 모든 형태의 식민주의와 신
식민주의에 대한 투쟁 활동에, 그리고 이 권고의 목적에 반해 민족적, 인
종적 증오를 부추기는 다양한 형태의 인종주의, 파시즘, 인종차별정책 및
기타 이데올로기에 대항하는 투쟁 활동에 기여해야 한다.

IV. 국가정책, 기획 및 행정

7. 각 회원국은 어떤 형태의 교육이든 그 효과성을 높이기 위한, 그리
고 교육이 국제이해와 협력, 정의로운 평화 유지 및 증진, 사회정의 확립,
인권과 기본적 자유 존중 및 적용에 더욱더 기여하게 하는 국가정책을
입안하고 실시해야 한다. 또한 이러한 목표들을 달성하는 데 방해가 되는

편견, 오해, 불평등과 모든 형태의 불의를 근절하는 데 교육이 기여할 수 있도록 국가정책을 입안하고 실시해야 한다.

8. 회원국은 유네스코 국가위원회와 협력해, 정부 부처 간 협력을 확실히 끌어내고 국제교육 실행을 위한 협동 프로그램을 기획하고 실행하려는 노력들을 차질 없이 조정하는 조치를 취해야 한다.

9. 회원국은, 헌법 조항과 모순되지 않는 범위 안에서, 이 권고의 이행에 필요한 재정적, 행정적, 물적, 도덕적 지원을 제공해야 한다.

V. 학습, 훈련 및 활동의 세부 측면들

윤리적, 시민적 측면

10. 회원국은 학습 및 훈련 과정에서, 모든 국가와 민족들은 평등하며 불가피한 상호의존 관계에 놓여 있다는 인식을 바탕으로 한 태도와 품행을 개발하고 강화하기 위해 적절한 조치를 취해야 한다.

11. 회원국은 「세계인권선언」과 「모든 형태의 인종차별철폐에 관한 국제협약」의 원칙을 모든 수준과 모든 형태의 교육을 일상적으로 실시하는 데 적용해, 교육의 쇄신과 확대가 의도한 방향으로 이루어지도록 개인들이 직접 기여할 수 있게 함으로써 아동, 청소년, 청년 또는 성인 개개인의 인성을 개발하는 필수 요소가 되도록 보장하는 조치를 취해야 한다.

12. 회원국은 학생, 학부모, 관련 단체 및 지역사회와 협력해, 교육자들에게 아동과 청소년의 창의적 상상력과 그들의 사회적 활동을 끌어내는 교육 방법을 사용하고 그럼으로써 다른 사람의 권리를 인정하고 존중하는 가운데 자신의 자유와 권리를 행사하고 사회적 의무를 이행할 수 있

도록 준비시키라고 촉구해야 한다.

13. 회원국은 모든 단계의 교육에서 적극적인 시민 훈련을 촉진해, 모든 개인이 공공기관의 기능과 업무에 대한 지식을 획득하고, 지역적이든 국가적이든 국제적이든, 기본적인 문제를 해결하는 절차를 숙지하게 해, 지역사회의 문화생활과 공적인 일에 참여할 수 있도록 해야 한다. 가능한 언제나, 이러한 참여가 교육과 활동을 긴밀히 연계해 지역, 국가, 국제 수준의 문제를 해결하게끔 해야 한다.

14. 교육은, 국가 간 모순과 긴장의 근저에 있는 경제적, 정치적 본질이라는 역사적, 동시대적 요인들을 비판적으로 분석하고 아울러 진정한 국제이해 및 협력과 세계평화 증진에 실질적인 장애가 되는 이러한 모순들을 극복하는 방식을 연구하는 일을 해야 한다.

15. 교육은 사람들의 진정한 이익을 강조하는 한편, 경제권력과 정치권력을 독점하고 착취와 전쟁 도발을 일삼는 집단의 이익과는 양립할 수 없음을 강조해야 한다.

16. 학생이 연구조직과 자신이 다니는 교육기관에 참여하는 것은 그 자체가 시민교육의 한 요소이자 국제교육의 중요한 요소라고 간주해야 한다.

문화적 측면

17. 회원국들은 다양한 단계와 다양한 유형의 교육에서, 서로의 다름을 올바로 이해하도록 하기 위해 서로 다른 문화, 주고받는 영향, 각자의 시각과 생활 방식에 대한 연구를 권장해야 한다. 이와 같은 연구에서는 무엇보다도 국제이해와 문화 간 이해를 도모하는 수단으로서 외국어, 외국 문명 및 문화유산에 대한 수업을 마땅히 중시해야 한다.

인류의 주요 문제에 대한 연구

18. 교육은 인간의 생존과 안녕에 영향을 미치는 주요 문제를 영구화하고 악화시키는 조건들-불평등, 불의, 무력 사용에 근거한 국제관계-의 근절과 문제 해결에 도움이 될 수 있는 국제협력이라는 방책을 모색해야 한다. 이런 점에서 학제적 성격을 가질 수밖에 없는 교육은 다음과 같은 문제들과 관련된다.

   a. 민족들이 가진 권리의 평등과 민족자결권

   b. 평화 유지; 여러 유형의 전쟁과 그 원인 및 결과; 군비 축소; 과학 기술을 군사 목적에 이용하는 것을 용납하지 않고 평화와 진보를 위해 사용하기; 국가 간의 경제적, 문화적, 정치적 관계의 본질과 영향, 그리고 그러한 관계들 특히 평화 유지를 위한 국제법의 중요성

   c. 난민의 인권을 포함한 인권 행사와 준수를 보장하는 활동, 인종주의와 그 근절 방안, 다양한 형태의 차별에 맞서는 투쟁

   d. 경제 성장 및 사회 발전 그리고 사회정의와의 관계; 식민주의와 탈식민화; 개발도상국에 대한 원조 방식과 수단; 문맹 퇴치 투쟁; 질병과 기아 극복 운동; 달성 가능한 가장 높은 수준의 건강과 더 나은 삶의 질을 위한 투쟁; 인구 증가와 관련 문제

   e. 천연자원의 이용, 관리 및 보존 그리고 환경오염

   f. 인류의 문화유산 보호

   g. 위와 같은 문제들을 해결하기 위한 노력에서 유엔이 하는 역할과 활동 방법 그리고 유엔의 활동을 강화하고 발전시킬 가능성

19. 국제관계에 수반되는, 갈수록 다양해지는 의무와 책임을 이행하는 데 직접적으로 관계되는 학문과 과학 연구를 발전시키는 조치를 취해야 한다.

기타 측면

20. 회원국은 교육 당국자와 교육자들을 격려하여 이 권고에 따라 계획된 교육에, 인권의 적용과 국제협력에 수반되는 이슈들의 복잡성에 맞추어진 학제적이고 문제 지향적인 내용을 담도록 해야 한다. 그리고 교육 그 자체가 상호영향, 상호지원과 연대라는 개념을 명확히 해주도록 해야 한다. 이러한 프로그램들은 타당한 연구와 실험 그리고 구체적인 교육 목표 확인에 기초해야 한다.

21. 회원국은 국제교육 활동이, 교육받을 기회가 명백하게 불평등한 관계와 같이 대단히 미묘하고 폭발성 있는 사회 문제를 안고 있는 상황에서 수행될 때는 특별한 배려와 자원 보조를 아끼지 말아야 한다.

VI. 교육의 다양한 부문에서의 활동

22. 모든 단계와 모든 형태의 교육에서, 국제적이고 간(間)문화적인 차원을 개발하고 스며들게 하기 위한 노력을 배가해야 한다.

23. 회원국은 유네스코의 도움을 받아 국제교육 프로그램을 실시하는 유네스코 (협동)학교의 경험을 활용해야 한다. 회원국의 유네스코 학교 관계자는 그 프로그램을 다른 교육기관으로 확산시키려는 노력을 강화하고 갱신해야 하며, 프로그램 결과의 전반적인 적용을 지향해야 한다. 다른 회원국도 이와 비슷한 활동에 가급적 조속히 착수해야 한다. 국제교육 프로그램을 성공적으로 실시한 다른 교육기관의 경험은 연구되고 전파되어야 한다.

24. 취학 전 교육이 발전하고 있는 바, 회원국은 취학 전 교육에서도 이 권고의 목적에 부합하는 활동을 하도록 권장해야 한다. 인종에 대한

태도 같은 기본적인 태도들이 대체로 취학 전에 형성되기 때문이다. 이런 점에서 학부모의 태도를 아동교육에서 극히 중요한 요소로 여겨야 한다. 따라서 아래 30절에 언급된 성인교육은 학부모들이 취학 전 교육에서의 역할에 대한 준비를 하게끔 각별히 유의해야 한다. 초등학교는 그 나름의 특성과 가치를 가진 사회적 환경으로 설계되고 구성되어야 한다. 놀이를 포함한 다양한 상황들이 아이들로 하여금 자신의 인권을 자각하고, 책임을 수용하면서 자유롭게 자기 권리를 주장할 수 있게 하고, 직접 경험을 통해 점점 더 큰 공동체-가족, 학교, 지역, 국가, 세계 공동체-에 대한 소속감을 고양시키고 확장시킬 수 있게 해야 한다.

25. 회원국은 교사와 학생은 물론 관계 당국에게도 중등 이후 교육 및 대학교육이 이 권고의 목적을 달성하는 데 더욱 충분하게 기여할 수 있게 향상되고 있는지를 주기적으로 재검토하라고 촉구해야 한다.

26. 고등교육에 모든 학생을 위한 시민으로서의 훈련과 학습 활동을 포함시켜, 자신이 해결에 도움을 주어야 할 주요 문제에 대한 지식을 가다듬게 하고, 이런 문제의 해결을 위한 직접적이고도 지속적인 활동의 가능성을 열어 주어야 하며, 또한 학생들의 국제협력의식을 제고해야 한다.

27. 중등 이후 교육기관, 특히 대학교에 다니는 사람이 늘어나므로, 이들 교육기관은 평생교육에서 자신이 담당하는 광범한 기능의 일부로서 국제교육 프로그램을 실시해야 하며, 모든 수업에서 글로벌한 접근을 채택해야 한다. 가용한 모든 커뮤니케이션 수단을 이용해, 사람들의 진정한 이익, 문제와 열망에 적합한 학습과 활동을 위한 기회와 편의를 제공해야 한다.

28. 국제협력의 연구와 실천을 발전시키기 위해, 중등 이후 교육기관은 그들의 역할에 내재하는 여러 형태의 국제 활동을, 즉 외국인 교수와 학생 초빙, 여러 나라의 교수와 연구팀 간의 전문적인 협력 같은 것을 체계

적으로 이용해야 한다. 특히, 언어적, 사회적, 정서적, 문화적 장애, 긴장, 그리고 외국인 학생과 초청한 교육기관 모두에게 영향을 미치는 태도와 행동에 관한 연구와 실험이 수행되어야 한다.

29. 전문화된 직업훈련의 모든 단계에는 학생들이 사회를 발전시키고, 국제협력을 촉진하며, 평화를 유지하고 증진시키는 데서 그들과 그들의 직업이 하는 역할을 이해하고 그 역할을 가급적 이른 시기에 적극적으로 떠맡을 수 있게 하는 훈련을 포함해야 한다.

30. 성인교육을 비롯한 학교 밖 교육의 목표와 형태가 어떠하든, 다음과 같은 고려사항을 바탕에 두어야 한다.
   a. 가능한 한 글로벌한 접근을 모든 학교 밖 교육 프로그램에 적용해야 하며, 거기에는 국제교육의 적절한 도덕적, 시민적, 문화적, 과학적, 기술적 요소들이 포함되어야 한다.
   b. 모든 관계자들은 매스 미디어, 독학, 상호작용적 학습 그리고 개인에게 적절한 지식을 전달하는 박물관과 공공 도서관 같은 기관 등에 적응하고 이용하려는 노력, 긍정적인 행동을 취하는 우호적인 태도와 의욕을 자신들 속에 북돋우는 노력, 그리고 이 권고의 목적에 맞추어 기획된 교육 캠페인 및 프로그램에 관한 지식과 이해를 보급하려는 노력을 결합해야 한다.
   c. 관계자들은, 공적이든 사적이든, 우호적인 상황과 기회를 이용하려고 애써야 한다. 예컨대 청소년센터, 문화센터, 지역사회센터 혹은 노동조합, 청소년 모임 및 축제, 스포츠 행사, 외국인 관광객·학생·이민자와의 접촉 그리고 외국과의 인적 교류 등이 그것이다.

31. 통합된 국제교육 프로그램을 마련하고 실행하는 데서 제휴해야 할 단체들, 예컨대 유엔을 위한 학생 및 교사 단체, 국제관계 클럽 및 유네스코 클럽 등의 설립과 발전을 지원하는 조치를 취해야 한다.

32. 회원국은 모든 단계의 학교교육 및 학교 밖 교육에서, 이 권고의 목적을 지향하는 활동들이 다양한 수준과 유형의 교육, 학습 및 훈련을 위한 교육과정 내에 조정되어 일관성 있는 전체를 형성하도록 노력해야 한다. 이 권고에 본질적으로 내재하는 협력과 제휴의 원칙은 모든 교육 활동에 적용되어야 한다.

VII. 교사 훈련

33. 회원국은 교사와 교육 종사자들이 이 권고의 목적을 추구하는 역할을 다할 수 있게 준비시키고 인증하는 방법과 수단을 끊임없이 개선해야 한다. 이를 위해 회원국은,

   a. 교사가 해야 할 일에 대한 동기를 부여해야 한다. 즉 인권 윤리와 변화하는 사회의 목표에 헌신해 인권이 실제 적용되게 하는 일, 인류의 근본적인 일체성을 완전하게 이해하는 일, 문화적 다양성이 모든 개인, 집단 또는 민족에게 줄 수 있는 풍요로움을 제대로 평가하도록 가르치는 능력을 갖추는 일이 그것이다.

   b. 세계 문제와 국제협력 문제에 대한 기본적인 학제적 지식을, 다른 어떤 방법보다도 이 문제들을 해결하는 일을 통해서 갖추게 해야 한다.

   c. 교사들 자신이, 학생들과 공동으로 그들의 열망을 반영하는 국제 교육 프로그램과 교육 기자재를 고안하는 일에 적극적으로 참여하도록 준비시켜야 한다.

   d. 능동적 교육 훈련 방법을 이용해 기본적인 평가기법, 특히 아동, 청소년 및 성인의 사회적 행동과 태도에 적용할 수 있는 평가 기법의 실험도 해야 한다.

   e. 교육을 혁신하고 지속적으로 자신을 훈련하려는 욕구와 능력, 공동 작업 경험과 학제적 연구 경험, 집단역학에 대한 지식, 유리한 기회를 만들어내고 이를 이용하는 능력 등과 같은 적성과 기량

을 개발하도록 해야 한다.

f. 국제교육에서의 실험, 특히 다른 나라에서 수행된 혁신적인 실험
에 대한 연구도 해야 한다. 그리고 관계자들에게 외국 교사들과
직접 접촉할 수 있는 기회를 가능한 한 충분하게 마련해 주어야
한다.

34. 회원국은 관리, 감독이나 지도에 관계하는 사람들-장학관, 교육 상
담사, 교원 양성 대학의 학장, 청소년과 성인을 위한 교육 활동가-에게,
교사들이 청소년의 국제 문제에 관한 열망과 이를 충족할 전망을 높이는
새로운 교육 방법에 대한 열망을 고려하면서 이 권고의 목적을 지향하며
일할 수 있게 도와줄 수 있는 훈련, 정보 제공 및 상담을 제공해야 한다.
이 목적들을 달성하기 위해 국제교육 및 문화 간 교육과 관련되는 세미나
혹은 재교육 연수는 당국자들과 교사들이 함께 참가하도록 조직해야 한
다. 기타 세미나와 연수 과정에서도 감독 요원과 교사들이 학부모, 학생,
교원 단체 같은 다른 관계 집단과 대면할 수 있을 것이다. 교육의 역할에
점진적이더라도 심대한 변화가 있어야 하므로, 교육기관의 구조와 위계적
관계를 개조하는 실험 결과를 훈련, 정보 제공 및 상담에 반영해야 한다.

35. 회원국은 현직 교사 또는 행정 책임자를 위한 모든 추가 훈련 프
로그램에는 국제교육의 구성 요소와 국제교육에서의 경험 결과를 비교해
볼 수 있는 기회가 반드시 포함되도록 노력해야 한다.

36. 회원국은 특히 장학금을 지급해 교육연구와 해외연수를 장려하고
촉진해야 한다. 그리고 이러한 훈련 과정도 교사의 양성, 임용, 재교육 연
수, 승진이라는 규칙적인 과정의 일부로 인정하도록 권장해야 한다.

37. 회원국은 모든 단계의 교육에서, 교사의 쌍방향 교류를 조직하거나
지원해야 한다.

Ⅷ. 교육 기자재

38. 회원국은 많은 나라의 학생들이 국제 문제에 대한 지식의 대부분을 학교 밖 매스 미디어를 통해 획득한다는 사실을 각별히 고려하면서, 국제교육을 위한 기자재의 개량, 생산, 보급과 교환을 촉진하려는 노력을 배가해야 한다. 국제교육 관계자들이 제기하는 요구를 충족하기 위해서는 수업 교재의 부족을 극복하고 그 질을 향상시키는 데 노력을 집중해야 한다. 아래 각 분야에 대한 조치가 있어야 한다.

   a. 교과서에서 텔레비전에 이르기까지 모든 종류의 가용한 기자재와 수업 교재 그리고 새로운 교육 테크놀로지를 적절하고 건설적으로 사용해야 한다.

   b. 학생들이 매스 미디어가 전달하는 정보를 선별하고 분석할 수 있게 도와주는 수업에서 매스 미디어에 대한 특별 교육이 이루어져야 한다.

   c. 국제적 성격의 요소를 포함하며, 여러 주제들의 지역적, 국가적 측면을 제시하고 인류의 과학사와 문화사를 설명하는 틀로서 역할하는 글로벌한 접근을 교과서와 모든 수업 교재에 채용해야 한다. 아울러 서로 다른 문화 간의 이해에 도움이 되는 요인으로서 시각예술과 음악의 가치를 충분히 감안해야 한다.

   d. 인류가 직면한 주요 문제를 잘 나타내 주고 각각의 경우에서 국제협력의 필요성과 그 실천 형태를 보여 주는, 학제적 성격의 문헌 자료와 시청각 자료는 유엔, 유네스코와 기타 전문기구들이 제공하는 정보를 받아 그 나라의 교육 언어로 마련해야 한다.

   e. 각국의 문화, 생활 방식과 가장 중요한 당면 문제, 그리고 범세계적인 관심 활동에의 참여를 잘 보여 주는 문헌과 기타 자료를 마련해 다른 국가에 통보해야 한다.

39. 회원국은 다른 집단과 민족에 관해 오해, 불신, 인종주의적 반응, 멸시, 증오를 생기게 할 수 있는 요소를 수업 교재, 특히 교과서에서 완전

히 배제하도록 하는 적절한 조치를 취해야 한다. 학습자들이 매스 미디어를 통해 전파되는 정보와 견해가 이 권고의 목표 달성에 역행하는지를 평가하는 데 도움이 되는 광범위한 배경지식이 담겨 있는 교육 자재를 제공해야 한다.

40. 각국의 필요와 실행 가능성에 따라, 회원국은 이 권고의 목적에 부합되고 다양한 형태와 단계의 교육에 적합하게 고안된 문헌 자료와 시청각 자료를 제공하는 교육자료센터를 한 곳 이상 설립하거나 설립에 도움을 주어야 한다. 이 센터는 특히 혁신적인 아이디어와 자료들을 개발하고 보급함으로써 국제교육의 쇄신을 촉진하게끔 설계해야 한다.

IX. 연구와 실험

41. 회원국은 국제교육의 근거, 기본 원칙, 실행 수단 및 효과에 대한, 그리고 이 분야의 혁신과 실험적 활동, 예컨대 유네스코 학교에 대한 연구를 권유하고 지원해야 한다. 이러한 조치는 대학교, 연구기관 및 센터, 교사훈련기관, 성인교육센터 및 관련된 비정부조직과의 협력을 필요로 한다.

42. 회원국은 교사와 다양한 관계 당국자들이 국제교육을 건전한 심리학적, 사회학적 토대 위에 세울 수 있도록 하기 위해 각국에서 수행된 연구 결과를 우호적이거나 적대적인 태도 및 행위의 형성과 개발에, 태도의 변화에, 인성 개발과 교육의 상호작용에, 그리고 교육 활동의 긍정적이거나 부정적인 결과에 대해 응용해야 한다, 이런 연구의 상당한 부분이 국제 문제와 국제관계에 관한 청소년들의 열망에 부응해야 한다.

X. 국제협력

43. 회원국은 국제교육을 발전시키는 데서 국제협력을 책임이라고 생각해야 한다. 이 권고를 이행함에 있어서, 회원국은 본질적으로 국내 관할 사항이라면 어떤 나라의 문제에도 「유엔 헌장」에 따라 간섭하지 말아야 한다. 회원국은 이 권고의 이행이 그 자체로 국제이해와 협력을 실천하는 것임을 각자의 조치로 확실히 보여 주어야 한다. 예를 들어, 국제교육에 관한 더 많은 국제회의와 연구모임을 개최하거나 관계 당국과 비정부조직들이 협력해 그렇게 하도록 도와야 하며, 외국인 학생, 연구원, 교사, 노동단체 및 성인교육단체 소속 교육자들을 받아들이는 프로그램을 증강해야 한다. 그리고 취학 아동과 학생, 교사들의 교환 방문을 장려하고, 문화와 생활 방식에 관한 정보 교류를 확대 강화해야 하며, 다른 나라의 정보와 제안을 번역하거나 개작해 보급하도록 조처해야 한다.

44. 회원국은 유네스코 학교와 유네스코가 지원하는 다른 나라 학교들 간의 협력을 장려해 더 넓은 시야에서 경험을 확장함으로써 상호이익을 증진하도록 해야 한다.

45. 회원국은 교과서, 특히 역사와 지리 교과서의 폭넓은 교류를 장려해야 한다. 그리고 적절하다면, 가능한 한 쌍무 협정 또는 다자간 협정을 맺어, 교과서와 기타 수업 교재의 상호연구 및 개정을 위한 조치를 취해야 한다. 이를 통해서 교과서 등이 정확하고 균형 잡힌 그리고 편견 없는 최신의 내용을 담도록 하여, 여러 나라 사람들이 서로에 대한 지식과 이해를 향상시킬 수 있게 해야 한다.

강순원 옮김

평화, 인권, 민주주의 교육에 관한 선언[*]

Declaration on Education for Peace, Human Rights and Democracy

제44차 세계교육회의 선언문

1. 제44차 세계교육회의에 참석한 우리 교육 장관들은

국가적, 국제적으로 평화와 민주주의를 위협하고 발전을 가로막는 폭력과 인종 차별, 외국인 기피, 호전적 민족주의, 인권 침해, 종교적 불관용, 모든 형태의 테러 급증과 징후, 부국과 빈국 간 격차 증대를 깊이 우려하면서,

「유엔 헌장」, 「유네스코 헌장」, 「세계인권선언」과 「아동권리협약」, 「여성권리협약」 등 관련 문서와 그 정신에 따라, 또 「국제 이해, 협력, 평화를 위한 교육과 인권, 기본 자유에 관한 교육 권고」에 따라 평화, 인권, 민주주의에 헌신할 시민을 교육할 책임이 있음을 명심하고, 교육정책이 개인, 민족, 사회, 문화 종교 집단 간 그리고 독립국 간의 이해, 연대, 관용의 발전에 기여해야 함을 확신하며,

교육이 인권 존중과 인권을 옹호하는 적극적인 행위 그리고 평화와 민주주의 문화 건설에 이바지하는 지식, 가치, 태도, 기능을 증진해야 함을 확신하며,

마찬가지로 다음을 확신한다.

---

* 1993년 10월~11월 프랑스 파리 유네스코 본부에서 열린 제27차 유네스코 총회에서 채택되었다.

평화, 인권, 민주주의를 위한 교육 목적을 충실히 수행하며, 이를 통해 지속가능한 발전과 평화의 문화에 기여하기 위해 부모와 사회 전체가 모든 교육 종사자와 비정부기구와 함께 일할 막중한 책임.

좀티엔Jomtien에서 채택한 「모든 이를 위한 세계교육선언」에 일치하며, 교육 실현에 도움이 되는 형식 교육과 다양한 비 교육 부문 사이에 상승작용을 추구할 필요.

비 형식 교육기관이 청소년 인격 형성 과정에서 맡고 있는 중요한 역할.

2. 우리 교육 장관들은 다음 사항을 위해 확실히 노력한다.

2.1. 인간을 존중하고 평화, 인권, 민주주의를 증진하려는 학생과 성인 인격발달을 위한 원리와 방법에 교육의 바탕을 두도록 한다.

2.2. 교육기관이 관용, 인권 존중, 민주주의 실행, 다양하고 풍부한 문화 정체성에 대한 학습을 연습하는 이상적인 장소가 되도록 적절히 조치해 국제이해교육이 성공할 수 있는 환경을 조성해야 한다.

2.3. 교육계에서 여성에 대한 직간접적인 모든 차별을 없애고, 그들이 자기 잠재력을 성취할 수 있도록 특별히 조치한다.

2.4. 책임감 있고 배려하는 시민 즉, 다른 문화에 개방적이고, 자유의 가치를 인식하며, 인간의 존엄성과 차이를 존중하고, 비폭력적인 방법으로 분쟁을 예방하거나 해결할 수 있는 시민을 길러내기 위해 교과과정과 교과서 내용, 신기술을 포함한 다른 교육 자료의 질을 높이는 데 각별한 관심을 기울이도록 한다.

2.5. 공식, 비공식 교육에 종사하는 교육자 역할과 지위를 높이도록 조치하고, 기획자와 관리자 등 교육계 종사자의 재훈련뿐만 아니라 전현직 훈련을 우선시하며, 특히 이러한 훈련이 직업 윤리, 시민, 도덕교육, 문화다양성, 국법, 인권과 기본 자유에 대한 국제 인정 기준을 지향하도록 한다.

2.6. 평화, 인권, 민주주의와 지속가능한 발전에 헌신하는 책임 있는 시민교육이라는 새로운 과제에 맞는 혁신적 전략을 개발하도록 하고, 이 전략을 적절히 평가·분석한다.

2.7. 되도록 빨리, 각국의 법 체제를 고려해 이 선언을 실행할 수 있는 실천 계획을 준비하도록 한다.

3. 우리 교육 장관들은 다음을 위해 노력하기로 결의한다.

3.1. 불관용, 인종주의, 외국인 기피에 대한 선동에 특히 취약한 어린이와 청소년 교육을 우선 순위에서 높이 둔다.

3.2. 교육과정을 실제 사회 생활에 더 가까이 연계하며 이를 관용, 연대, 인권 존중, 민주주의, 평화의 실천으로 전환하는 과정에서 교사를 도울 수 있는 모든 조력자와 협력하도록 한다.

3.3. 유네스코 협동학교와 같은 실험학교, 유네스코 석좌, 교육 개혁 네트워크, 유네스코 협회연맹에 특히 관심을 기울이면서, 국내, 국제 차원에서 교육 경험과 연구 교류, 학생, 교사, 연구자 사이에 직접적인 접촉, 학교 간 자매 결연과 방문을 더욱 발전시키도록 한다.

3.4. '세계인권회의선언과 실천 계획'(비엔나, 1993년 6월), '인권과 민주주의 교육 국제회의'(몬트리올, 1993년 3월)에서 채택한 '인권과 민주주의 교육 세계 계획'을 실행하고, 인권 분야에서 국제적으로 인정받은 문서를 모든 교육기관이 활용할 수 있도록 한다.

3.5. 특별 활동을 통해 '유엔 관용의 해'(1995년)를 기념하고, 특히 유엔과 유네스코 50주년을 맞아 '국제 관용의 날'을 축하하는 기념 사업에 기여한다.

마지막으로, 제44차 세계교육회의에 참석한 우리 교육 장관들은 이 선언을 채택하며, 회원국과 유네스코가 일관성 있는 정책으로 평화, 인권, 민주주의 교육을 지속가능한 발전의 관점에서 통합할 수 있는 '실천요강'을 유네스코 사무총장이 유네스코 총회에 제출할 것을 촉구한다.

평화, 인권, 민주주의 교육에 관한 통합실천요강[*]

Integrated Framework of Action on Education for Peace, Human Rights and Democracy

제27차 유네스코 총회에서 채택한 결의안 5.7에 따라 이 '통합실천요강'을 마련했다. 총회는 유네스코 사무총장에게 "국제교육 분야에서 기존의 모든 실천 계획을 고려해 평화, 인권, 민주주의 교육에 관한 통합실천요강을 완성하며…, 1994년 세계교육회의에서 검토할 수 있도록 이 통합실천요강을 제출하고, 또 여기서 나온 의견과 권고사항을 적절히 고려하면서 승인받을 수 있도록 제28차 유네스코 총회에 통합실천요강을 제출하라."고 요청한다.

이 요강은 평화, 인권, 민주주의 교육 문제에 관한 당대의 관점을 제공하면서, 제도적, 국가적, 국제적 차원에서 그러한 교육과 실천 전략, 정책 목표를 설정하고 있다.

서론

1. 평화, 인권, 민주주의 교육에 관한 통합실천요강은 '제44차 세계교육회의'가 채택한 선언을 실행하기 위한 것이다. 각 지역 사회 조건에 따라 제도적, 국가적 차원에서 실천 전략, 정책, 계획으로 바꿀 수 있는 기초 지침을 담고 있다.

---

[*] 1993년 10월~11월 프랑스 파리 유네스코 본부에서 열린 제27차 유네스코 총회에서 채택되었다.

2. 불관용의 표현, 인종 간, 민족 간 증오의 표명, 모든 형태의 테러 급증과 징후, 차별, 전쟁, '타인'으로 여기는 이들을 향한 폭력, 빈부 간 불평등 증대가 특징인 이 전환과 급속히 변화하는 시기에, 실천 전략은 국제 및 국가 차원에서 평화의 문화를 구축하는 데 필수인 기본 자유, 평화, 인권, 민주주의 보장과 지속 가능하며, 공정한 사회, 경제 발전의 촉진을 목표로 해야 한다. 이를 위해 전통적인 교육 실천 양식을 바꿀 필요가 있다.

3. 최근 국제사회는 효과적으로 협력해 행동하기 위해 세계가 직면한 과제에 적절한 수단을 갖추고자 하는 확고한 결의를 표명했다. 세계인권회의(비엔나, 1993년 6월)에서 채택한 「비엔나 선언」과 「인권을 위한 실천 계획」, 「인권과 민주주의 교육 국제회의」(몬트리올, 1993년 3월)에서 채택한 「인권과 민주주의 교육 세계계획」, 「1994~2000년 협동학교 사업 전략과 실천 계획」은 이러한 관점에서 평화, 인권, 민주주의, 발전이라는 과제를 해결하려는 시도이다.

4. 통합실천요강은 「국제 이해, 협력, 평화를 위한 교육과 인권, 기본 자유에 관한 교육 권고」에 자극받아 회원국과 국제 정부 간, 비정부기구에게 평화, 인권, 민주주의 교육 문제와 전략에 대해 최신의 통합적 관점을 가질 것을 제안하고 있다. 이것은 기존 실천 계획을 고려해 제27차 유네스코 총회 요구에 따라 작성한 것이며, 그 목적은 실천 계획을 실천하는 데 적절성과 효과를 증대하는 것이다. 각 나라에서 새로운 시민교육을 고안하기 위해 축적한 경험을 이용하자는 것이 그 생각이다. 따라서 실천요강은 행동 원칙과 목표를 정의하며, 각 국가정책 입안자가 고려할 수 있도록, 또 '선언'의 약속에 바탕을 둔 국가 간 협력을 위해 명확한 제안을 한다. 또 연구 주제의 규정과 모든 수준의 교육 재편성, 교육 방법의 재고, 사용 중인 교육 자료 검토, 연구 촉진, 교사 훈련의 발전, 적극적인 협력으로 사회에 더욱 개방적인 교육체계를 만들도록 돕는 것을 목표로 여러 방안을 일관성 있는 전체 안에 결합하고자 한다.

5. 모든 인권은 보편적이고, 불가분하며, 서로 의존적이고 관련이 있다. 그러한 권리를 성취하려는 실천 전략은 특정한 역사, 종교, 문화를 고려해야 한다.

평화, 인권, 민주주의 교육의 목표

6. 평화, 인권, 민주주의 교육의 궁극적인 목표는 평화의 문화가 나타날 수 있도록 보편적인 가치 의식과 행동 양식을 모든 개인에게 개발시키는 것이다. 보편적으로 인식할 만한 가치는 심지어 서로 다른 사회, 문화 상황에서도 확인할 수 있다.

7. 교육은 자유를 존중하는 능력과 도전에 응할 기술을 개발해야 한다. 이것은 시민에게 어렵고 불확실한 상황에 대처할 수 있도록 하고, 자율성과 책임감을 갖추게 하는 것을 의미한다. 개인적 책임감에 대한 인식은 시민 참여에 대한 가치 인식과 문제 해결을 위해, 또 공정하고 평화로우며 민주적인 사회를 위해 다른 사람과 함께 일하는 것에 대한 인식과 연계해야 한다.

8. 교육은 개인, 성, 민족, 문화다양성에 존재하는 가치를 인식하고 수용하며, 다른 사람과 의사 교류하고, 공유하며, 협력할 수 있는 능력을 개발해야 한다. 다원주의 사회와 다문화적인 세계시민은 그들 상황과 문제에 대한 해석이 그들 개인 생활과 사회 역사, 문화 전통에 뿌리를 두고 있음을 인정할 수 있어야 한다. 다시 말해, 어느 개인이나 집단도 어떤 문제에 유일한 대답을 할 수 없으며, 모든 문제에는 해답이 둘 이상 있을 수 있다. 그러므로, 사람은 공통된 의견을 찾기 위해 서로를 이해하고, 존중하며, 동등한 자격으로 협상해야 한다. 교육은 개인의 정체성을 확실하게 해주고, 개인과 민족 사이에 평화, 우정, 연대를 강화하는 생각과 대안을 한데 모으도록 장려해야 한다.

9. 교육은 비폭력으로 분쟁을 해결할 능력을 개발해야 한다. 그래서 학생들 마음에 내적 평화의 발전을 촉진해 관용, 동정심, 공유, 배려의 자질을 더 확고히 형성할 수 있도록 해야 한다.

10. 교육은 시민에게 현재 상황을 분석할 능력뿐 아니라 바람직한 미래의 전망에 관한 자기 판단과 행동에 바탕을 두고, 정보를 선택할 수 있는 능력을 길러 주어야 한다.

11. 교육은 시민이 문화 유산을 존중하고, 환경을 보호하며, 지속가능한 발전을 가능하게 할 생산 방식과 소비 양식을 채택하도록 가르쳐야 한다. 개인과 집단 가치 간 그리고 당면한 기본적 요구와 장기적인 이익 사이에도 조화가 필요하다.

12. 교육은 안정되고 장기적인 발전의 관점으로 국가 및 국제 차원의 연대감과 평등 의식을 배양해야 한다.

전략

13. 이러한 목표를 이루는 데 필요하다면, 교육계의 전략과 행동 양식을 교육과 행정의 관점에서 명확하게 수정할 필요가 있다. 더 나아가, 모든 이를 위한 기초 교육을 제공하는 것, 보편 인권에 꼭 필요한 부분으로서 여성 권리 신장은 평화, 인권, 민주주의 교육의 기본이다.

14. 평화, 인권, 민주주의 교육에 대한 전략은,
　　가. 포괄적이고 총체적이어야 한다-이는 아주 광범위한 요인을 다룬다는 뜻이다.
　　나. 모든 양식, 수준, 형태에 적용 가능해야 한다.
　　다. 비정부기구와 지역사회단체를 포함한 모든 교육 협력자와 여러 사회화기구를 포함해야 한다.

라. 지방, 국가, 지역, 세계적으로 실행할 수 있어야 한다.

마. 지역 사회와 함께할 수 있는 특별한 실천 양식을 만들어내고, 개혁을 장려하며, 관련된 모든 사람이 적극적이고 민주적으로 참여할 수 있도록, 교육기관에 더 많은 자율성을 주는 관리, 행정, 조정, 평가 양식이 수반되어야 한다.

바. 대상 집단의 나이와 심리에 일치하고, 각 개인의 학습능력 발전을 고려해야 한다,

사. 지속적이고 일관되게 적용해야 한다. 변화하는 상황에 이 전략을 지속적으로 적용할 수 있도록 결과와 장애물을 평가해야 한다.

아. 위에서 언급한 목표와 전체 교육을 위해 특히 소외되고 혜택받지 못한 집단을 위해 적절한 자원을 포함해야 한다.

15. 필요한 변화의 정도, 행동의 우선 순위, 행동 결과는 지역과 국가, 나아가 국내의 서로 다른 역사적 배경, 문화 전통, 발전 수준을 고려해 모든 의사결정 단계에서 결정되어야 한다.

정책과 행동 방침

16. 모든 공식, 비공식 교육 과정에 평화, 인권, 민주주의에 대한 학습을 통합하는 것이 매우 중요하다.

교육 내용

17. 연대와 창조성, 시민의 책임감, 비폭력적인 수단과 예리한 통찰력으로 갈등을 해결하는 능력과 같은 가치와 능력을 강화하려면, 모든 교과 과정에 국제 차원을 포함한 진정한 시민교육을 도입할 필요가 있다. 학습은 특히 평화를 건설하는 데 필요한 조건에 관심을 가져야 한다. 즉 여러 형태의 분쟁 및 그 원인과 영향, 인권의 윤리적, 종교적, 철학적 기초와 역사적 기원, 인권발전의 형태와 그것을 국가, 국제적 기준으로 해석해

온 방식-예컨대 「세계인권선언」, 「모든 형태의 여성차별철폐에 관한 협약」, 「아동권리협약」-민주주의와 이의 다양한 제도적 모형에 관한 기초, 인종주의 문제와 성차별에 대한 투쟁 역사, 또 다른 모든 형태의 차별과 배제가 바로 그것이다. 유엔과 국제기구의 역할뿐만 아니라 문화, 발전 문제, 모든 민족의 역사에도 특별히 관심을 기울여야 한다. 여기에는 평화, 인권, 민주주의를 위한 교육이 필요하다. 그러나 이것이 특별한 주제와 지식으로 제한받아서는 안 된다. 교육 전체는 이러한 전언을 전달해야 하며, 제도와 민주적 규범 적용은 조화를 이루어야 한다. 마찬가지로 교과과정 개혁은 국가, 국제 차원에서 상대방 문화에 대한 지식, 이해, 존중을 강조해야 하며, 지구적으로 상호의존하는 문제가 지역적 행동에 연계되어야 한다. 각국은 종교와 문화 차이를 고려해 어떠한 윤리 교육의 접근법이 그 문화적 맥락에 가장 적합할지를 결정해야 한다.

교육 자료와 교육 자원

18. 교육 활동에 종사하는 모든 사람은 마음대로 쓸 수 있는 적합한 교육 자료와 교육 자원이 있어야 한다. 따라서, 부정적인 고정관념과 '타인에 대한 왜곡된 시각'을 고치는 데 쓰도록 교과서를 개정해야 한다. 교과서 제작을 위한 국제협력을 장려할 수도 있다. 새로운 교육 자료나 교과서를 만들고자 할 때는 늘 새로운 상황을 적절히 고려해 기획해야 한다. 교과서는 주어진 주제에 관한 다른 관점을 제시하여야 하며, 그 국가적, 문화적 배경을 솔직히 보여 주어야 한다. 교과서 내용은 과학적 연구 결과를 기초로 삼아 제작해야 한다. 유네스코와 그밖에 유엔기구 문서를 널리 배포해 교육 현장에서 사용하는 것이 바람직한데, 특히 경제적 어려움 때문에 교육 자료 생산이 더딘 나라에서는 더 그렇다. 원거리 교육 기술과 모든 현대적 통신 수단을 평화, 인권, 민주주의 교육을 수행하는 데 활용해야 한다.

외국어 독해, 표현 및 장려를 위한 프로그램

19. 평화, 인권, 민주주의 교육 발전을 위해서는 읽기와 말하기, 쓰기를 강화하는 것이 필수적이다. 시민은 읽기, 쓰기, 구어 단어를 이해함으로써 정보를 얻을 수 있고, 자신이 살고 있는 상황을 명확히 이해할 수 있으며, 자기 요구를 표현하고, 사회 활동에 참가할 수 있게 된다. 마찬가지로 외국어 학습은 다른 문화를 깊이 이해할 수 있는 수단을 제공해 지역사회 간, 국가 간의 이해를 높이기 위한 바탕이 될 수 있다. 유네스코의 'LINGUAPAX' 사업이 이와 관련한 예가 될 수 있다.

교육 시설

20. 교육 변화를 위한 제안은 학교와 교실에서 이루어지는 것이 중요하다. 교수teaching·학습 방법, 실천 형태, 제도적인 정책 방침은 평화 인권, 민주주의를 일상적인 실천 문제이자 학습할 수 있는 문제로 부각해야 한다. 그 방법으로 활동적 방법, 집단 작업, 도덕적 문제 토론, 개인 지도를 장려해야 한다. 제도적 정책 방침은 교사, 학생, 부모, 지역사회 모두를 포함하는 민주적인 학교 운영을 실행하도록 조장하는 효율적으로 관리하고 참여하는 형태이어야 한다.

21. 다른 나라나 다른 문화 환경에 있는 학생, 교사, 그밖에 교육자가 직접 접촉하고 정규적으로 교류하도록 장려해야 하며, 특히 실험과 개혁에 성공한 이웃나라의 교육 현장을 서로 방문해야 한다. 공동 문제를 해결하기 위해서는 여러 나라의 교육 시설과 연구소 간 공동 사업을 수행해야 한다. 같은 목표를 위해 일하는 학생이나 연구자의 국제적인 네트워크도 설치해야 한다. 이 네트워크는, 특히 극심한 가난이나 불안으로 어려움에 처한 학교를 참여하게 하는 것을 먼저 해야 한다. 이러한 의도로 유네스코 협동학교 체제를 강화하고 발전시킬 필요가 있다. 가용 자원의 한계 내에서 이 모든 활동을 교육 프로그램을 구성하는 필수 요소로 도

입해야 한다.

22. 먼저 실패를 줄여야 한다. 그러므로 학생 각자의 잠재력에 교육을 맞춰야 한다. 학습에 성공하려는 의지 강화와 자부심 개발이 높은 사회적 통합 성취에 필요하다. 학교의 자율성 증대는 교육 성과에 대해 교사와 지역 사회의 책임이 더욱 커진다는 사실을 함축적으로 의미한다. 그러나 발전 수준이 서로 다른 교육체제는 교육 내용이 부실해지는 것을 막기 위해 자율성 정도를 조절해야 한다.

교사 훈련

23. 모든 교육 종사자-교사, 기획자, 관리자, 교사 교육자-훈련에는 평화, 인권, 민주주의 교육을 포함해야 한다. 이러한 전현직자 재훈련은 실험 관찰과 그 결과를 평가하는 현장 방법론을 도입하고 적용해야 한다. 임무 수행에 성공하려면 학교와 교사 교육기관, 비형식교육기관은 평화, 인권, 민주주의 분야에 경험이 있는 사람(정치가, 법학자, 사회학자, 심리학자)과 인권 분야 비정부기구의 지원을 구해야 한다. 마찬가지로 교육학과 교류 실습을 모든 교육가 훈련 과정에 포함해야 한다.

24. 교사의 교육 활동은 교육의 전문성을 높일 수 있는 전반적인 정책에 알맞은 것이어야 한다. 국제적인 전문가, 전문 기구, 교사 조합은 교사 사이에 평화의 문화 증진에 중요한 역할을 맡고 있기 때문에 연합해서 실천 전략을 준비하고 실행해야 한다.

취약 집단을 위한 행동

25. 취약 집단과 최근 전쟁을 경험했거나 공공연한 분쟁 상황에 처한 이들 특히, 위기에 처한 어린이와 성적 학대와 또 다른 형태의 폭력을 당하고 있는 모든 여성을 배려한 특별한 교육 전략이 시급하다. 전문 포럼,

분쟁 집단에 속한 교육가, 가족 구성원, 대중 매체 전문가를 위한 워크숍, 분쟁 이후 상황의 교육가를 위한 집중적인 훈련 활동을 투쟁 지역 밖에서 조직하는 것이 실행 가능한 조치이다. 그런 조치는 가능한 한 언제나 정부와 협조해 수행해야 한다.

26. 버려진 어린이, 거리의 어린이, 난민 어린이 그리고 경제적, 성적으로 착취당하는 어린이를 위한 교육 프로그램 조직이 긴급하다.

27. 연대적 실천과 환경 보호에 어린이와 청소년 참여를 강조하는 특별 청소년 프로그램 조직도 시급하다.

28. 또한 학습 장애자가 비 배타적이고 통합적인 교육 환경에서 적절한 교육을 받을 수 있도록 함으로써 이들의 특별한 요구에 응하도록 노력해야 한다.

29. 더 나아가, 다른 사회 집단이 서로 이해하도록 원주민을 비롯한 국가적, 민족적, 종교적, 언어적 소수 집단에 속하는 사람의 교육권을 존중하며, 교육조직 방식과 교과과정에도 이 교육권을 반영하도록 한다.

연구 개발

30. 새로운 문제는 새로운 방식으로 해결해야 한다. 연구 결과를 더욱 잘 이용하기 위한 전략을 수립하는 것, 새로운 교수법과 접근법을 개발하는 것, 더 적절하고 효과가 크고, 복잡한 평화, 인권, 민주주의 교육의 특성을 다루기 위해 연구 주제를 선택하는 데 사회과학연구소와 교육연구소를 조정하는 것이 중요하다. 교육 과정에 관계 있는 모든 사람(정부, 교사, 학부모)의 의사 결정에 관한 연구를 수행해 교육적 관리의 효과를 높여야 한다. 인권과 특히 여성, 환경 문제에 대한 대중의 태도를 바꿀 새로운 방안을 강구하는 데 연구를 집중해야 한다. 교육 프로그램의 영향은

결과의 척도 개발, 혁신적인 실험에 관한 자료 은행 설립, 정보와 연구 결과를 국내외에 확산하고 공유하는 체제강화를 통해 더욱 잘 평가할 수 있다.

고등교육

31. 고등교육기관은 여러 방식으로 평화, 인권, 민주주의 교육에 기여할 수 있다. 이와 관련, 평화, 인권, 정의, 민주주의 실천, 직업 윤리, 시민 참여, 사회적 책임과 관련 있는 지식, 가치, 기능을 교과과정에 도입할 수도 있다. 고등교육기관은 또 학생이 지구촌사회에서 국가가 상호 의존하고 있다는 것을 인식할 수 있게 해야 한다.

교육 부문과 다른 사회화 담당자 사이의 조정

32. 시민교육은 교육 부문만이 책임일 수 없다. 교육 부문이 이 분야에서 자신의 일을 효과적으로 수행할 수 있으려면, 특히 가족, 전통적인 의사 교류 통로를 포함한 매체, 직업 세계, 비정부기구와 긴밀히 협력해야 한다.

33. 학교와 가족 사이의 조정에 관해서는, 학교 활동에 부모의 참여를 장려하도록 조치해야 한다. 나아가, 학교 기능을 강화하기 위해서는 성인과 지역사회를 위한 교육 프로그램이 필수이다.

34. 어린이와 청소년 사회화에 매체가 점점 더 큰 영향을 미치고 있다. 그러므로 매체를 비판적으로 분석하고 이용할 수 있도록 교사를 훈련하고 학생을 준비시키는 것, 프로그램 선택을 통해 매체에서 이익을 얻을 수 있는 능력을 개발하는 것이 중요하다. 반면에, 매체는 특히 증오, 폭력, 잔인성, 인간 존엄성 경시를 자극하는 프로그램 제작을 회피함으로써 평화, 인권 존중, 민주주의, 관용의 가치관을 조성하도록 권장해야 한다.

청소년과 성인을 위한 비형식교육

35. 군복무를 하고 있는 청소년뿐만 아니라, 학교 밖에서 많은 시간을 보내거나 형식교육, 직업훈련, 직장에 접근하지 못하는 청소년이 평화, 인권, 민주주의교육에서 매우 중요한 대상이다. 그러므로 이들이 형식 교육과 직업훈련에 더 잘 접근할 수 있도록 하면서 적합한 비형식교육을 받을 수 있게 하는 것이 중요한데, 이를 통해 그들은 책임 있고 효과적인 방식으로 시민으로서 자신의 역할을 준지하게 될 것이다. 또한, 평화, 인권, 법 존중 교육은 감옥, 소년원, 치료센터에 있는 청소년에게도 제공해야 한다.

36. 비정부기구가 중요한 역할을 하고 있는 성인 교육 프로그램을 통해 모든 사람이 지역의 생활 조건과 세계적 문제 사이에 연관성을 깨닫게 해야 한다. 기초교육 프로그램에서는 평화, 인권, 민주주의 관련 문제를 더욱 중요하게 다루어야 한다. 민간 전승, 대중 극장, 지역사회토론집단, 라디오와 같이 문화적으로 적절한 모든 매체를 대중 교육에 이용해야 한다.

지역적, 국제적 협력

37. 평화와 민주주의 진흥을 위해서는 지역협력과 국제연대 그리고 국제기구, 정부기구, 비정부기구, 과학계, 기업계, 산업, 매체 사이의 협력 강화가 필요할 것이다. 이러한 연대와 협력은 발전도상국의 평화, 인권, 민주주의 교육 진흥에 기여해야 한다.

38. 유네스코의 제도적 능력과 특히 지역적, 국제적 개혁 네트워크를 '실천요강'의 실행에 활용해야 한다. 협동학교 사업, 유네스코 협회연맹, 유네스코 석좌, 아프리카, 아시아·태평양, 라틴 아메리카, 카리브해, 아랍국, 유럽을 위한 주요 교육 사업, '좀티엔 세계회의'의 후속 기구, 특히 지

역 및 국제 교육 장관 회의가 이에 더욱 크게 기여해야 한다. 이러한 노력 중에서, 특히 국가 차원에서는, 유네스코 국가위원회의 활발한 참여가 여기서 제시된 행동의 효과를 높이기 위한 전략이 되어야 한다.

39. 유네스코는 지역적, 국제적으로 개최되는 고위급 회의에서 이 '실천요강'의 적용에 관한 질문을 제기하고, 교육 종사자 훈련 프로그램 개발과 관련기관의 네트워크 강화, 개발, 교수 프로그램, 방법, 자료를 비교 연구해야 한다. '평화, 인권, 민주주의 교육 선언'에 명시된 공약에 따라 정기적으로 프로그램을 평가해야 한다.

40. 이러한 맥락에서, 유네스코는 '평화 의제', '발전 의제', '의제 21', '사회정상회담', '제4차 세계여성회의' 등 유엔의 행동과 보조를 맞추어, 유엔체제와 그밖에 지역 및 국제 기구 내의 기관과 함께 지구적 활동 계획을 수립하고 공동, 공조의 행동을 우선적으로 실행하기 위해 주도적으로 활동해야 한다. 유네스코가 관리하는 평화, 인권, 민주주의 교육을 위한 기금이 그 하나가 될 수 있다.

41. 국내 및 국제 비정부기구를 이 '실천요강'의 실행에 적극적으로 참여할 수 있도록 장려해야 한다.

삶의 행복을 꿈꾸는 교육은 어디에서 오는가?

미래 100년을 향한 새로운 교육 **혁신교육을 실천하는 교사들의 필독서**

▶ 교육혁명을 앞당기는 배움책 이야기
혁신교육의 철학과 잉걸진 미래를 만나다!

한국교육연구네트워크 총서

01 핀란드 교육혁명
한국교육연구네트워크 엮음 | 320쪽 | 값 15,000원

02 일제고사를 넘어서
한국교육연구네트워크 엮음 | 284쪽 | 값 13,000원

03 새로운 사회를 여는 교육혁명
한국교육연구네트워크 엮음 | 380쪽 | 값 17,000원

04 교장제도 혁명
한국교육연구네트워크 엮음 | 268쪽 | 값 14,000원

05 새로운 사회를 여는 교육자치 혁명
한국교육연구네트워크 엮음 | 312쪽 | 값 15,000원

06 혁신학교에 대한 교육학적 성찰
한국교육연구네트워크 엮음 | 308쪽 | 값 15,000원

07 진보주의 교육의 세계적 동향
한국교육연구네트워크 엮음 | 324쪽 | 값 17,000원
2018 세종도서 학술부문

08 더 나은 세상을 위한 학교혁명
한국교육연구네트워크 엮음 | 404쪽 | 값 21,000원
2018 세종도서 교양부문

혁신학교
성열관 · 이순철 지음 | 224쪽 | 값 12,000원

행복한 혁신학교 만들기
초등교육과정연구모임 지음 | 264쪽 | 값 13,000원

서울형 혁신학교 이야기
이부영 지음 | 320쪽 | 값 15,000원

혁신교육, 철학을 만나다
브렌트 데이비스 · 데니스 수마라 지음
현인철 · 서용선 옮김 | 304쪽 | 값 15,000원

혁신교육 존 듀이에게 묻다
서용선 지음 | 292쪽 | 값 14,000원

다시 읽는 조선 교육사
이만규 지음 | 750쪽 | 값 33,000원

대한민국 교육혁명
교육혁명공동행동 연구위원회 지음 | 224쪽 | 값 12,000원

한국교육연구네트워크 번역 총서

01 프레이리와 교육
존 엘리아스 지음 | 한국교육연구네트워크 옮김
276쪽 | 값 14,000원

02 교육은 사회를 바꿀 수 있을까?
마이클 애플 지음 | 강희룡 · 김선우 · 박원순 · 이형빈 옮김
356쪽 | 값 16,000원

03 비판적 페다고지는
세상을 변화시킬 수 있는가?
Seewha Cho 지음 | 심성보 · 조시화 옮김 | 280쪽 | 값 14,000원

04 마이클 애플의 민주학교
마이클 애플 · 제임스 빈 엮음 | 강희룡 옮김 | 276쪽 | 값 14,000원

05 21세기 교육과 민주주의
닐 나딩스 지음 | 심성보 옮김 | 392쪽 | 값 18,000원

06 세계교육개혁:
민영화 우선인가 공적 투자 강화인가?
린다 달링-해먼드 외 지음 | 심성보 외 옮김 | 408쪽 | 값 21,000원

07 콩도르세, 공교육에 관한 다섯 논문
니콜라 드 콩도르세 지음 | 이주환 옮김 | 300쪽 | 값 16,000원

대한민국 교사, 어떻게 가르칠 것인가?
윤성관 지음 | 320쪽 | 값 15,000원

아이들을 어떻게 가르칠 것인가
사토 마나부 지음 | 박찬영 옮김 | 232쪽 | 값 13,000원

모두를 위한 국제이해교육
한국국제이해교육학회 지음 | 364쪽 | 값 16,000원

경쟁을 넘어 발달 교육으로
현광일 지음 | 288쪽 | 값 14,000원

독일 교육, 왜 강한가?
박성희 지음 | 324쪽 | 값 15,000원

핀란드 교육의 기적
한넬레 니에미 외 엮음 | 장수명 외 옮김 | 456쪽 | 값 23,000원

한국 교육의 현실과 전망
심성보 지음 | 724쪽 | 값 35,000원

▶ 비고츠키 선집 시리즈
발달과 협력의 교육학 어떻게 읽을 것인가?

생각과 말
레프 세묘노비치 비고츠키 지음
배희철·김용호·D. 켈로그 옮김 | 690쪽 | 값 33,000원

성장과 분화
L.S. 비고츠키 지음 | 비고츠키 연구회 옮김
308쪽 | 값 15,000원

도구와 기호
비고츠키·루리야 지음 | 비고츠키 연구회 옮김
336쪽 | 값 16,000원

연령과 위기
L.S. 비고츠키 지음 | 비고츠키 연구회 옮김
336쪽 | 값 17,000원

어린이 자기행동숙달의 역사와 발달 I
L.S. 비고츠키 지음 | 비고츠키 연구회 옮김
564쪽 | 값 28,000원

의식과 숙달
L.S 비고츠키 | 비고츠키 연구회 옮김
348쪽 | 값 17,000원

어린이 자기행동숙달의 역사와 발달 II
L.S. 비고츠키 지음 | 비고츠키 연구회 옮김
552쪽 | 값 28,000원

분열과 사랑
L.S. 비고츠키 지음 | 비고츠키 연구회 옮김
260쪽 | 값 16,000원

어린이의 상상과 창조
L.S. 비고츠키 지음 | 비고츠키 연구회 옮김
280쪽 | 값 15,000원

성애와 갈등
L.S. 비고츠키 지음 | 비고츠키 연구회 옮김
268쪽 | 값 17,000원

비고츠키와 인지 발달의 비밀
A.R. 루리야 지음 | 배희철 옮김 | 280쪽 | 값 15,000원

관계의 교육학, 비고츠키
진보교육연구소 비고츠키교육학실천연구모임 지음
300쪽 | 값 15,000원

수업과 수업 사이
비고츠키 연구회 지음 | 196쪽 | 값 12,000원

비고츠키 생각과 말 쉽게 읽기
진보교육연구소 비고츠키교육학실천연구모임 지음
316쪽 | 값 15,000원

비고츠키의 발달교육이란 무엇인가?
비고츠키교육학실천연구모임 지음 | 412쪽 | 값 21,000원

교사와 부모를 위한 비고츠키 교육학
카르포프 지음 | 실천교사번역팀 옮김 | 308쪽 | 값 15,000원

비고츠키 철학으로 본 핀란드 교육과정
배희철 지음 | 456쪽 | 값 23,000원

▶ 살림터 참교육 문예 시리즈
영혼이 있는 삶을 가르치는 온 선생님을 만나다!

꽃보다 귀한 우리 아이는
조재도 지음 | 244쪽 | 값 12,000원

선생님이 먼저 때렸는데요
강병철 지음 | 248쪽 | 값 12,000원

성깔 있는 나무들
최은숙 지음 | 244쪽 | 값 12,000원

서울 여자, 시골 선생님 되다
조경선 지음 | 252쪽 | 값 12,000원

아이들에게 세상을 배웠네
명혜정 지음 | 240쪽 | 값 12,000원

행복한 창의 교육
최창의 지음 | 328쪽 | 값 15,000원

밥상에서 세상으로
김흥숙 지음 | 280쪽 | 값 13,000원

북유럽 교육 기행
정애경 외 14인 지음 | 288쪽 | 값 14,000원

우물쭈물하다 끝난 교사 이야기
유기창 지음 | 380쪽 | 값 17,000원

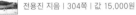

프레이리의 사상과 실천
사람대사람 지음 | 352쪽 | 값 18,000원
2018 세종도서 학술부문

 혁신학교, 한국 교육의 미래를 열다
송순재 외 지음 | 608쪽 | 값 30,000원

 페다고지를 위하여
프레네의『페다고지 불변요소』읽기
박찬영 지음 | 296쪽 | 값 15,000원

 노자와 탈현대 문명
홍승표 지음 | 284쪽 | 값 15,000원

 선생님, 민주시민교육이 뭐예요?
염경미 지음 | 244쪽 | 값 15,000원

 어쩌다 혁신학교
유우석 외 지음 | 380쪽 | 값 17,000원

 미래, 교육을 묻다
정광필 지음 | 232쪽 | 값 15,000원

 대학, 협동조합으로 교육하라
박주희 외 지음 | 252쪽 | 값 15,000원

 입시, 어떻게 바꿀 것인가?
노기원 지음 | 306쪽 | 값 15,000원

 촛불시대, 혁신교육을 말하다
이용관 지음 | 240쪽 | 값 15,000원

 라운드 스터디
이시이 데루마사 외 엮음 | 224쪽 | 값 15,000원

 미래교육을 디자인하는 학교교육과정
박승열 외 지음 | 348쪽 | 값 18,000원

 흥미진진한 아일랜드 전환학년 이야기
제리 제퍼스 지음 | 최상덕·김호원 옮김 | 508쪽 | 값 27,000원

 폭력 교실에 맞서는 용기
따돌림사회연구모임 학급운영팀 지음 | 272쪽 | 값 15,000원

 그래도 혁신학교
박은혜 외 지음 | 248쪽 | 값 15,000원

 학교는 어떤 공동체인가?
성열관 외 지음 | 228쪽 | 값 15,000원

 교사 전쟁
다나 골드스타인 지음 | 유성상 외 옮김 | 468쪽 | 값 23,000원

 교육과정, 수업, 평가의 일체화
리사 카터 지음 | 박승열 외 옮김 | 196쪽 | 값 13,000원

 학교를 개선하는 교장
지속가능한 학교 혁신을 위한 실천 전략
마이클 풀란 지음 | 서동연·정효준 옮김 | 216쪽 | 값 13,000원

  공자뎐, 논어는 이것이다
유문상 지음 | 392쪽 | 값 18,000원

 교사와 부모를 위한 발달교육이란 무엇인가?
현광일 지음 | 380쪽 | 값 18,000원

 교사, 이오덕에게 길을 묻다
이무완 지음 | 328쪽 | 값 15,000원

 낙오자 없는 스웨덴 교육
레이프 스트란드베리 지음 | 변광수 옮김 | 208쪽 | 값 13,000원

 끝나지 않은 마지막 수업
장석웅 지음 | 328쪽 | 값 20,000원

 경기꿈의학교
진흥섭 외 지음 | 360쪽 | 값 17,000원

 학교를 말한다
이성우 지음 | 292쪽 | 값 15,000원

 행복도시 세종, 혁신교육으로 디자인하다
곽순일 외 지음 | 392쪽 | 값 18,000원

 나는 거꾸로 교실 거꾸로 교사
류광모·임정훈 지음 | 212쪽 | 값 13,000원

 교실 속으로 간 이해중심 교육과정
온정덕 외 지음 | 224쪽 | 값 13,000원

 교실, 평화를 말하다
따돌림사회연구모임 초등우정팀 지음 | 268쪽 | 값 15,000원

 학교자율운영 2.0
김용 지음 | 240쪽 | 값 15,000원

 학교자치를 부탁해
유우석 외 지음 | 252쪽 | 값 15,000원

국제이해교육 페다고지
강순원 외 지음 | 256쪽 | 값 15,000원

▶ 교과서 밖에서 만나는 역사 교실
상식이 통하는 살아 있는 역사를 만나다

 전봉준과 동학농민혁명
조광환 지음 | 336쪽 | 값 15,000원

 남도의 기억을 걷다
노성태 지음 | 344쪽 | 값 14,000원

 응답하라 한국사 1·2
김은석 지음 | 356쪽·368쪽 | 각권 값 15,000원

 즐거운 국사수업 32강
김남선 지음 | 280쪽 | 값 11,000원

 즐거운 세계사 수업
김은석 지음 | 328쪽 | 값 13,000원

 강화도의 기억을 걷다
최보길 지음 | 276쪽 | 값 14,000원

 광주의 기억을 걷다
노성태 지음 | 348쪽 | 값 15,000원

 선생님도 궁금해하는 한국사의 비밀 20가지
김은석 지음 | 312쪽 | 값 15,000원

 걸림돌
키르스텐 세룹-빌펠트 지음 | 문봉애 옮김
248쪽 | 값 13,000원

 역사수업을 부탁해
열 사람의 한 걸음 지음 | 388쪽 | 값 18,000원

 진실과 거짓, 인물 한국사
하성환 지음 | 400쪽 | 값 18,000원

 우리 역사에서 사라진 근현대 인물 한국사
하성환 지음 | 296쪽 | 값 18,000원

 교과서 밖에서 배우는 역사 공부
정은교 지음 | 292쪽 | 값 14,000원

 팔만대장경도 모르면 빨래판이다
전병철 지음 | 360쪽 | 값 16,000원

 빨래판도 잘 보면 팔만대장경이다
전병철 지음 | 360쪽 | 값 16,000원

 **영화는 역사다**
강성률 지음 | 288쪽 | 값 13,000원

 친일 영화의 해부학
강성률 지음 | 264쪽 | 값 15,000원

 한국 고대사의 비밀
김은석 지음 | 304쪽 | 값 13,000원

 조선족 근현대 교육사
정미량 지음 | 320쪽 | 값 15,000원

 다시 읽는 조선근대교육의 사상과 운동
윤건차 지음 | 이명실·심성보 옮김 | 516쪽 | 값 25,000원

 음악과 함께 떠나는 세계의 혁명 이야기
조광환 지음 | 292쪽 | 값 15,000원

 논쟁으로 보는 일본 근대교육의 역사
이명실 지음 | 324쪽 | 값 17,000원

 다시, 독립의 기억을 걷다
노성태 지음 | 320쪽 | 값 16,000원

 한국사 리뷰
김은석 지음 | 244쪽 | 값 15,000원

▶ 창의적인 협력 수업을 지향하는 삶이 있는 국어 교실
우리말 글을 배우며 세상을 배운다

 중학교 국어 수업 어떻게 할 것인가?
김미경 지음 | 340쪽 | 값 15,000원

 토닥토닥 토론해요
명혜정·이명선·조선미 엮음 | 288쪽 | 값 15,000원

 어린이와 시
오인태 지음 | 192쪽 | 값 12,000원

 토론의 숲에서 나를 만나다
명혜정 엮음 | 312쪽 | 값 15,000원

 인문학의 숲을 거니는 토론 수업
순천국어교사모임 엮음 | 308쪽 | 값 15,000원

 수업, 슬로리딩과 함께
박경숙 외 지음 | 268쪽 | 값 15,000원

▶ 더불어 사는 정의로운 세상을 여는 인문사회과학
사람의 존엄과 평등의 가치를 배운다

밥상혁명
강양구·강이현 지음 | 298쪽 | 값 13,800원

좌우지간 인권이다
안경환 지음 | 288쪽 | 값 13,000원

도덕 교과서 무엇이 문제인가?
김대용 지음 | 272쪽 | 값 14,000원

민주시민교육
심성보 지음 | 544쪽 | 값 25,000원

자율주의와 진보교육
조엘 스프링 지음 | 심성보 옮김 | 320쪽 | 값 15,000원

민주시민을 위한 도덕교육
심성보 지음 | 500쪽 | 값 25,000원
2015 세종도서 학술부문

민주화 이후의 공동체 교육
심성보 지음 | 392쪽 | 값 15,000원
2009 문화체육관광부 우수학술도서

교과서 밖에서 배우는 인문학 공부
정은교 지음 | 280쪽 | 값 13,000원

갈등을 넘어 협력 사회로
이창언·오수길·유문종·신윤관 지음 | 280쪽 | 값 15,000원

오래된 미래교육
정재걸 지음 | 392쪽 | 값 18,000원

동양사상과 마음교육
정재걸 외 지음 | 356쪽 | 값 16,000원
2015 세종도서 학술부문

대한민국 의료혁명
전국보건의료산업노동조합 엮음 | 548쪽 | 값 25,000원

교과서 밖에서 배우는 철학 공부
정은교 지음 | 280쪽 | 값 14,000원

교과서 밖에서 배우는 고전 공부
정은교 지음 | 288쪽 | 값 14,000원

교과서 밖에서 배우는 사회 공부
정은교 지음 | 304쪽 | 값 15,000원

전체 안의 전체 사고 속의 사고
김우창의 인문학을 읽다
현광일 지음 | 320쪽 | 값 15,000원

교과서 밖에서 배우는 윤리 공부
정은교 지음 | 292쪽 | 값 15,000원

카스트로, 종교를 말하다
피델 카스트로·프레이 베토 대담 | 조세종 옮김
420쪽 | 값 21,000원

한글 혁명
김슬옹 지음 | 388쪽 | 값 18,000원

일제강점기 한국철학
이태우 지음 | 448쪽 | 값 25,000원

우리 안의 미래교육
정재걸 지음 | 484쪽 | 값 25,000원

한국 교육 제4의 길을 찾다
이길상 지음 | 400쪽 | 값 21,000원

▶ 평화샘 프로젝트 매뉴얼 시리즈
학교폭력에 대한 근본적인 예방과 대책을 찾는다

학교폭력 어떻게 만들어지는가
문재현 외 지음 | 300쪽 | 값 14,000원

아이들을 살리는 동네
문재현·신동명·김수동 지음 | 204쪽 | 값 10,000원

학교폭력, 멈춰!
문재현 외 지음 | 348쪽 | 값 15,000원

평화! 행복한 학교의 시작
문재현 외 지음 | 252쪽 | 값 12,000원

왕따, 이렇게 해결할 수 있다
문재현 외 지음 | 236쪽 | 값 12,000원

마을에 배움의 길이 있다
문재현 지음 | 208쪽 | 값 10,000원

젊은 부모를 위한 백만 년의 육아 슬기
문재현 지음 | 248쪽 | 값 13,000원

별자리, 인류의 이야기 주머니
문재현·문한뫼 지음 | 444쪽 | 값 20,000원

우리는 마을에 산다
유양우·신동명·김수동·문재현 지음 | 312쪽 | 값 15,000원

동생아 우리 뭐 하고 놀까?
문재현 외 지음 | 280쪽 | 값 15,000원

▶ 남북이 하나 되는 두물머리 평화교육
분단 극복을 위한 치열한 배움과 실천을 만나다

10년 후 통일
정동영·지승호 지음 | 328쪽 | 값 15,000원

선생님, 통일이 뭐예요?
정경호 지음 | 252쪽 | 값 13,000원

분단시대의 통일교육
성래운 지음 | 428쪽 | 값 18,000원

김창환 교수의 DMZ 지리 이야기
김창환 지음 | 264쪽 | 값 15,000원

한반도 평화교육 어떻게 할 것인가
이기범 외 지음 | 252쪽 | 값 15,000원

▶ 출간 예정

근간
왜 그는 한국으로 돌아왔나?
황선준 지음

근간
선생님, 페미니즘이 뭐예요?
염경미 지음

근간
비판적 실천을 위한 교육학
이윤미 외 지음

근간
경남 역사의 기억을 걷다
류형진 외 지음

근간
프레네 실천 교육학
정훈 지음

근간
교사 전쟁
Dana Goldstein 지음 | 유성상 외 옮김

근간
마을교육공동체 운동의 역사와 미래
김용련 지음

근간
자유학기제란 무엇인가?
최상덕 지음

근간
언어던
정은균 지음

근간
한국 교육 어디서 와서 어디로 가는가?
이주영 지음

근간
교육이성 비판
조상식 지음

근간
삶을 위한 국어교육과정, 어떻게 만들 것인가?
명혜정 지음

근간
식물의 교육학
이차영 지음

근간
마을수업, 마을교육과정!
서용선·백윤애 지음

근간
신채호, 역사란 무엇인가?
이주영 지음

근간
즐거운 동아시아사 수업
김은석 지음

근간
민·관·학 협치 시대를 여는 마을교육공동체 만들기
김태정 지음

근간
혁신학교, 다 함께 만들어 가는 강명초 5년 이야기
이부영 지음

근간
민주주의와 교육
Pilar Ocadiz, Pia Wong, Carlos Torres 지음 | 유성상 옮김

근간
미국의 진보주의 교육 운동사
윌리엄 헤이스 지음 | 심성보 외 옮김

근간
민주시민교육을 위한 역사수업 어떻게 할 것인가?
황현정 지음

참된 삶과 교육에 관한
생각 줍기